JEFF WISE

HART AUF HART

JEFF WISE

HART AUF HART

Menschen in Extremsituationen
oder
was mit uns passiert, wenn wir in Panik geraten

Aus dem amerikanischen Englisch von
Stefanie Schaeffler

IRISIANA

Die amerikanische Originalausgabe erschien 2009 unter dem Titel: *Extreme Fear. The Science Of Your Mind In Danger* bei Palgrave Macmillan, ein Imprint von St. Martin's Press LLC, New York

FSC
Mix
Produktgruppe aus vorbildlich bewirtschafteten Wäldern und anderen kontrollierten Herkünften
Zert.-Nr SGS-COC-001940
www.fsc.org
© 1996 Forest Stewardship Council

Verlagsgruppe Random House FSC-DEU-0100
Das für dieses Buch verwendete FSC-zertifizierte Papier *Munken Premium* liefert Arctic Paper Munkedals AB, Schweden.

Illustrationen vom Gehirn: Sandra Garcia
Illustration für das Daumenkino im Innenteil: Bettina Kammerer, München
Umschlaggestaltung und -konzeption: HildenDesign, München, unter Verwendung eines Motivs von Robert Adrian Hillman/Shutterstock
Satz: Jouve Germany GmbH & Co KG, Kriftel
Druck und Bindung: GGP Media GmbH, Pößneck
Printed in Germany

ISBN: 978-3-424-15042-1

817 2635 4453 6271

Für Sandra. Und für Rem, unsere große Freude nach großer Aufregung

Inhalt

Danksagung

Außerordentlich dankbar bin ich meinem Agenten David Kuhn, dessen Hartnäckigkeit für die Verwirklichung dieses Buchprojekts ganz entscheidend war, und auch meiner Lektorin Luba Ostashevsky, die mir mit Sachverstand und Enthusiasmus geholfen hat, mein Manuskript noch entscheidend zu verbessern.

Daneben möchte ich den Zeitschriftenredakteuren danken, die mit mir an Artikeln zum Thema Angst gearbeitet haben, während ich mein Verständnis von diesem Thema vertiefte: Kent Black von *Outside's GO*, Chris Raymond vom Männer-Lifestyle-Magazin *Details* und David Dunbar von *Popular Mechanics*.

Und natürlich hätte ich ohne meine Frau Sandra Garcia kein einziges Wort dieses Buches zu Papier gebracht. Sie hat mich nicht nur emotional und intellektuell unterstützt, sondern auch unseren neugeborenen Sohn ruhiggehalten, als ich unter Hochdruck arbeiten musste, damit das Buch rechtzeitig fertig wurde.

Das Geheimnis der Angst

Am 3. Juni 1970, kurz vor zwölf Uhr mittags, legte ein englischer Pilot namens Neil Williams die Gurte in seiner blau-weißen Zlin Akrobat an, einer robusten, aber doch wendigen einmotorigen Kunstflugmaschine, die aus tschechoslowakischer Produktion stammte. Die Weltmeisterschaften im Kunstflug standen bevor und Williams wollte noch einmal die Manöverabfolge üben, die er vorführen wollte.

Mit seinen hohlen Wangen, den tief liegenden Augen und den dunklen, aus der hohen Stirn gekämmten Haaren sah Williams genauso aus, wie ein Filmregisseur einen waghalsigen Piloten besetzen würde. Und in seinem Fall stimmte das Aussehen auch mit dem Wesen überein: Williams war ein altgedienter Flieger, mit großer und vielseitiger Erfahrung auf dem Buckel. Im Laufe seiner Fliegerkarriere hatte er über hundertfünfzig verschiedene Flugzeugtypen geflogen und mehr als sechstausend Flugstunden gesammelt. Als ehemaliger Testpilot der Royal Air Force und viermaliger Gewinner der britischen Kunstflugmeisterschaften galt er bereits im Alter von 36 Jahren als einer der größten Allroundpiloten, die Großbritannien jemals hervorgebracht hatte. Aber noch nie waren seine Fähigkeiten so auf die Probe gestellt worden, wie es jetzt gleich der Fall sein sollte.

Über den Luftstützpunkt der Royal Air Force in Hullavington in England drifteten Schönwetterwolken hinweg, als Williams sein Flugzeug auf der Startbahn ausrichtete, beschleunigte und röhrend abhob. Ein sanfter Wind wehte, und als Williams höher stieg, registrierte er zufrieden, dass keine Turbulenzen auszumachen waren. Das bedeutete, dass er seine Manöver umso präziser ausführen konnte.

Er flog seine komplette Sequenz zweimal ohne jeden Zwischenfall, brachte die Zlin wieder in die Horizontale und begann mit dem dritten und letzten Durchgang. Nach ein paar

Minuten in der Luft war er bereits der Erschöpfung nahe. Wettkampfkunstflug ist außerordentlich anstrengend und erfordert in mentaler Hinsicht höchste Aufmerksamkeit für jedes Detail, die Fähigkeit, schnell und dreidimensional zu denken, und das Vermögen, auch dann die Fassung zu behalten, wenn das Flugzeug während schneller Manöverabfolgen auf dem Kopf steht, nach hinten fällt oder sich wie ein Kreisel dreht. Physisch erfordert diese Sportart optimale körperliche Kondition und Fitness, weil die abrupten Richtungswechsel des Flugzeugs den Piloten mal auf die eine, mal auf die andere Seite des Cockpits pressen, mit Zentrifugalkräften, die teilweise mit dem Neunfachen seines Eigengewichts auf den Körper einwirken und ihn im nächsten Moment dann wieder kopfüber in seinen Fluggurten hängen lassen. Schon nach einer vierminütigen Kunstflugübung sind die Piloten meist völlig erschöpft und schweißgebadet.

Mitten im dritten Durchlauf flog Williams gerade einen Looping, bei dem sein Flugzeug einen großen vertikalen Kreis in die Luft zeichnete. Als es den obersten Punkt erreichte, saß Williams kopfüber in seinem Sitz, das gewürfelte Farmland von Südwestengland über seinem Kopf, der wolkengesprenkelte Himmel unter seinem Sitz. Die Maschine schwenkte vom höchsten Punkt in den Abwärtsbogen und der Horizont versank unter seiner Windschutzscheibe, bis Williams nur noch den Boden vor sich sah. Er flog immer steiler abwärts, bis er schließlich senkrecht nach unten blickte.

Als er gerade in 1500 Fuß Höhe auf die Erde zuschoss, zog Williams den Steuerknüppel nach oben, um die Zlin wieder in den Horizontalflug zu bringen. Er spannte die Bauchmuskeln an, um sich auf die g-Kraft (die Belastung eines Körpers durch Beschleunigung) vorzubereiten, die gleich auf ihn wirken würde, wenn die Schwerkraft zusammen mit der Zentrifugalkraft des Bogens, den das Flugzeug flog, ihn mit dem Fünffachen seines Normalgewichts in den Sitz pressen würden. Nur durch kräftiges Anspannen seiner Bein- und Bauchmuskeln konnte er verhindern, dass das Blut völlig aus seinem Kopf wich und er ohnmächtig wurde.

Das Flugzeug schwenkte in 1000 Fuß Höhe gerade wieder in die Horizontallage, da geschah es ...

PENG!

Ein Ruck ging durch die Zlin. Sie rollte sich auf die linke Seite – bis auf den linken Flügel, der eigenartig in Horizontallage blieb. William erfasste sofort intuitiv, was passiert war. Durch die einwirkende Kraft beim Hochziehen musste der tragende Holm im Innern des Flügels gebrochen sein, der diesem seine Stabilität gab. Wenn das der Fall war, würde der gesamte Flügel demnächst abfallen. Williams drückte den Steuerknüppel ganz nach rechts, aber das Flugzeug kippte weiter nach links. Die Erde war jetzt nur noch knapp 300 Fuß unter ihm und kam rasend schnell näher.

Für die meisten Piloten hätte dies das sichere Ende bedeutet. Doch Williams hatte in den wenigen Sekunden, die ihm noch blieben, bevor das Flugzeug sich in die Erde bohren würde, die rettende Idee. Er erinnerte sich an die Geschichte von einem bulgarischen Piloten, dem vor Jahren in einem ähnlichen Zlin-Modell ebenfalls ein Unglück passiert war. Die Umstände in diesem Fall waren zwar anders gewesen – der Bulgare war gerade auf dem Kopf geflogen, als ein Bolzen in einem der Flügel brach und das Flugzeug sich daraufhin unerwartet auf die linke Seite legte. Aber ein Detail an dieser Geschichte schien Williams auffällig. Sobald das Flugzeug des Bulgaren wieder richtig herum flog, klappte der Flügel wieder in die Ausgangsposition zurück. Vielleicht war seine Situation ja vergleichbar, wenn auch umgekehrt. Wenn er das Flugzeug vom Normalflug wieder in Rückenlage brachte, würde der Flügel vielleicht auch wieder in die richtige Lage zurückklappen.

Schneller als andere Leute überhaupt einen Gedanken zu Ende denken können, drückte Williams den Steuerknüppel hart nach links, bis die Zlin auf dem Rücken flog. Dann drückte er den Knüppel nach vorn. Sein Gesicht schwoll an und wurde rot, während Schwer- und Zentrifugalkraft das Blut von seinem Körper in den Kopf schießen ließen.

WOMM!

Mit einem willkommenen dumpfen Schlag klappte der Flügel wieder an seinen Platz. Doch jetzt befand sich die Maschine schon beinahe in den Baumwipfeln und für einen Moment dachte Williams, dass er abstürzen würde. Doch da fing das Flugzeug wieder an zu steigen.

In den Gurten hängend trieb er die angeschlagene Maschine einen kostbaren Höhenmeter nach dem anderen gen Himmel. Er hatte nicht viel Zeit: Er wusste, dass der Motor der Maschine nicht länger als acht Minuten im Rückenflug laufen würde. Schnell wägte er seine Chancen ab: So ohne Fallschirm sah die Lage schlecht aus. Sollte er versuchen, kopfüber in den Bäumen zu landen? Einen See suchen, in dem er notwassern konnte?

Genau in diesem Moment fing der Motor an zu stottern und starb ab – ein weiteres potenziell tödliches Desaster. Blitzschnell ließ Williams seinen Blick durch das Cockpit schweifen und entdeckte das Problem sofort.

Bei der heftigen Erschütterung am Anfang war er versehentlich an den Benzinhahn gekommen und hatte damit die Benzinversorgung des Motors unterbrochen. Er drehte ihn zurück auf die »On«-Position. Der Motor hustete ein paarmal und erwachte wieder zum Leben.

Williams ging die Zeit aus. Er kam zu dem Schluss, dass seine größte Chance zu überleben eine Bruchlandung auf dem Flugplatz wäre. Also steuerte er die Zlin heimwärts und leitete kopfüber den Landeanflug ein. Als das Ende der Landebahn über seinem Kopf erschien, drückte er den Steuerknüppel hart nach rechts und rollte das Flugzeug in Normallage. Wieder klappte der linke Flügel nach oben und das Flugzeug schlingerte zur Seite, prallte auf die Landebahn und schlitterte weiter. Williams kauerte sich zusammen, bis es zum Stillstand kam. Dann durchstieß er das kaputte Kabinendach und kletterte hinaus. Das Flugzeug war ein Wrack, aber er hatte ohne den geringsten Kratzer überlebt.

Dass Williams es schaffte, den katastrophalen Bruch des Flugzeugflügels in so geringer Höhe zu überleben, grenzt an ein Wunder. Flugtechnisch gesehen war die Frage, wie er in der Luft bleiben konnte, ganz einfach eine Sache der Physik. Aber die psychologische Seite dessen, was da passiert war, steht auf einem ganz anderen Blatt. Nach normalem Ermessen hätte Williams an diesem Tag sterben müssen. Unter solch extremem Druck, den tödlichen Absturz quasi vor Augen, hätte der Ansturm der Hormone so intensiv sein müssen, sein neuronaler Schaltkreis der Angst so überaktiviert, dass er eigentlich kaum fähig gewesen sein dürfte zu reagieren, geschweige denn, im Bruchteil einer Sekunde eine kreative Lösung zu entwickeln.
Etwas Außergewöhnliches musste also in seinem Gehirn vorgegangen sein. Irgendein Mechanismus in seiner psychologischen Ausstattung musste ihn irgendwie vor der Panik bewahrt und ihm sogar eine Extradosis an Geistesgegenwart verliehen haben, mit deren Hilfe er die Krise überstand. Was immer es war, es ist auf jeden Fall ein seltenes Talent. Selten, aber nicht einzigartig. Die Geschichte menschlicher Errungenschaften ist durchsetzt mit den Geschichten von Menschen, die tödliche Gefahren überlebten, weil sie geistesgegenwärtig reagierten. Aber wie schaffen diese Leute das? Was macht sie anders? Und, was am wichtigsten ist: Was können wir anderen von ihnen lernen?
Ich fing an, mich für das Thema extremer Angst zu interessieren, als meine Karriere als Zeitschriftenjournalist immer mehr

in Richtung Abenteuerreisen steuerte. Ein adrenalintreibender Auftrag führte zu dem nächsten, und die Unternehmungen wurden immer gefährlicher und extremer. Ein Artikel über Helikopter-Fischen in British Columbia führte mich in ein Heli-Angelcamp in Alaska, was mich wiederum zu einer Story über Buschpiloten in Alaska brachte, die dafür verantwortlich war, dass ich meinen Flugschein machte. Dann machte ich auch noch den Segelflugschein und schrieb eine Story über das Motordrachenfliegen über der Wüste von New Mexico, die wiederum zu einer anderen über Kunstfliegen in einem Kampfflugzeug aus dem Zweiten Weltkrieg führte. Dazwischen schwamm ich Wildwasserflüsse hinab, schlief in Schneehöhlen, fuhr in selbst gefertigten U-Booten und seilte mich von Klippen ab. Je mehr ich meine Bereitschaft kundtat, mich extremen Abenteuern zu stellen, desto mehr Redakteure wollten mich für solche Stories gewinnen.

Als mein Beruf mich zunehmend häufiger in haarsträubende Situationen führte, stieß ich immer öfter an meine Grenzen. Bis mich eines Tages ein Auftrag zu einem Bungeejumping-Unternehmen in der Nähe von Nanaimo in British Columbia führte, das sich The Bungy Zone nennt. Die Absprungstelle lag auf einer Brücke in 45 Meter Höhe über einer schattigen Felsenschlucht. Ich sah zu, wie ein begeisterter Draufgänger mit ausgebreiteten Armen in den Abgrund sprang. Dann war ich an der Reihe. Und obwohl ich genau wusste, dass mir körperlich nichts geschehen würde, hatte ich das sichere Gefühl, nicht in diese Leere springen zu können, ohne dass in meinem Kopf irgendetwas ausrasten würde. Aber da ich schließlich einen Job zu erledigen hatte, ging ich auf die Brücke. Das Gefühl von Angst nahm zu, als ich zur Sprungplattform vorging, und verstärkte sich noch weiter, als ich dort saß und mir ein Helfer das Bungee-Seil an den Knöcheln befestigte. Der drohende Kontrollverlust kam mir so real und so erschreckend vor, dass er in diesem Moment sogar erschreckender war als der physische Akt des Springens. Mir wurde klar, dass ich mich mehr davor fürchtete, was in meinem Kopf passieren würde, als davor, was mit meinem Körper geschehen würde. Ich hatte das erdrückende Gefühl, dass eine sonderbare und extreme Form des Wahnsinns sich meines Verstands bemächtigen wollte, und fragte mich, was in meinem Gehirn dieses Gefühl hervorrief.

In der Folge fing ich an, mich mit den wissenschaftlichen Erkenntnissen über die Angstreaktion zu beschäftigen, und fand heraus, dass dieses Forschungsgebiet gerade ein goldenes Zeitalter betreten hatte. Neue Technologien waren auf den Plan getreten, welche die Funktionsweise des Gehirns in nie gesehenem Detail enthüllten. Eine der wichtigsten ist die funktionale Magnetresonanz-Tomographie oder fMRT, die es den Forschern erlaubt, mentale Aktivität direkt sichtbar zu machen, während sie tief im Gehirn stattfindet.

Wie sich herausstellte, ist die Angst die menschliche Emotion, zu der am meisten geforscht wurde. Auch weil sie im Vergleich zu anderen Gefühlen am besten für die Untersuchung geeignet ist. Vom Konzept her ist sie leicht zu fassen: ein System, das Gefahr entdeckt und so darauf reagiert, dass die Überlebenswahrscheinlichkeit eines Organismus maximiert wird. So alt, wie die Angst ihrem Ursprung nach ist, ist sie in unserem täglichen Leben noch allgegenwärtig und kann außerdem bei Versuchspersonen wie -tieren im Labor leicht erzeugt werden.

Angst kann sich auf viele Arten manifestieren, aber alle beruhen auf demselben neurologischen System, einer Reihe von Verarbeitungszentren, die von ganz einfachen Strukturen, die schon vor Hunderten von Millionen Jahren entstanden, bis hin zu hoch entwickelten Gehirnregionen reichen, die sich erst in jüngster Zeit bildeten. Alle diese Zentren arbeiten zusammen und koordinieren unsere Angstreaktion.

Weil viele der Gehirnregionen tief unter der Oberfläche des Bewusstseins arbeiten, bleiben die Vorgänge darin verborgen, geheimnisvoll und sind häufig überraschend. Angst kann ohne Vorwarnung auftreten, springt uns gleichsam aus dem Nichts an und raubt uns den Verstand. Der Versuch, sie zu kontrollieren, bringt oft das Gegenteil: Je mehr wir versuchen, die Angst zu unterdrücken, desto schlimmer wird sie.

Das Verständnis davon, wie Angst im Gehirn erzeugt wird, ist nicht nur für Menschen wichtig, die regelmäßig ihr Leben riskieren, sondern für uns alle. Wir müssen im Laufe unseres Lebens mit unterschiedlichen, Angst machenden Situationen fertig werden, ob uns nun ein Meeting mit einem erbosten Kunden bevorsteht, wir uns auf Skiern vor einer steilen Abfahrt wiederfinden oder unsere Freundin fragen wollen, ob sie uns heiratet. Egal, wie Sie Ihr Leben leben, es wird immer Zeiten geben, in denen Ihnen das Herz bis zum Hals klopft, Ihr Mund trocken ist und Ihre Hände zittern.

In einer idealen Welt würde unser Nervensystem immer dann, wenn wir unter Druck stehen, mit perfekter Effizienz reagieren, es würde sofort in den höchsten Gang schalten, wenn Gefahr im Anzug ist, und dafür den Rest der Zeit im Ruhezustand verbringen. Aber so funktioniert es leider nicht. Oft ist die Reaktion, die von unseren Angstzentren ausgelöst wird, genauso gefährlich wie die Bedrohung, die sie ursprünglich ausgelöst hat, wenn nicht sogar noch gefährlicher.

Wenn uns die Angst im Griff hat, können wir uns völlig ausgeliefert fühlen. Soldaten werfen ganz buchstäblich die Flinte ins Korn und rennen weg. Piloten verlieren die Kontrolle und lassen ihre Flugzeuge abstürzen. In solchen Fällen fühlt es sich an, als wären wir von irgendeiner unerbittlichen fremden Macht besessen. Und tatsächlich ist das Wort »Panik« von dem griechischen Gott Pan abgeleitet, von dem die alten Griechen glaubten, er würde Reisende an einsamen Orten überraschen, so dass sie in blindem Schrecken davonlaufen. Den Menschen der Antike schien die Besessenheit durch eine böswillige Gottheit die einzig plausible Erklärung für ein solches Verhalten.

Hoffentlich müssen nur wenige von uns solch extreme Angst aushalten. Aber auch leichter Stress kann unsere Leistung bereits negativ beeinflussen, wie jeder sofort bezeugen kann, der einmal schwitzend und stotternd in einem Bewerbungsgespräch saß. Wenn wir von Angst besessen sind, müssen wir im Allgemeinen gleich mit zwei Problemen fertig werden: mit der Sache, wegen der wir uns fürchten, und mit der Angst, die damit einhergeht.

Anders betrachtet: Wenn wir lernen könnten, mit unserer Angst umzugehen, gäbe es sofort nur noch halb so viele Dinge, deretwegen wir uns Sorgen machen müssen.

Und jetzt die gute Nachricht: Genau das können wir tun. Wenn wir erst verstehen, wie unsere Angstreaktion funktioniert, können wir effektiver damit umgehen. Und genau das will ich mit diesem Buch: Ihnen helfen, Ihre Reaktion auf Druck besser zu steuern, indem Sie das zugrundeliegende Wie und Warum besser verstehen.

Zuerst beschäftigen wir uns also damit, wie Verstand und Körper auf Angst machende Situationen reagieren, und was davon hilfreich und was weniger hilfreich ist. Danach werden wir uns drei Hauptkategorien von Situationen mit hohem Stressfaktor genauer ansehen. Dann untersuchen wir die wichtigsten uns zugänglichen Strategien zur Bewältigung solcher Situationen. Zum Schluss wird das Ganze durch ein tieferes Verständnis von der Rolle, die Angst in unserem Leben spielt, abgerundet.

Angst ist nicht nur schlecht. Genauso wie sie die schrecklichste Erfahrung überhaupt sein kann, kann sie auch bewirken, dass wir uns so beglückend lebendig fühlen wie niemals zuvor. Gezielte Vorbereitung bringt wesentlich mehr als nur auf das Beste zu hoffen. Wenn wir die neuesten wissenschaftlichen

Forschungsergebnisse mit altbewährten Techniken kombinieren, können wir trainieren, unter Druck nicht nur zu bestehen, sondern über uns hinauszuwachsen.

Erster Teil:

Parallelverstand Angst

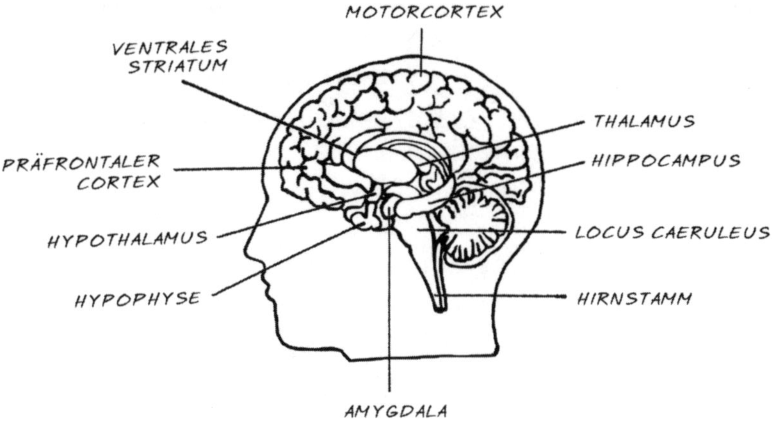

Dies sind die wichtigsten Gehirnregionen, die an der Angstreaktion beteiligt sind. Der Kampf um Selbstkontrolle wird zwischen dem präfrontalen Cortex und der Amygdala ausgefochten.
Zeichnung von Sandra Garcia

Was die Angst aus uns macht

Das Flugzeug befindet sich in 3700 Meter Höhe, als die Tür aufgeschoben wird. Sofort ist die Kabine erfüllt von eisiger Luft und dem Geräusch des tosenden Winds. Draußen kann man den nördlichen und den südlichen Ausläufer von Long Island sehen, gebadet in das klare blaue Licht eines Herbstnachmittags. Zuerst kriecht ein Mann in einer roten Sprungkombi bis zur Türschwelle und stürzt sich hinunter, dicht gefolgt von einer Frau in Gelb und einem weiteren Mann in Blau. Jedes Mal, wenn sich eine Person von der Schwelle fallen lässt, macht das Flugzeugheck einen Satz nach oben.

Jetzt bin ich mit Duncan, meinem Tandemmaster, allein hier in der leeren Flugzeugkabine, in der es nicht einmal Sitze gibt.

»Okay«, sagt er. »Auf geht's zur Tür!«

Mir schnürt sich die Kehle zu.

Er rutscht nach vorn und ich muss mit, da wir fest aneinandergebunden sind, seine Brust an meinem Rücken, seine Hüften an meinem Hintern. Ich bin wie betäubt, spüre ein beklemmendes Gefühl in der Brust, mein Mund ist trocken. Ich wünschte, ich wäre weiß Gott wo, nur nicht hier. Mein Verstand arbeitet fieberhaft, während ich um Selbstkontrolle ringe. Ich muss an dieses alte Klischee vom Fallschirmspringen denken, an den vor Angst versteinerten Neuling, der sich mit weiß hervortretenden Fingerknöcheln an die Türschwelle klammert. Wird es mir genauso ergehen? Wird mich die Angst besiegen? Oder schaffe ich es, die Nerven zu behalten?

Ich fühle mich schwach, kaum fähig, mein eigenes Gewicht zu bewegen. Als wir die Tür erreichen, liegt ganz Long Island vor meinen Augen, die Wälder gesprenkelt mit dem Orange und Rot des Frühherbsts. Im Süden verschwimmt der Atlantik mit dem blasseren Blau des Himmels am Horizont. Alles sieht so frisch, so kristallklar aus, und die Schönheit dieses Anblicks würde mir sicher den Atem rauben, wenn ich nicht mit etwas anderem beschäftigt wäre. Der Wind heult, als wir unsere Füße über den Rand schieben. Unter uns ist jetzt nichts mehr außer Luft, Tausende von Metern leerer Luft.

Ich denke: *Was zum Teufel tue ich hier?*

Die Antwort ist einfach. Ich habe mich freiwillig gemeldet, an einem Experiment über das Wesen der Angst teilzunehmen. Eine Entscheidung, die ich in diesem Moment zutiefst bereue.

Duncan checkt ein letztes Mal die Ausrüstung. Das an meiner Taille befestigte elektronische Aufzeichnungsgerät ist angeschaltet, um die Daten von der Sensorweste um meinen Oberkörper zu speichern. Hinter mir ertönt Duncans Stimme und ich höre die Wörter, die das endgültige Signal zum Abstoßen vom Flugzeug bedeuten, wie er mir am Boden erklärt hat: »Ready – set – go!«

Oh mein Gott.

Im Flugzeug, auf dem Weg zu meinem ersten Fallschirmsprung, habe ich es wieder einmal gründlich begriffen: Wenn die Angst uns im Griff hat, arbeitet unser Verstand anders. Körper und Gehirn reagieren einfach nicht so, wie wir es erwarten. Aufgaben, die in einem Zustand der Ruhe ganz einfach durchgeführt werden können, werden zu extremen Herausforderungen oder sogar unmöglich, wenn das Adrenalin durch unseren Körper strömt. Umgekehrt kann es auch sein, dass wir an der Herausforderung wachsen und eine viel bessere Leistung erbringen, als wir jemals zu hoffen gewagt haben. Und es ist vollkommen unmöglich, vorher zu wissen, welchen Weg wir einschlagen werden.

Die Frage, wer angesichts der Angst besteht und wer nicht, ist eine Unwägbarkeit, mit der sich die Menschen seit Urzeiten beschäftigten. Manche, die im Alltag den starken Mann mimen, werden im Kampf zu Feiglingen, andere, die sanftmütig erscheinen, erweisen sich gerade dann als furchtlos. Der französische Aristokrat Francois de La Rochefoucauld hat es im 18. Jahrhundert folgendermaßen formuliert: »Man kann nicht für seinen Mut einstehen, wenn man nie in Gefahr gewesen ist.« Die Psychologen des 20. Jahrhunderts, die nur zu gern herausfinden wollten, wie man den größtmöglichen Nutzen aus Staatsdienern wie Soldaten und Feuerwehrmännern ziehen kann, sind das Problem mit frischem Elan angegangen. Während des Zweiten Weltkriegs wollte die US Air Force die neue Wissenschaft der Psychometrie nutzen um festzustellen, wer fähig ist, »den Stress von Fliegen und Gefecht auszuhalten«, hatte aber kein Glück damit und kam letztendlich zu dem Schluss, dass »der einzig gültige Test für das Durchhaltevermögen im Kampf der Kampf selbst ist«. In den 1980er-Jahren versuchte es der kanadische Psychologe Stanley Rachman noch einmal und führte eine Studie mit Bombenentschärfungsexperten der britischen Armee durch. Doch obwohl er die Männer unzähligen Tests unterzog, war es ihm unmöglich, einen Zusammenhang zwischen ihrem psychologischen Profil und ihrer Leistung unter Druck herzustellen. Es sah also so aus, als sollte dieses Geheimnis ungelüftet bleiben.

Doch in den letzten zehn Jahren hat die moderne Technologie das Gleichgewicht zugunsten der Wissenschaftler verschoben. Geräte zur Anfertigung sogenannter funktioneller Magnetresonanz-Tomographien (fMRT) vom Gehirn erlauben den Neurowissenschaftlern, direkten Einblick in die Aktivität der Gehirne lebender Menschen zu nehmen. Diese Maschinen verwenden starke Magnetfelder, um Veränderungen in der Ausrichtung von Wasserstoffatomen herbeizuführen, die dann je nach ihrem chemischen Umfeld unterschiedlich auf Impulse elektromagnetischer Strahlung reagieren. Weil die Bereiche des Gehirns bei Aktivität mehr Sauerstoff verbrauchen, kann ein fMRT-Scanner genau darstellen, welche Bereiche zu einem

bestimmten Zeitpunkt am aktivsten sind. Die Zeitverzögerung beträgt dabei nur ein paar Sekunden. Diese Aktivitätsbereiche werden mit anatomischen Erkenntnissen aus Untersuchungen in der Vergangenheit in Zusammenhang gebracht, wie zum Beispiel sogenannten Läsionsstudien am Gehirn, die bereits einen groben Atlas davon ergeben haben, welche Funktionen wo ausgeführt werden. Mit fMRT können die Forscher dann sehen, wie die unterschiedlichen funktionellen Bereiche des Gehirns zusammenarbeiten, ohne dass die Versuchspersonen dabei gefährdet oder in ihrem Wohlbefinden beeinträchtigt werden.

Dr. Lilliane R. Mujica-Parodi glaubt fest daran, dass sie mit Hilfe der fMRT-Technologie das Geheimnis der Angst lüften kann. Als Direktorin des *Laboratory for the Study of Emotion and Cognition* (Labor für die Erforschung von Emotion und Kognition) an der State University of New York in Stony Brook auf Long Island will sie herausfinden, ob es eine Methode gibt, Personen in Normalsituationen zu testen, die vorhersagen kann, wie sie in Gefahrensituationen reagieren werden. Mit anderen Worten: Sie will Rochefoucaulds Diktum umwerfen.

Was mich an Frau Mujica-Parodis Arbeit von Anfang an faszinierte, war der ungewöhnliche Aufwand, den sie betreibt, um heftige Angstreaktionen auszulösen. In den letzten paar Jahren haben Mujica-Parodi und ihr Team nicht nur im Labor Versuchspersonen getestet, sondern auch in Feldversuchen. Zuerst werden ihre Versuchspersonen einige Tage lang stationär aufgenommen und müssen in dieser Zeit auf einem Laufband laufen und Blut-, Speichel- und Urinproben abliefern. Dann werden sie milden Stressoren ausgesetzt – dazu zeigt man ihnen zum Beispiel Fotos von emotional belastenden Verbrechensszenen. Danach werden ihre Gehirne mit einem fMRT-Scanner abgebildet.

Bis zu diesem Punkt ist daran eigentlich nichts Außergewöhnliches. Experimente dieser Art werden seit Jahren von Neurowissenschaftlern durchgeführt. »Die Wissenschaftler haben bereits gezeigt, dass es möglich ist, auf der Grundlage von fMRT-Experimenten mit einer gewissen Wahrscheinlichkeit vorherzusagen, wie Menschen auf leichte Stressoren im Labor reagieren«, sagte mir Mujica-Parodi, als ich sie anrief, um sie über ihre Arbeit zu befragen. »Wir aber wollen einen Schritt weiter gehen und untersuchen, ob die Messergebnisse, die wir aus der fMRT erhalten, das Verhalten gegenüber Stressoren der realen Welt voraussagen können.«

Mit »Stressoren der realen Welt« meinte sie jede Erfahrung, die intensive Angst hervorruft. Für Wissenschaftler ist es eine große Herausforderung herauszufinden, welche Auswirkungen eine solche Erfahrung auf einen Menschen hat, da man es normalerweise für ethisch nicht vertretbar hält, Menschen um der psychologischen Forschung willen in tatsächliche Todesgefahr zu versetzen. Deswegen hat Mujica-Parodi nach der zweitbesten Lösung gegriffen. Sie rekrutiert Leute, die von sich aus den ersten Fallschirmsprung ihres Lebens bei Skydive Long Island durchführen, einem kleinen Unternehmen ca. 30 Kilometer östlich der Universität. Dazu hat sie eine Hinweistafel im Büro des Sprungzentrums angebracht, auf der sie ihre Arbeit schildert und ein kleines Honorar für Freiwillige anbietet. Jeder, der ihr Angebot angenommen hat, ist nach den Standards der Ethikkommission sozusagen Freiwild für ihre Untersuchungen über extreme Angst. Damit kann Mujica-Parodi diese Personen ihren Tests unterziehen und ihre Reaktion auf milde Stressoren im Labor mit ihrer physiologischen Reaktion auf den blanken Horror eines freien Falls aus 3700 Meter Höhe vergleichen.

Als sie am Telefon davon erzählte, wurde mir klar, dass sich hier eine einzigartige Chance für mich auftat: Denn natürlich gibt es keinen besseren Weg zum Verständnis der modernen Angstforschung, als selbst daran teilzunehmen.

Ein paar Wochen später checke ich im Forschungszentrum des Stony Brook Hospital ein, um am ersten Teil des zweiteiligen Experiments teilzunehmen, der unter milden Stressbedingungen stattfinden soll. Ich muss zwei Tage hierbleiben, Krankenhauskost essen und in einem verstellbaren Patientenbett schlafen, mit einer Luftkammermatratze, wie sie gegen Wundliegen eingesetzt wird. Es ist wichtig, dass ich mich in dieser kontrollierten Umgebung aufhalte, erklärt mir Frau Mujica-Parodi, damit ihr Team genaue Messdaten meiner körperlichen Grundkonstitution erhalten kann – also einen Eindruck davon, welche Werte meine Hormone, meine Herzschlagrate und andere Stressindikatoren haben, wenn ich entspannt bin. Ich trage Elektroden am Körper, die meine Herzfrequenz aufzeichnen, und in regelmäßigen Abständen nimmt mir das Personal Blut- und Speichelproben ab.

Am letzten Morgen lege ich mich auf einen Rolltisch und werde in einen fMRT-Scanner gefahren, ein kreisförmiges Gerät, das pocht und summt, während seine unsichtbaren Magnetfelder mein Gehirn durchdringen. 45 Minuten lang liege ich ganz still da und starre auf einen Bildschirm, der Fotos von unterschiedlichen Gesichtern zeigt. Manche von ihnen drücken Wut aus, andere lachen, wieder andere blicken verdutzt oder völlig ausdruckslos drein. Meine Reaktion auf letztere interessiert Mujica-Parodi am meisten.

Während ich so daliege und mir diese Gesichter ansehe, ist mir nicht bewusst, dass ich wie auch immer geartete Gefühle spüre. Es sind einfach Fotos von Gesichtern. Aber tief in der rund 1375 Gramm schweren grauen Masse in meinem Kopf tun meine Angstzentren ihre Arbeit. Während ich hier im Scanner liege, sitzt Frau Mujica-Parodi mit einem Techniker in einer Kontrollkabine nebenan und sieht sich die Schnittaufnahmen von meinem Gehirn auf einem Computerbildschirm an.

Später zeigt sie mir einige der Aufnahmen. Die Bereiche mit der größten Aktivität sind rot, orange und gelb gefärbt. Die erste Region, auf die sie mich aufmerksam macht, ist der Thalamus in der Mitte meines Kopfs, direkt über dem Hirnstamm. Bestehend aus einem Paar birnenförmiger Lappen, dient der Thalamus als eine Art Steuerzentrale für den Informations-Highway im Gehirn. Er empfängt sensorische Daten von den Augen, den Ohren und dem restlichen Körper und dirigiert sie weiter zu den verschiedenen Teilen des Gehirns. Als ich mir die Fotos der Gesichter ansah, fiel Licht in mein Auge und stimulierte Neuronen (Nervenzellen) in meiner Netzhaut, die einen Strom von Informationen durch den Sehnerv an den Thalamus schickten. Dort spaltete sich der Datenstrom in zwei Ströme auf. Was in ihrem Verlauf passiert, stellt das eigentliche Geheimnis der Angst dar.

Der erste Pfad führt zur Amygdala, einem Paar mandelförmiger Nervenzentren, die zu beiden Seiten direkt vor dem Thalamus liegen. Der zweite Pfad führt zum Neocortex (dem stammesgeschichtlich jüngeren Teil der Großhirnrinde), dem tief gerillten und gefalteten Gewebe, das die Oberfläche des Gehirns bildet. Um genau zu sein, endet er in einem Bereich, der direkt unter der Stirn liegt, dem frontalen Cortex (auch Frontal- oder Stirnlappen genannt).

Ich sage Frau Mujica-Parodi, dass ich damit bereits vertraut bin. Der frontale Cortex ist der Bereich, der mit den höheren geistigen Funktionen in Zusammenhang gebracht wird. Ein Newcomer, wenn man in Evolutionskategorien denkt. Der Hauptunterschied zwischen Menschen und nahe verwandten Primaten wie Schimpansen und Gorillas ist, dass sich unser frontaler Cortex in den letzten paar Millionen Jahren beträchtlich vergrößert hat. Ich glaube, dass es nicht zu stark vereinfacht ist, wenn man sagt, dass viele der höheren, ausschließlich dem Menschen zugeschriebenen Fähigkeiten – zum Beispiel unsere

Fähigkeit zu logischem Denken und Vorausplanen – ihren Sitz im frontalen Cortex haben.
Die Amygdala dagegen ist mir nicht so vertraut. Frau Mujica-Parodi erklärt mir, dass sie Teil eines viel älteren Bereichs des Gehirns ist, des sogenannten limbischen Systems, das tief unter dem Neocortex liegt und für viele der primitiveren Gehirnprozesse zuständig ist, einschließlich Gefühl und Gedächtnis. Im Besonderen ist die Amygdala der Hauptbereich zur Beurteilung von Bedrohungen. Sobald die visuelle Information vom Thalamus ankommt, prüft die Amygdala sie auf etwaige Anzeichen von Gefahr.
Die Amygdala ist auch verantwortlich für das Erlernen emotionaler Assoziationen. Wenn ich die Straße entlanggehe und mich ein Hund ins Bein beißt, werde ich nicht nur eine bewusste Erinnerung von diesem Ereignis bilden, sondern meine Amygdala wird auch ihre eigene, unterbewusste Erinnerung formen. Da ich nicht weiß, welche Erinnerungen von der Amygdala gespeichert werden, wenn ich keine bewusste Erinnerung an ein Ereignis habe, kann es vorkommen, dass ich emotional auf irgendetwas reagiere, ohne zu verstehen, warum. Schon als Kinder können wir zum Beispiel lange vor bewussten Erinnerungen emotionale Langzeiterinnerungen formen. Einer der führenden Angstforscher, Joseph LeDoux von der New York University, hat die These aufgestellt, dass manche Phobien entstehen, wenn jemand als kleines Kind etwas Traumatisches erlebt – den Stich einer Biene zum Beispiel –, das dann in der Amygdala weiterwirkt und so fähig ist, Angst zu wecken, auch wenn dem Betreffenden der Grund dafür nicht bewusst ist.
Wenn die Amygdala etwas in der Umgebung als potenzielle Gefahr identifiziert, löst sie eine Alarmserie aus, die sich in allen äußeren Zeichen von Furcht niederschlägt: Zittern, Schwitzen, Blasswerden usw. Außerdem aktiviert sie die Inselrinde (auch Inselcortex oder Insula genannt), eine Region in der Mitte zwi-

schen dem limbischen System und dem Neocortex, die für die bewusste Wahrnehmung von Angst verantwortlich ist.
Die Amygdala schickt zahlreiche Projektionen zum frontalen Cortex und umgekehrt. Nach Meinung von Frau Mujica-Parodi ist die Dynamik zwischen diesen beiden Bereichen entscheidend für das Verständnis, wie eine Person auf Stress reagiert. Wenn die Amygdala eine potenzielle Bedrohung entdeckt, aber der frontale Cortex nach Analyse der Daten zu dem Schluss kommt, dass keine aktuelle Bedrohung vorliegt, wird der Cortex die Amygdala anweisen, sich wieder zu beruhigen.
Frau Mujica-Parodi wählt eine Aufnahme meines Gehirns, die gemacht wurde, als ich ein neutrales Gesicht betrachtete, und zeigt auf einen Teilbereich des frontalen Cortex, den ventromedialen präfrontalen Cortex (vmPFC). »Die Amygdala reagiert auf alles, was neu ist«, erklärt sie mir. »Wenn ich Ihnen ein ausdrucksloses Gesicht zeige, sagt die Amygdala: ›Hoppla, was ist denn das? Ist es gefährlich?‹ Und dann tritt der frontale Cortex als inhibitorische Komponente in Kraft und sagt: ›Weißt du was? Das ist es nicht. Also mal ganz ruhig.‹«
Weil die Gesichter, die ich mir ansah, nicht bedrohlich wirkten, hat mein frontaler Cortex die Reaktion der Amygdala abgeblockt, bevor sie mir bewusst werden konnte. Die gesamte Reaktion lief automatisch ab, außerhalb meines Bewusstseins. Meiner Wahrnehmung nach passierte gar nichts. Ich blieb ganz einfach ruhig. Aber Frau Mucija-Parodi zeichnete währenddessen die Interaktionen zwischen der Amygdala und dem frontalen Cortex auf und untersuchte die Dynamik zwischen den beiden. Aufgrund ihrer Analyse ist sie zu dem Schluss gekommen, dass sie vorhersagen kann, wie eine Person – in diesem Fall ich – reagieren wird, wenn sie einmal gründlichst zu Tode erschreckt wird.
Um diese Hypothese zu prüfen, müssen wir in Phase zwei eintreten. Den ganz realen Horror.

An einem klaren Morgen Anfang Oktober werde ich schon vor der Dämmerung in meinem Motelzimmer im Osten von Long Island wach. Nach dem Duschen packe ich meine Sachen und checke aus. Ich habe schlecht geschlafen, geplagt von quälenden Gedanken, die meinen Verstand an der Oberfläche des Schlafs dahinschlittern ließen. Während ich auf dem Long Island Expressway dahinfahre, fühle ich mich nicht nur hundemüde, sondern auch irgendwie krank.

Ich komme an der aufgelassenen Northorp Grumman Fabrik vorbei, in der früher die F-14-Jets gebaut wurden, die in *Top Gun* vorkommen. Als ich hier nach links abbiege, erreicht meine Anspannung ihren Höhepunkt und ich frage mich, wie ich den Vormittag durchstehen soll. Ein schreckliches Gefühl der Hilflosigkeit überkommt mich. Mir ist ganz schwindlig und ich bekomme kaum Luft, aber ich beschließe doch weiterzufahren. Sollte ich mich ernsthaft schlecht fühlen, würde ich anhalten. Dieser Gedanke beruhigt mich ein wenig und schon bald erreiche ich den Flugplatz, wo sich in einem kleinen weißen Gebäude die Büros von Skydive Long Island befinden.

Um ein möglichst vollständiges Bild der Reaktion einer Testperson zu bekommen, führen die Assistenten von Frau Mujica-Parodi eine ganze Reihe von Tests durch, und zwar vor, während und nach jedem Fallschirmsprung. Gleich nach meiner Ankunft führen mich zwei Doktoranden in weißen Laborkitteln in einen Wohnwagen, wo mir ein kräftiger Dritter mehrere Ampullen Blut abzapft. Zusätzlich muss ich Speichel- und Urinproben abgeben. Dann mache ich den Oberkörper frei, damit die Forschungsassistenten Elektroden auf meiner Brust befestigen können. Sie helfen mir, eine Spezialweste anzulegen, die mein Lungenvolumen messen wird. Eine Art Ranzen enthält einen Höhenmesser, der mir anzeigen wird, wann ich springen soll, und ein digitales Datenaufzeichnungsgerät. Dann ziehe ich

wieder mein Shirt über, einen Fleecepullover und schließlich die Sprungkombi.
Anschließend werde ich in einen anderen Raum geführt. Dort sehe ich mir pflichtgemäß einen Videofilm an, in dem die Grundlagen des Tandemspringens erklärt werden. Mehrere Male wird mit Nachdruck betont, dass meine etwaigen Erben gemäß der sich ebenfalls mehrmals wiederholenden Verzichterklärung, die ich bereits unterzeichnet habe, unter keinen Umständen berechtigt sind, Skydive Long Island in irgendeiner Weise zu belangen.
Während ich mir den Film ansehe, wird mir die Apparatur an meinem Körper deutlich bewusst. Sie soll, wie man mir gesagt hat, nicht die Aktivität meines Gehirns insgesamt beobachten, sondern die eines speziellen Untersystems, des vegetativen Nervensystems (VNS), das die Erregungssymptome im Körper produziert.
Unter evolutionären Gesichtspunkten ist das VNS eine uralte Struktur, älter noch als die Amygdala. Es reicht zurück in eine Zeit, in der unsere Vorfahren nicht mehr als primitive Fische waren, die im Ozean des Paläozäns herumschwammen. In diesen lange zurückliegenden Zeiten waren die Bedürfnisse unserer Vorfahren recht schlicht: fressen, sich fortpflanzen, nicht gefressen werden. Die Evolution hatte sie dazu mit einem entsprechend einfachen Nervensystem ausgestattet, das eigentlich nicht mehr als ein Netz von Neuronen entlang der Wirbelsäule war. Auch heute sieht unser VNS noch so ähnlich aus: eine Leiter aus knotenartigen Nervenzentren oder Ganglien, die sich entlang der Wirbelsäule erstreckt.
Dieses System besteht aus zwei einander entgegengesetzten und sich ergänzenden Teilen, dem parasympathischen und dem sympathischen Nervensystem. Wenn die Umstände günstig sind, steht der Parasympathicus im Vordergrund und sendet Impulse durch den Körper von den Ganglien zu den Organen

und ermuntert diese, all die Dinge zu tun, die man tut, wenn das Leben so leicht ist wie im Song *Summertime*. Wir entspannen. Die Herzfrequenz verlangsamt sich. Drüsen setzen Speichel im Mund und Galle im Bauch frei, um die Verdauung zu unterstützen. Im richtigen Zusammenhang lässt der Parasympathikus auch eine Erektion entstehen.

Wenn aber Gefahr im Anzug ist, wird es Zeit für den Gegenspieler des Parasympathikus, in Aktion zu treten. Der Sympathikus ruft die berühmte Kampf-oder-Flucht-Reaktion (*fight or flight response*) hervor, die den Körper gegen existenzielle physische Bedrohungen wappnet. Wenn Sie von einem Raubtier angegriffen werden, mobilisiert der Sympathikus sofort alle Körperressourcen für den physischen Kampf. Das Nebennierenmark pumpt Adrenalin in den Blutkreislauf. Das Herz schlägt schneller, um die Muskeln mit dem zusätzlich benötigten Blut zu versorgen. Die Schweißdrüsen öffnen sich. Schmerzbetäubende chemische Substanzen überschwemmen das Gehirn. Da die Verdauung nicht länger oberste Priorität hat, wird der Mund trocken und die peristaltischen Bewegungen des Darms hören auf.

Während ich mir das Video ansehe, in dem Menschen über der Landschaft von Long Island aus dem Flugzeug springen, legt mein Sympathikus nochmal einen Zahn zu.

Und dann ist es Zeit. Duncan, der Sprunglehrer, gibt mir Handschuhe, eine Ledermütze und eine klare Plastikbrille. Er geht mit mir noch einmal rasch die Abfolge des Sprungs durch und dann steigen wir mit einem halben Dutzend anderer Springer hinten in eine Cessna. Als der Pilot den Motor anlässt und die Maschine zum Ende der Landebahn rollt, sage ich mir immer wieder vor, dass ich mir keine Sorgen machen muss, aber es hilft nichts. Ich leide an allen Symptomen der Sympathikusaktivierung: Mein Herz klopft wie wild, mein Mund ist trocken, mein Magen fährt Karussell. Ich fühle mich krank. Während die Cessna steil in den Himmel steigt, konzentriere ich mich auf meine Atmung. *Ich schaffe das*, sage ich mir. *Ich werde die Kontrolle behalten.*

Duncan gibt mir einen Laptop, damit ich weitere Tests durchführen kann. Auf dem Bildschirm erscheinen zwei Schachbrettmuster. Ich muss sie vergleichen und angeben, ob sie identisch oder verschieden sind. Der Test zielt darauf ab, zu beurteilen, wie effektiv ich noch überlegen kann, wenn meine Fähigkeit zu logischem Denken durch Angst beeinträchtigt ist.

Als Nächstes gibt Duncan mir ein Plastikröhrchen mit einem Klumpen Fasermaterial, das wie das Innere eines Zigarettenfilters aussieht. Ich nehme es in den Mund und kaue dreißig Sekunden lang darauf herum. Später werden die Labortechniker daraus den Cortisolwert in meinem Speichel bestimmen, der anzeigt, bis zu welchem Grad meine Amygdala ein weiteres wichtiges System in Gang gesetzt hat, das der Körper zur Reaktion auf Gefahr benutzt: die hormonelle Achse vom Hypothalamus über die Hypophyse (Hirnanhangsdrüse) bis zur Nebennierenrinde (= HPA, von engl. *hypothalamic-pituitary-adrenal*).

Während das sympathische Nervensystem für alle Arten der Erregung aktiviert wird, gute und schlechte (z. B. Angst, Wut oder sexuelle Erregung), dient die HPA-Achse speziell der Vorbereitung des Körpers auf harte Zeiten. Sie ist der Kern aller Stressreaktion. Angesichts von Gefahr sendet die Amygdala ein Signal zum Hypothalamus, dem Verbindungstor des Gehirns zum endokrinen System. Im Unterschied zum Nervensystem, das den Körper über ein Netzwerk aus Neuronen, die elektrische Impulse tragen, kontrolliert, übt das endokrine System Kontrolle aus, indem es chemische Substanzen – Hormone – in den Blutkreislauf entlässt. Wenn der Körper Stress ausgesetzt wird, schickt der Hypothalamus ein Hormonsignal an die Hypophyse, die ein weiteres Hormon an die Nebenniere schickt, die dann den Blutkreislauf mit dem Urvater aller Stresshormone überflutet, mit Cortisol.

Wie die Kernspaltung kann auch Cortisol für Gutes wie Böses verwendet werden. Wenn der Körper auf eine unmittelbare Bedrohung reagieren muss, ist Cortisol unabdingbar, damit er für den Notfall reservierte Energiequellen verstoffwechseln kann. Wenn Cortisol durch den Köper flutet, verursacht es die Freisetzung energietragender Zucker in den Blutkreislauf und erhöht den Blutdruck, damit Nährstoffe und Sauerstoff schneller dahin gelangen, wo sie gebraucht werden. Wird der Körper dagegen über längere Zeit hinweg niedrigeren Stressleveln ausgesetzt, entwickelt das Cortisol einen kumulativ toxischen Effekt und greift das Selbsterhaltungssystem des Körpers an, was zu hohem Blutdruck, einer Abnahme der kognitiven Fähigkeiten und einer Unterdrückung des Immunsystems führt.

Ich fühle mich selbst ziemlich auch ziemlich sonderbar, als das Flugzeug konstant auf einer Höhe bleibt, die Tür sich öffnet und der Wind hereintost. Vom Verstand her begreife ich, dass ich nicht in Gefahr schwebe. (Das heißt, mein frontaler Cortex kann noch logische Zusammenhänge verarbeiten.) Aber es gibt keine Möglichkeit, meine Amygdala davon zu überzeugen. Diese 3700 Meter leeren Luftraums unter mir sind eine Realität, die sie perfekt versteht. Es gibt nichts, was mein frontaler Cortex dagegen tun kann. Ich werde überwältigt von dem Parallelverstand der Angst, während die Amygdala meinen Verstand mit der gänzlich logikfeindlichen Lava aus Sorge und Furcht überrollt.

Die anderen Fallschirmspringer sind draußen und wir bewegen uns zur Türschwelle hin. »Ready – set – go!«, ruft Duncan und los geht's. Wir lehnen uns nach vorn und gleiten von der Türschwelle in plötzliche Schwerelosigkeit.

Und dann – nichts. Mein Verstand ist leer, völlig überwältigt. Dann, fünf oder zehn Sekunden später, wird mir bewusst, dass ich durch die Luft purzle, dass Himmel und Erde immer wieder ihre Position wechseln. Weit weg der Schemen des Flugzeugs. Dann wechseln wir rasch in eine stabile Position, Bauch nach unten, Rücken durchgedrückt, wie ein zweifacher menschlicher Federball. Die Angst ist weg. Obwohl mein Herz wild pocht und die Welt noch immer unrealistisch klar wirkt, spüre ich nur noch intensiven Thrill, Vergnügen pur. Während wir so mit Höchstgeschwindigkeit fallen und der Wind um uns heult, fühlt es sich nicht mehr so an, als wären wir schwerelos. Es ist, als lägen wir auf einem Kissen aus Luft. Da ist nicht das geringste Gefühl von Geschwindigkeit. Wir könnten bewegungslos schweben oder fliegen wie ein Flugzeug. Ich kann kilometerweit sehen. Es ist überwältigend schön!

Nach etwa einer Minute zieht Duncan die Reißleine und wir werden gewaltsam nach oben gerissen. Der Rest des Abstiegs ist entspannend, fast angenehm, obwohl meine Nerven noch surren wie Hochspannungsleitungen.

Fünf Minuten später berühren meine Füße wieder die Erde. Der kräftige Blutabzapfer kommt mit Nadeln zu mir: »Wir müssen jetzt gleich ein wenig Blut abnehmen.« Ich habe nichts dagegen. Nein, ich bin in Hochstimmung. Es fühlt sich großartig an, am Leben zu sein.

Wenn ich weg bin, werden die Forschungsassistenten mit dem Aufzeichnungsgerät, das meine Daten enthält, zurück zum Labor von Frau Mujica-Parodi an der State University of New York in Stony Brook fahren. Ich lasse ihr Zeit, die Ergebnisse zu verarbeiten, und rufe sie dann an, um zu fragen, was sie herausgefunden hat.

Frau Mujica-Parodi wiederholt zuerst noch einmal, dass das Geheimnis im Umgang mit intensiver Angst ihrer Meinung nach nicht darin liegt, wie sehr der Cortex und die Amygdala gegeneinander ankämpfen, sondern darin, wie ihre Reaktionen koordiniert sind. In einer Welt voller Gefahren ist eine heftige Amygdala-Reaktion absolut lebensnotwendig, erklärt sie mir. Laborratten meiden normalerweise jede offene Fläche. Ist ihnen aber die Amygdala entfernt worden, wandern sie ziellos ohne Deckung umher. Eine todsichere Methode, um in freier Natur einem Fressfeind zum Opfer zu fallen.

Aber genauso gefährlich ist es, wenn die Amygdala zu aktiv ist. Wird das Angstsystem zu stark angekurbelt, sinkt die Leistung dramatisch. Die Impulse der Amygdala an den frontalen Cortex verhindern jeden strukturierten Gedanken und führen zu absoluter »Gehirnstarre«. Die Kontrolle über die Feinmotorik verschwindet, die Hörfähigkeit nimmt ab und die Sicht verengt sich zum Tunnelblick. Ein Schritt weiter und die Panik hat einen fest im Griff.

Um das Gleichgewicht zwischen zu wenig und zu viel Angst zu halten, sind wir darauf angewiesen, dass die Amygdala und der präfrontale Cortex sich gegenseitig in Balance halten. »Das Gehirn arbeitet als Kontrollschaltkreis, wie ein Thermostat bei Ihnen zu Hause, mit einer negativen Rückkopplungsschleife«, erklärt mir Frau Mujica-Parodi. Die Amygdala repräsentiert die exzitatorische (erregende) Komponente, der präfrontale Cortex eine der inhibitorischen (hemmenden) Komponenten.

Das Hauptziel beim Umgang mit Angst ist, die Angst bis zu einem Punkt maximaler Effektivität zu steigern, aber nicht darüber hinaus – also Kontrolle über das Gefühl zu behalten und es nicht überhand nehmen zu lassen.

Zur Verdeutlichung mailt mir Frau Mujica-Parodi eine Reihe von Tabellen und Diagrammen und ich rufe sie dann wieder an, um mit ihr über deren Bedeutung zu sprechen. Ein Diagramm zeigt meine Herzfrequenz vor, während und nach dem Sprung und dazu eine Darstellung mit der Überschrift »Dominanz des Sympathikus«. Darin wird nicht nur meine Herzfrequenz grob abgebildet, sondern auch die Erregung meines sympathischen Nervensystems ganz genau nachgezeichnet.

In Entspannung lag der Ausgangswert bei 4,9, ungefähr genauso hoch wie bei den meisten Leuten. Im freien Fall betrug der Wert 13,37, ungefähr das Doppelte vom Durchschnittswert. Mit anderen Worten: Mein Verstand war völlig ausgeknockt.

»Gehören Sie zu den Leuten, die sich ziemlich schnell aufregen?«, will Frau Mujica-Parodi von mir wissen.

»Manche Leute halten mich für einen ziemlichen Hitzkopf«, gebe ich zu.

»Nach dem, was ich hier sehe, würde ich das allerdings auch so beschreiben.«

Aber noch aussagekräftiger als meine Reaktion im freien Fall war meine Verfassung davor und danach. Im Flugzeug vor dem Sprung wies meine Sympathikusdominanz einen Wert von 5 auf, deutlich weniger als der durchschnittliche Wert von 6,5. Nach dem Sprung stieg mein Wert rasch wieder auf 8,4.

»Das bedeutet, dass Sie über eine gute Selektivität verfügen«, sagte Frau Mujica-Parodi. »Sie sind ein bisschen wie ein Jo-Jo, das heißt, Sie sparen sich ihre Sympathikusdominanz für Fälle auf, in denen sie wirklich gebraucht wird. Dann steigt sie schnell an und fällt anschließend sofort wieder ab.«

Diese Ergebnisse spiegeln nach Frau Mujica-Parodis Ansicht die meiner fMRT-Aufzeichnungen: Meine negative Rückkopplungsschleife funktioniert ungewöhnlich gut. Das ist in ihren Augen die Essenz der Stressresilienz. Es ist nicht so, dass ich cool geblieben wäre, als ich der Erde entgegenstürzte (»Sie waren ja tatsächlich in Gefahr«, meint sie, »also ist eine heftige Erregungsreaktion durchaus angemessen.«), aber als ich mich nicht mehr im freien Fall befand, konnte ich die Angstreaktion unterdrücken und meine Energien schonen.

Wenn Frau Mujica-Parodi recht hat, dann hat sie den heiligen Gral der Stressforschung entdeckt: einen Weg vorauszusagen, wie eine Person in extremen Stresssituationen reagieren wird, indem diese Person zuvor in entspannter Laboratmosphäre getestet wird. Solche Vorhersagen sind von offensichtlichem Interesse für das Militär, und deswegen unterstützt die Navy ihre Forschungen. Sie könnten sich auch bei der Anwerbung und im Training von Polizisten, Feuerwehrleuten und allen anderen Menschen als nützlich erweisen, die im Rahmen ihrer Dienstausübung Gefahren ausgesetzt sind. Die Methode könnte darüber hinaus zur Diagnose von Geistesstörungen genutzt werden, wie zum Beispiel der Schizophrenie, bei der anscheinend unter anderem die Koppelung von Amygdala und Cortex schlecht funktioniert.

Und zuletzt könnte ihre Forschung auch uns allen nutzen. Wenn herausgefunden wird, wie die Maschinerie der Angst in unserem Gehirn wirklich funktioniert, könnten wir alle lernen, mit extremer Angst besser umzugehen. Schließlich kann im Leben von jedem zu jeder Zeit irgendeine Gefahr eintreten. Wenn wir den eigenartigen Parallelverstand der Angst verstehen lernen – das unbewusste Zentrum, das ständig und immer unsichtbar vor sich hinarbeitet, Vorgänge abschätzt, seine eigenen Entscheidungen trifft, selbstständig reagiert – können wir vielleicht besser damit umgehen, wenn sie die Herrschaft übernimmt.

Ansonsten können wir nur auf das Beste hoffen. Wie Tom Boyle Jr. an einem lauen Sommerabend in Phoenix.

Übermenschlich

Es ist doch so: Gerade sind wir noch mit unseren täglichen Routinearbeiten beschäftigt, nur halb konzentriert, und im nächsten Moment saugt uns eine lebendige und intensive Welt auf, eine Welt, in der die Zeit langsamer fortzuschreiten scheint, die Farben bunter leuchten und die Geräusche deutlicher wahrnehmbar sind, als wäre unser Bild vom ganzen Universum plötzlich scharf gestellt worden.

Um 20:30 Uhr an einem lauen Sommerabend in Tucson, Arizona, saß Tom Boyle Jr. auf dem Beifahrersitz seines Pick-ups, vor dem Einkaufszentrum, in dem sie zu Abend gegessen hatten. Seine Frau Elizabeth war am Steuer und wollte sich gerade wieder in den Verkehr einreihen. Die beiden waren bester Laune. Ihre Kinder waren bei den Großeltern und so hatten sie das Essen ungestört genießen können, nur sie beide, plaudernd und lachend, zum ersten Mal seit langer Zeit.

Der Chevy Camaro vor ihnen beschleunigte abrupt, die Räder drehten durch und das Auto schoss mit quietschenden Reifen auf die Straße. »Oh mein Gott!«, sagte Elizabeth. »Siehst du das?« Boyle schaute auf und sah einen Funkenregen aufsprühen, der von der Unterseite der Karosserie des Camaro kam. Und noch etwas: ein Fahrrad, durch den Zusammenstoß total verbogen. Und den Radfahrer. Der Camaro hatte einen Radfahrer überfahren und der klemmte jetzt unter dem Auto. Ohne nachzudenken öffnete Boyle seine Autotür und rannte, das Herz schlug ihm bis zum Hals, hinter dem Wagen her.

Ein paar fürchterliche Sekunden lang fuhr der Camaro weiter und schleifte den 18-jährigen Kyle Holtrust mit. Eines von Holtrusts Beinen war zwischen der Karosserie und dem Rahmen seines Fahrrads eingeklemmt, das andere schleifte unter dem Rad über den Asphalt. Nach acht oder neun Metern wurde der Camaro langsamer und hielt an. Der Radfahrer und sein

Fahrrad steckten völlig ineinander verhakt vorn unter dem Auto. Holtrust brüllte vor Schmerzen wie ein verwundetes Tier und hämmerte mit seiner freien Hand gegen die Seite des Wagens.

Boyle überlegte keine Sekunde: Er griff unten an den Rahmen des Autos und hob es an. Mit einem Geräusch ächzenden Metalls hob sich die Karosserie einige Zentimeter. »Mister! Mister! Höher! Höher!«, schrie Holtrust.

Boyle nahm all seine Kräfte zusammen, atmete tief ein und hievte das Auto weiter hoch. Die Vorderseite hob sich ein paar Zentimeter weiter. »Okay, es ist weg von mir«, rief der junge Mann mit schmerzverzerrter Stimme. »Aber ich kann mich nicht bewegen. Ziehen Sie mich raus!«

John Bagget, der 40-jährige Fahrer des Autos, saß noch immer wie betäubt hinter dem Lenkrad. »Hey, Sie! Hey«, rief Boyle. »Steigen Sie aus! Ziehen Sie den Jungen raus!« Aber Baggett blieb einfach reglos sitzen. »Hey, Arschloch!« Erst als Boyle ihn vier- oder fünfmal so angeschrien hatte, erwachte Baggett aus seiner Erstarrung, stieg aus und zog Holtrust unter dem Auto hervor. Ungefähr 45 Sekunden, nachdem er das Auto angehoben hatte, konnte Boyle es endlich wieder absetzen.

Der Radfahrer war schwer verletzt und völlig geschockt. Er hatte enorme Schmerzen und blutete stark. Boyle kniete sich hin, nahm den jungen Mann in die Arme und beruhigte ihn, bis Polizei und Feuerwehr anrückten. Holtrust erschien jetzt sonderbar gefasst, dankte Boyle für seine Hilfe und entschuldigte sich dafür, solche Umstände verursacht zu haben.

Nachdem der Notarztwagen mit Holtrust weggefahren war, klappte Boyle zusammen. »Bring mich nach Hause, Liebes«, sagte er zu seiner Frau. »Ich habe das Gefühl, ich muss mich gleich übergeben.«

Die örtlichen Medien feierten Boyle und seine barmherzige Heldentat. Der YMCA (Young Men's Christian Association/

Christlicher Verein Junger Männer) verlieh ihm einen Orden. Zeitungen und Fernsehsender interviewten ihn. Der ganze Rummel schmeichelte ihm und er war richtig stolz auf sich. Aber bis heute leuchtet ihm etwas an diesem Abend nicht ein. Es ist ihm völlig klar, *warum* er getan hat, was er getan hat. »Was wäre ich für ein schrecklicher Mensch, wenn ich jemanden so leiden sähe und nicht wenigstens versuchen würde, ihm zu helfen«, meint er. Aber er weiß noch immer nicht, *wie* er es getan hat.

»Ausgeschlossen, dass ich dieses Auto hier und jetzt wieder hochheben könnte«, sagt er.

Boyle, das muss gesagt werden, ist beileibe kein Fliegengewicht. Er wiegt 127 Kilo, bei einer Körpergröße von 1,95 Metern. Die schwerste Hantel, die Boyle jemals gehoben hat, wiegt 317 Kilo. Der Weltrekord im Kreuzheben liegt bei 455 Kilo. (Beim Kreuzheben wird die Langhantel im Gegensatz zum Gewichtheben nur bis auf Oberschenkelhöhe angehoben.) Ein Camaro wiegt über 1300 Kilogramm. Selbst wenn man von einer günstigen Hebelwirkung ausgeht, ist an diesem Abend doch etwas Außerordentliches vor sich gegangen.

Dieses Etwas war die Angstreaktion des Körpers. Wenn wir unter enormem Stress stehen, setzt die Angst Energiereserven frei, auf die wir normalerweise keinen Zugriff haben. Werden das sympathische Nervensystem und die HPA-Achse (die hormonelle Achse vom Hypothalamus über die Hypophyse bis zur Nebennierenrinde) voll aktiviert, können Körper und Gehirn unsere Ressourcen so vollständig nutzen, dass wir tatsächlich übermenschliche Kräfte entwickeln.

Die positiven Effekte der Angst sind seit Jahrtausenden bekannt, aber erst zu Anfang des 20. Jahrhunderts begann man, die Vorteile von akutem Stress wissenschaftlich zu untersuchen. 1908 veröffentlichten die amerikanischen Psychologen Robert M. Yerkes und J.D. Dodson einen bahnbrechenden Artikel, der den Grundstock zur Stressforschung legte. Die beiden Wissenschaftler richteten Mäuse darauf ab, sich zwischen zwei Türen zu entscheiden: einer weißen und einer schwarzen. Wenn eine Maus die weiße Tür wählte, konnte sie durch einen Korridor zurück in den Nestbereich gehen. Wenn sie die schwarze Tür wählte, bekam sie einen Elektroschock verpasst und durfte anschließend ebenfalls durch die weiße Tür in den Nestbereich zurückkehren. Yerkes und Dodson fanden heraus, dass die Mäuse umso schneller lernten, die richtige Tür auszuwählen, je stärker der Elektroschock war – zumindest wenn der Schock schwach oder mittelstark ausfiel. Wenn sie den Mäusen einen sehr starken Elektroschock verpassten, ließ ihre Lernfähigkeit nach. Zu großer Druck ließ sie offenbar zusammenbrechen.

Kurze Zeit später weiteten andere Forscher Yerkes' und Dodsons Forschungsergebnisse zu einem viel umfassenderen Verständnis von Leistung unter Stress aus. Das Yerkes-Dodson-Gesetz gibt vor, dass erhöhter Stress nur bis zu einem gewissen Grad zu einer Leistungssteigerung führt, jenseits dessen die Leistung aber stagniert und dann nach und nach absinkt. Wegen der Form der beschriebenen Kurve wird diese Feststellung manchmal als das »umgekehrte U-Modell« der Stressreaktion bezeichnet.

Es leuchtet sofort ein, dass ein niedriger bis mittlerer Stresslevel die Leistung verbessern kann. Wenn Sie am Sonntagmorgen im Park joggen, wird Ihr Erregungslevel niedrig sein. Auch wenn Sie so schnell wie möglich laufen wollen, werden Sie dabei doch nicht all Ihre Energie investieren. Aber wenn es wirklich um etwas geht – sagen wir, Sie treten beim jährlichen 5000-Meter-Lauf in Ihrer Stadt gegen viele andere Menschen an – dann wird Ihr Erregungslevel höher sein. Sie sind konzentriert und motiviert und die Chancen stehen gut, dass Sie Ihre übliche Sonntagmorgen-Zeit um ein paar Minuten unterbieten.

Wissenschaftler haben für diesen Effekt eine Entsprechung in der Neurochemie des Gehirns gefunden. Wenn wir immer gestresster werden, stimuliert die Amygdala einen Bereich des Hirnstamms, der sich Locus caeruleus nennt. Dieser Bereich ist die Hauptproduktionsstätte von Noradrenalin, der Form von Adrenalin, die innerhalb des Gehirns zur Anwendung kommt, und sendet direkte Impulse zum präfrontalen Cortex. Das ist die Gehirnregion, die mit den höheren kognitiven Fähigkeiten in Zusammenhang gebracht wird. Gepusht mit Noradrenalin wird der präfrontale Cortex aktiver und arbeitet konzentrierter. Verwandte chemische Verbindungen bewirken ähnlich stimulierende Effekte an anderen Stellen im Körper.

Gedopt von Angst fühlen wir uns also geistig wach und gestärkt. Und das ist nicht nur ein Gefühl. Dank des sympathischen Nervensystems können wir Taten vollbringen, die unsere normale Leistungsgrenze weit überschreiten.

Geschwindigkeit

Angst verleiht uns Flügel – wir können sowohl mental als auch körperlich auf eine Bedrohung schneller reagieren. In einer Welt voller Gefahren kann eine rasche Reaktion lebensentscheidend sein. Während manche Bedrohungen sich erst über Minuten, Stunden, Tage oder sogar Jahre aufbauen, brechen andere – ein Löwe, der hinter einem Busch hervorspringt, eine Schlammlawine, die vom Berg herunterrollt – in Sekundenschnelle über uns herein. Dann kann eine langsame Reaktion das sichere Ende bedeuten.

Um mit den unterschiedlichen zeitlichen Bedingungen von Bedrohungen zurechtzukommen, haben wir ein vielschichtiges Verteidigungssystem mit mehreren Alarmen, die uns zu unterschiedlichen Zeitpunkten aufrütteln. Die schnellsten Alarme sind die gröbsten. Mit jeder weiteren Schicht werden die Alarme langsamer, aber auch sensibler und komplexer in ihrer

Fähigkeit, eine echte Bedrohung von einem falschen Alarm zu unterscheiden.

Die erste Verteidigungslinie des Gehirn ist der *startle reflex* (auf Deutsch ebenfalls als »Startle-Reflex«, als »Schreckreflex« oder einfach als »Zusammenzucken« bezeichnet), eine blitzschnelle, aber nicht zielgerichtete Reaktion auf potenziell gefährliche Veränderungen in der Umgebung. Wenn Sie zum Beispiel einen lauten Knall hören, lösen die Schallvibrationen das Feuern von Neuronen in ihrem Ohr aus. Innerhalb von fünf Millisekunden wird dann durch eine extrem einfache Kettenreaktion, an der nur drei Neuronen im Hirnstamm und im Rückenmark beteiligt sind, der Startle-Reflex ausgelöst. Blitzschnell verkrampfen sich gleichzeitig Hunderte von Muskeln im ganzen Körper: Die Augen schließen sich, die Nacken-, Schultern- und Brustmuskeln ziehen sich zusammen, der Bauch wird hart, die Hände ballen sich zu Fäusten und die Ellbogen schnellen nach außen. Die Pupillen verengen sich und die Herzfrequenz steigt rapide an. Dieser Reflex ist unter Evolutionsgesichtspunkten uralt und hat schon vor langer Zeit unseren Vorfahren geholfen, auf plötzliche Angriffe zu reagieren. Je mehr Angst Sie haben, desto leichter wird der Startle-Reflex ausgelöst. Das Phänomen ist als *fear-potentiated startle* (»angstpotenzierte Schreckreaktion«) bekannt. Manchmal spricht man auch davon, dass jemand »schreckhaft wie ein Reh« ist. Wenn Sie sich in dunkler Nacht zu Hause allein einen Gruselfilm ansehen und dann das Licht ausmachen und zu Bett gehen, wird Sie das leiseste Geräusch hochfahren lassen. Das ist der Effekt der angstpotenzierten Schreckreaktion. Heutzutage zäumen Wissenschaftler mit Hilfe dieses Effekts das Pferd sozusagen von hinten auf: Sie stellen fest, wie gestresst ein Labortier ist, indem sie die Stärke seiner Schreckreaktion messen.

Während der Startle-Reflex abläuft, fließen Informationen durch den Thalamus und teilen sich dort in zwei Ströme auf, von denen der eine zur Amygdala fließt und der andere zum Cortex. Die erste Route ist viel schneller: Ein Signal braucht lediglich zwölf Tausendstelsekunden vom Ohr bis zur Amygdala, und damit die Hälfte der Zeit, die ein Signal benötigt, um bis zum Cortex zu gelangen. Die Amygdala verarbeitet die Daten zusätzlich schneller, überprüft sie kurz auf Ähnlichkeiten mit früher festgestellten Bedrohungen und schlägt beim geringsten Verdacht auf Gefahr Alarm. Dabei ist sie in ihrer Analyse nicht besonders penibel: Wie wir gesehen haben, muss ein Gesicht nicht wütend oder erschreckt aussehen, damit die Amygdala Alarm schlägt; es reicht schon, dass es unvertraut ist.

Der langsamste Teil des Alarmsystems ist der Cortex. Ehe dieser Teil des Gehirns ein Signal nicht verarbeitet hat, dringt es auch nicht in unser Bewusstsein, ein Prozess, der mindestens eine halbe Sekunde dauert – eine schiere Ewigkeit in der Zeitskala der Reflexe. Im Großen und Ganzen ist der Cortex dazu da, die schnelleren, gröberen Alarme zu bremsen, indem er Fehlalarme identifiziert und die Alarmglocken wieder abstellt. Das bemerkte Lilly Mujica-Parodi, während sie beobachtete, wie mein ventromedialer präfrontaler Cortex beim Betrachten der Fotos im fMRT-Scanner meine Amygdala ausschaltete.

Wir müssen uns also immer vor Augen halten, dass der Cortex langsam ist. Wenn wir uns einer Bedrohung gerade erst bewusst werden, hat die Amygdala vielleicht längst Schritte eingeleitet, um damit fertig zu werden. Die Angstreaktion des Gehirns erfolgt mit so phänomenaler Geschwindigkeit und verursacht ein so rasches Handeln, dass wir etwas tun, ohne uns überhaupt klargemacht zu haben, dass wir es tun wollen. Bei großer Angst kann die Amygdala automatische Verhaltensmuster auslösen, ohne eine Beteiligung des bewussten Verstands abzuwarten. Diese automatischen Verhaltensweisen sind nichts anderes als Reflexe, die wir lernen und speichern können. Im Alltag bestehen viele unserer Tätigkeiten aus motorischen Mustern, die wir mehr oder weniger gedankenlos ausführen. Das ist der Grund, warum die meisten von uns gehen und gleichzeitig Kaugummi kauen können: Wir müssen über keine der beiden Handlungen nachdenken, weil beide als einfache Bewegungsmuster abgespeichert wurden.

Je mehr Sie ein Bewegungsmuster üben, desto schneller und müheloser gelingt seine Ausübung. Irgendwann kann Ihr Gehirn es dann automatisch und ohne jeden bewussten Gedanken daran ausführen. Rob Smithee*, ein amerikanischer Soldat, der Mitglied des Sondereinsatzkommandos der US-Army in Mogadischu war, erzählte mir, dass er dort eines Tages aus dem Augenwinkel heraus einen Somali mit einem Beil auf sich zurennen sah. Bevor ihm wirklich klar wurde, was geschah, nahm er einen verschwommenen Schatten an der Peripherie seines Gesichtsfelds wahr: seine eigene Pistole, die er auf den Angreifer richtete.

»Meine Pistole war auf einmal oben und ich schoss auf ihn, ehe ich mir dessen überhaupt bewusst wurde«, erinnert sich Smithee. »Ich habe viermal geschossen und ihn mit drei Kugeln getroffen.«

Diese Art der Reaktion als automatisches Bewegungsmuster zu etablieren, fügt er hinzu, hat eine Menge Training erfordert. »Ich habe buchstäblich Tausende von Patronen auf dem Schießplatz verfeuert«, sagt er.

Konzentration

Samuel Johnson äußerte einmal: »Nichts schärft den Geist so sehr wie die Aussicht, in zwei Wochen gehenkt zu werden.« Doch nicht nur tödliche Bedrohungen jeder Art beseitigen gründlich jeden geistigen Unrat, sondern bereits leichte Angst verleiht uns eine erstaunliche Konzentrationsfähigkeit.

»Normalerweise erledigt Ihr Gehirn viele Dinge gleichzeitig, und zwar direkt unter der Oberfläche des Bewusstseins«, sagt David Eagleman, ein Neurowissenschaftler am Baylor College of Medicine in Houston, Texas. »Ihr Verstand beschäftigt sich damit, wo Sie zum Mittagessen hingehen und was Sie zu der Party heute Abend anziehen sollen und ob Sie genug für Ihre Karriere tun usw. In einer wirklich angsteinflößenden Situation sagt die Amygdala jedoch gleichsam zum Rest des Gehirns: ›Hey, Ruhe jetzt! Konzentriert euch alle mal auf diese Sache!‹ Dadurch werden alle weniger wichtigen Gedankenprozesse abgeschaltet und Ihr ganzes Gehirn beziehungsweise das ganze geistige Potenzial, das Sie besitzen, wendet sich dieser gerade aktuellen Sache zu. Das Ergebnis ist unter anderem, dass Sie bei Angst sehr klar über Ihre Situation nachdenken können.«

Dieser Effekt ist zumindest zum Teil der Wirkung des Noradrenalins im Gehirn zu verdanken. Bei niedriger bis mittlerer Konzentration reagiert ein Proteintyp innerhalb der Zellwände der Neuronen, den man α2-Noradrenalinrezeptor nennt, auf die Ausschüttung von Noradrenalin und steigert die neurale Effizienz. Ein Effekt dabei ist die Ankurbelung der Aktivität in einem Bereich des Gehirns, der sich rechter ventraler präfrontaler Cortex nennt und ein wichtiger Bereich für die kognitive Kontrolle von Gedanken und Gefühlen ist. Er hilft uns, unser Ziel im Auge zu behalten. Wird mit dem Noradrenalin sozusagen Vollgas gegeben, sind wir wachsam, präsent und können klar denken.

Aus diesem Grund kann Angst ein unersetzbares Instrument am Arbeitsplatz sein. Wie leicht lassen wir unsere Arbeit bis zur Deadline auflaufen. Erst angesichts der zu erwartenden negativen Konsequenzen können wir das ganze andere Durcheinander, alle Ablenkungen zur Seite schieben und uns auf das konzentrieren, was wirklich getan werden muss.

Viele Sportler empfinden diesen Erregungszustand als fast überirdisch gut. Skirennfahrer, Big-Wave-Surfer und andere Sportler sprechen davon, »in the zone« oder »in the flow« (also neudeutsch »im Flow«) zu sein, einem Zustand intensiver Gedankenschärfe und totaler Konzentration, an dem sie sich paradoxerweise ruhig und im Reinen mit sich fühlen.

Dean Potter, ein 35-jähriger Felskletterer und Highliner, hat vor Kurzem einem Reporter der *New York Times* geschildert, wie sehr er es genossen hat, ohne Sicherungsgurt Hunderte von Metern hoch über einem Felscanyon zu balancieren. »Wenn es eine tödliche Konsequenz gibt, wenn ich also Dinge tue, bei denen ein Fehler mich umbringen kann, begeistert mich total, wie meine Sinne geschärft werden«, sagte er. »Man kann klarer sehen. Man kann viel schneller denken. Man hört ganz anders. Der Kontakt der Füße mit der Line ist überdeutlich zu spüren. Der Gleichgewichtssinn ist tausendmal besser. So was habe ich beim Meditieren noch nicht oft erlebt.«

Noch lange, nachdem Neil Williams seine Bruchlandung in einer Zlin überlebt hatte, erinnerte er sich lebhaft an die Bilder und Geräusche von diesem Tag. Er schrieb in seinen Memoiren: »Ich saß im Gras und bemerkte, dass alle meine Sinne durch das Drama der letzten Minuten geschärft worden waren: Die Farbe des Grases und des Himmels, der Geruch der Erde, der Gesang der Vögel – niemals vorher oder nachher war das alles so klar.«

Gedächtnis

Es sagt einiges, dass Williams sich an so viele Details des Geschehens im Laufe seiner Beinahe-Katastrophe in der Zlin später noch so lebhaft erinnerte. Derselbe Ausstoß an Noradrenalin, der den Cortex zu höherer geistiger Konzentration antreibt, treibt auch den Hippocampus an, die Region nahe der Amygdala, die explizit Erinnerungen speichert.

In einem Experiment, das an das berühmte Yerkes-Dodson-Protokoll erinnert, lässt die Psychologin Christa McIntyre von der University of California in Irvine Ratten entweder in eine dunkle oder eine hell erleuchtete Kammer laufen. Da sie nachtaktiv sind, wählten die meisten die dunkle Kammer, wo sie einen schwachen Elektroschock erhielten, der offensichtlich keinen großen Eindruck hinterließ, denn die Ratten, die am nächsten Tag derselben Situation ausgesetzt wurden, liefen sofort wieder in die dunkle Kammer. Wenn die Amygdala der Ratten allerdings chemisch stimuliert wurde, bevor sie den Elektroschock erhielten, sah die Sache ganz anders aus: Dieses Mal erinnerten sie sich so lebhaft an den Schock, dass sie die dunkle Kammer mieden und stattdessen die erleuchtete bevorzugten. »An emotional erregende Ereignisse erinnert man sich meist nach einer einzigen Erfahrung sehr gut«, sagt Frau McIntyre, »weil sie die Amygdala aktivieren«.

Merkwürdigerweise sind es die stressbeladenen, gefühlsintensiven Erinnerungen, die uns am längsten begleiten, obwohl die meisten von uns im täglichen Leben versuchen, Stress zu vermeiden. Vielleicht ist das der Grund, warum wir immer wieder zu Klassen- und Ehemaligentreffen hingehen. Noch ungeschützt durch Erfahrung, fühlen Heranwachsende Schmerz in einer Weise, wie ihn Leute mittleren Alters nicht mehr empfinden. Eine amygdalaverrenkende Abfolge aus Angst, Liebe, Herzschmerz, neuer Liebe, Erregung und Verzweiflung formt unauslöschliche Erinnerungen. Meine Großmutter lebte vor ihrem Tod in einem Pflegeheim mit anderen Menschen hoch in ihren Achtzigern oder Neunzigern. Manche von ihnen konnten nicht mehr sagen, welches Jahr wir gerade hatten, aber ihre Erinnerungen an den Zweiten Weltkrieg, als sie jung waren und Angst hatten, waren so klar wie immer.

Aus evolutionärer Sicht leuchtet es ein, dass wir uns an Situationen, in denen wir unter großem Druck standen, am lebhaftesten erinnern müssen. Diese sogenannten *flashbulb memories* (»Blitzlichterinnerungen«) sichern, dass wir wissen, was wir zu tun haben, sollten wir jemals wieder in eine vergleichbare Situation geraten.

Auf diese Weise erinnerte Ereignisse bleiben uns nicht nur länger im Gedächtnis, sondern wir können sie auch sehr detailliert wieder abrufen. Untersuchungen legen nahe, dass wir nicht in erster Linie den Ablauf des Geschehens selbst speichern, sondern dass der Hippocampus mehr von den dabei entstandenen Eindrücken festhält und sie länger speichert. Ereignisdetails, die normalerweise sofort wieder gelöscht worden wären, werden dann in einer Art Archivordner gespeichert, so dass es in der Rückschau aussieht, als wäre viel mehr passiert.

Dieser Detailreichtum von emotional aufgeladener Erinnerung führte den Neurowissenschaftler David Eagleman vom Baylor College of Medicine zu der Frage, was hinter einem anderen psychologischen Effekt der Angst steckt: der Ausdehnung der Zeit beziehungsweise der scheinbaren Verlangsamung der Zeit. Sie ist auch ein beliebtes Stilmittel in Filmen, wie die denkwürdige Szene in Matrix, in der die Zeit sich so dramatisch verlangsamt, dass Kugeln, die auf den Helden gefeuert werden, quasi im Schritttempo durch die Luft fliegen. Eagleman zog den Schluss, dass unsere Sinne und unsere Wahrnehmung irgendwie schneller arbeiten müssen, wenn sich die Zeit im realen Leben zu verlangsamen scheint. Entweder das, oder die Verlangsamung der Zeit ist einfach nur Illusion. Seine Fragestellung lautet also folgendermaßen: Findet die Zeitlupen-Erfahrung tatsächlich statt oder erscheint es uns nur im Rückblick so, dass sie stattgefunden hat?

Um das herauszufinden, musste er zuerst einen Weg finden, um bei seinen Versuchspersonen wirklich intensive Angst zu erzeugen. Dazu machte er in der Nähe des Universitätscampus eine Freizeitanlage ausfindig, die sich Suspended Catch Air Device

(SCAD) nennt und aus einem Freiluftturm besteht, von dem man kopfüber in ein 45 Meter tiefer hängendes Netz fällt. Und zwar ohne Gurte oder Sicherheitsleinen. Die Besucher stürzen in freiem Fall drei Sekunden lang und treffen dann mit 113 Stundenkilometern auf das Netz auf.

Ist diese Erfahrung angsteinflößend genug, um ein Gefühl der Zeitverlangsamung zu erzeugen? Um das herauszufinden, bat Eagleman Testpersonen, die den Fall bereits hinter sich hatten, mit Hilfe einer Stoppuhr abzuschätzen, wie lang dieser gewesen war. Dann sollten sie den Fall einer anderen Person beobachten und die dabei verstrichene Zeit auf dieselbe Weise abschätzen. Im Durchschnitt glaubten die Teilnehmer, der eigene Fall hätte 36 Prozent länger gedauert. Der Effekt der Zeitverlangsamung war also tatsächlich eingetreten.

Als nächstes versah Eagleman seine Testpersonen mit einem speziellen Gerät, das er zusammen mit seinen Studenten konstruiert hatte, und das sie *perceptual chronometer* (»Wahrnehmungsuhr«) nannten. Es ist eine simple numerische Anzeige, die um das Handgelenk geschnallt wird, mit einem Knopf an der Seite, mit dessen Hilfe die Forscher die Frequenz festlegen können, mit der die Zahlen aufleuchten. Die Idee dahinter war, die Geschwindigkeit der aufleuchtenden Zahlen so einzustellen, dass die Testpersonen sie in einem entspannten Geisteszustand gerade nicht mehr lesen konnten. Eagleman ging davon aus, dass seine Testpersonen unter dem Schrecken während des freien Falls fähig sein würden, die Zahlen auf dem Display zu erkennen, falls Angst unsere Wahrnehmungsgeschwindigkeit wirklich erhöht.

Wie sich herausstellte, konnten sie das nicht. Das legt nahe, dass Angst unsere Wahrnehmung oder die gedankliche Verarbeitung des Wahrgenommenen nicht wirklich beschleunigt. Stattdessen können wir uns an das Erlebte detailreicher erinnern. Da unsere Zeitwahrnehmung auf der Anzahl der Einzelerinnerungen beruht, scheinen angstvolle Erfahrungen sich so viel langsamer abzuspielen.

Eaglemans Ergebnisse sind nicht nur für das Verständnis der Angsterfahrung wichtig, sondern auch für das des Bewusstseins überhaupt. Schließlich waren sich die Testpersonen ihrer Erfahrung im freien Fall ganz sicher. Es hatte sich wie Zeitlupe angefühlt. Aber Eaglemans Ergebnisse legen nahe, dass dieses Gefühl das Erlebte erst nachher überlagert haben könnte. Das impliziert, dass wir in Wirklichkeit über keine direkte Erfahrung dessen verfügen, was wir »gerade jetzt« fühlen, sondern nur über eine äußerst unzuverlässige Erinnerung an das, was wir gedacht haben, wie es sich vor einigen Sekunden oder Millisekunden angefühlt hat. Die lebendige Zeit der Gegenwart, der innezuwohnen wir glauben, könnte also selbst eine rückwirkende Illusion sein.

Kraft

Wie Tom Boyle selbst feststellte, kann uns Angst (ob nun um unserer selbst oder eines anderen willen) auf unheimliche Weise stark machen. Bei akutem Stress ist es die Hauptaufgabe des sympathischen Nervensystems, den Körper auf eine ausdauernde, energische Aktion vorzubereiten. Während die Nebenniere Cortisol und Adrenalin in den Blutkreislauf pumpt, steigt der Blutdruck und das Herz arbeitet wie wild, um Sauerstoff und Energie zu den Muskeln zu befördern. Es ist das biologische Äquivalent zum Gasgeben.

Vladimir Zatsiorsky, Professor für Kinesiologie an der Penn State (der staatlichen Universität von Pennsylvania), der die Biomechanik des Gewichthebens genau untersucht hat, unterscheidet zwei Arten von Kraft. Die Kraft, die unsere Muskeln theoretisch ausüben können, nennt er »absolute Kraft«. Die Kraft, die ihnen durch bewusste Willensanstrengung maximal abverlangt werden kann, nennt er »maximale Kraft«. Ein normaler Mensch, so hat er herausgefunden, kann im Training nur ungefähr 65 Prozent seiner absoluten Kraft aus sich herausholen, während ein geübter Gewichtheber über 80 Prozent erreichen kann.

Unter Wettbewerbsbedingungen kann ein trainierter Athlet diese Zahl noch einmal um 12 Prozent steigern. Zatsiorsky nennt diesen höheren Leistungslevel »kompetitive maximale Kraft«. Dieser Parameter ist keine festgelegte Zahl – je intensiver der Wettbewerb, desto höher kann sie werden, weil die Angstzentren im Gehirn nach und nach jede Leistungsbeschränkung aus dem Weg räumen.

Es ist kein Zufall, dass bei sportlichen Veranstaltungen aufgestellte Weltrekorde bei noch größeren Veranstaltungen wie den Olympischen Spielen regelmäßig überboten werden, weil es dabei am meisten zu gewinnen gibt und der Druck am größten ist. Von den acht Goldmedaillen, die Michael Phelps bei den Olympischen Spielen 2008 gewann, stellte er zum Beispiel bei sieben davon neue Weltrekorde auf. Aber nicht nur das: Nachdem Phelbs die Ziellinie im Schmetterlingsschwimmen der Männer über 100 Meter nach 50,58 Sekunden überschwommen und damit den bisherigen Olympischen Rekord gebrochen hatte, unterboten drei der anderen sieben Schwimmer, die nach ihm ins Ziel kamen, den bisherigen Rekord ebenfalls.

Aber es gibt eine Grenze dafür, wie schnell und stark uns Angst machen kann. Wir alle haben Geschichten von in Panik geratenen Mütter gehört, die Autos von ihren eingeklemmten Kleinkindern wegheben konnten. Diese Storys kursieren schon so lange, dass viele Leute glauben, sie seien tatsächlich wahr. Zatsiorskys Arbeiten legen jedoch nahe, dass Angst uns zwar tatsächlich stärker dazu motivieren kann, unserer absoluten Kraftgrenze näher zu kommen als jede noch so extreme

Wettbewerbssituation, dass es aber keinen Weg gibt, über diese Grenze hinauszugehen. Eine 45-Kilo-Frau, die im Fitnessstudio 45 Kilo heben kann, ist nach Zatsiorsky fähig, in einem Anfall von mütterlicher Panik etwas mehr als 60 Kilo zu heben. Aber sie wird nicht plötzlich fähig sein, ein mehr als 1,3 Tonnen schweres Auto anzuheben. Tom Boyle war ein geübter Gewichtheber. Das Adrenalin befähigte ihn an diesem Juniabend, an seine Grenze zu gehen, verwandelte ihn aber nicht in den Unglaublichen Hulk wie im Film.

Die Mechanismen, die dem Gehirn ermöglichen, größere Kraftreserven freizumachen, sind noch nicht gut erforscht, aber sie könnten möglicherweise mit einer der anderen Superkräfte der Angst zusammenhängen: der Analgesie oder Unfähigkeit, Schmerz zu empfinden. Wenn ich im Fitnessstudio bin und mich abmühe, das letzte Wiederholungsset meiner Hantelübung zu schaffen, kann ich mir nur schwer vorstellen, dass meine Muskeln auch noch das Anderthalbfache der augenblicklichen Anforderung bewältigen können. Denn ich leide schon jetzt Höllenqualen.

Aber unter enormem Druck – ob es nun um einen Bodybuilding-Wettbewerb geht, um einen Jungen, der unter einem Auto festklemmt, oder um einen angreifenden Bären – werden Sie diesen Schmerz einfach nicht spüren. Der Körper beseitigt jedes Hindernis und ermöglicht Höchstleistung. Sie spüren den Schmerz Ihrer Muskeln einfach nicht. Sie spüren überhaupt keinen Schmerz. Sie tun einfach, was getan werden muss.

Die biochemischen Grundlagen für die schmerztötende Kraft der Angst sind experimentell gut erforscht. Unter Stress setzt das Gehirn zwei Gruppen von chemischen Stoffen frei, nämlich Endocannabinoide und Opioide. Wie die Namen schon nahelegen, haben diese Verbindungen ähnliche Wirkungen wie die illegalen Drogen Marihuana und Heroin, und sie betäuben Schmerz, sobald sie im Gehirn freigesetzt werden.

Dave Boon, ein Motivationstrainer aus Denver, bekam im Januar 2007 eine Ahnung von stressinduzierter Analgesie. Er und seine Frau June waren auf dem Highway 40 westlich von Denver unterwegs auf dem Weg zu einem Skiwochenende in den Colorado Rockies. Hunderte von Metern über ihnen erstreckten sich die fächerartigen Umrisse von Lawinenrinnen, die an den Flanken des Stanley Mountain verliefen. Der Himmel war wolkenlos blau. »Diese Lawinenrinnen sind schon eine Weile lang nicht mehr voll gewesen«, bemerkte Boon zu June.

Genau in diesem Moment brach fast 700 Meter über ihnen die glatte weiße Schneedecke. Eine Minute später stob eine Wolke von Pulverschnee über den Highway und eine Sekunde danach traf ein Windstoß mit der Geschwindigkeit von 200 km/h das Auto von der Seite und schmetterte es in die Leitplanke. »Ich kann nicht mehr durch die Windschutzscheibe sehen und alles bewegt sich in Zeitlupe«, dachte sich Boon. »Und in meinem Kopf geht vor: Was ist da los? Ich verstehe nicht, was hier los ist.«

Dann traf die Lawine das Auto von der Seite mit der Gewalt von Hunderten von Tonnen Schnee, Baumstämmen und Geröll.

»Wir wurden über die Leitplanke gehoben und überschlugen uns ein paarmal in der Luft, dann traf das Auto wieder auf dem Boden auf, rollte den Berg runter und es wurde ganz einfach finster«, sagt Boon. »Ich war diese Straße während der letzten zwanzig Jahre buchstäblich tausendmal gefahren, und ich wusste, wie tief der Abhang neben der Straße war. Ungefähr bei der zweiten Umdrehung dachte ich mir: ›Das wird wohl noch eine ganze Weile so weitergehen.‹«

Obwohl das Auto von einem fünf Meter starken, brausenden Mahlstrom aus Schnee, Felsen und Bäumen herumgewirbelt wurde, sagt Boon: »Es war still. Es machte nur: ›Wumm, wumm, wumm.‹ Wie das dumpfe Geräusch einer Wäscheschleuder.«

Dave und June Boon wurden windelweich geprügelt, während sie so den Hang hinunterrollten, und ein zehn Zentimeter dicker

Ast durchschlug das Auto und knallte auf Daves Arm, aber er spürte in diesem Moment absolut nichts.

Als das Auto endlich auf dem Dach liegen blieb, machte sich das Lawinentraining bezahlt, das sie 25 Jahre zuvor absolviert hatten. June schrie: »Schaff einen Luftraum! Einen Luftraum!« Dave grub einen Tunnel durch das zerbrochene Seitenfenster bis zur Oberfläche und kam dann zurück, um June zu helfen, die in ihrem Sitz festgeklemmt war. Während er ihr Gesicht von Schnee und zerbrochenem Glas befreite, drückte Schnee von oben nach. June wäre beinahe in Panik geraten, aber es gelang Dave, sie zu beruhigen, und schließlich konnte er sie mit Hilfe eines vorbeikommenden Mannes befreien. Zusammen kletterten sie den Hang hinauf zurück zum Highway, wo ein Sanitätswagen sie aufnahm und ins Krankenhaus fuhr, in dem ihre Verletzungen behandelt wurden und das sie bereits am Nachmittag wieder verlassen konnten.

In der folgenden Nacht, als ihre stressinduzierte Analgesie nachließ, litten Boon und seine Frau fürchterliche Schmerzen. »Als die Lawine uns erfasste, habe ich mir eine Rippe gebrochen, und die im Krankenhaus haben das übersehen«, sagt Boon. »Ich hatte eine riesige Schürfwunde, wo der 10 Zentimeter dicke Ast, der unser Auto durchbohrt hatte, von meinem rechten Arm abgeprallt war. Wir konnten in dieser Nacht überhaupt nicht schlafen, so weh tat uns alles. Um sieben Uhr morgens krochen wir dann schließlich aus den Betten, ohne ein Auge zugetan zu haben.«

Zum Berserker werden

Große Kraft, Schnelligkeit, Ausdauer und die Fähigkeit, Schmerz auszuhalten, sind eine großartige Kombination für ein Individuum, das eine potenziell tödliche physische Gewalteinwirkung abwehren muss. Die Wirkungen akuter Angst können tatsächlich so beeindruckend sein, dass Unbeteiligte sie kaum nachvollziehen können. Doch hat es im Laufe der Geschichte immer wieder Legenden über die übernatürlichen Fähigkeiten bestimmter Krieger gegeben.

Laut den altnordischen Sagas wurde Skandinavien drei Jahrhunderte lang, von etwa 800 bis 1100 n. Chr., von umherstreifenden Schlägerbanden, den Berserkern, unsicher gemacht. Ihr Name stammte von dem legendären nordischen Helden Berserk, einem Mann von unvergleichlicher Tapferkeit und Wildheit in der Schlacht. Anstatt einer Rüstung trug er im Kampf nur »ber sark«, ein Bärenfell. Wie ihr Namensgeber übten auch die Berserker ungezügelte Gewalt aus und trugen keine Rüstung im Kampf. Ihre typische Beschäftigung war »berserksgang«, also »sich wie die Berserker aufführen«, was bedeutete, als Bande herumzuziehen und ein Maximum an Zerstörung anzurichten. Laut dem norwegischen Historiker Andreas Munch wurden die Berserker bei diesen Streifzügen »von einer wilden Wut heimgesucht, die ihre Kraft momentan verdoppelte und sie unempfindlich gegen körperlichen Schmerz machte, aber auch ihre Menschlichkeit und ihren Verstand tötete und sie zu wilden Tieren werden ließ ... Männer, die davon gepackt wurden, vollbrachten Taten, die ansonsten für Menschenkraft unmöglich schienen.«

Tausend Jahre später traf die US-Army auf einen Feind, der ihr ebenso übermenschlich vorkam. Nach der Besetzung der Philippinen während des Spanisch-Amerikanischen Krieges fand sie sich dort unerwartet einem Guerillaaufstand gegenüber. Da die Amerikaner keinerlei Erfahrung mit der Dschungelkriegsführung hatten, waren sie nicht im Geringsten auf die blitzartigen Überfalle der eingeborenen Kämpfer vorbereitet, vor allem nicht auf der dicht bewachsenen und bergigen Insel Mindanao, der Heimat des wilden muslimischen Volkes der Moro. Hier mussten sich die amerikanischen Patrouillen mühsam ihren

Weg über schmale Pfade durch meterhohes Elefantengras bahnen und gerieten so leicht in Hinterhalte von Trupps aus Kriegern, die mit scharfen, machetenähnlichen Messern bewaffnet waren.

Im Getümmel der überraschenden Attacke sollte es jedoch den Soldaten möglich gewesen sein, wenigstens einen Schuss aus ihren Pistolen abzufeuern. Zu ihrem Entsetzen mussten die amerikanischen Truppen aber feststellen, dass eine einzelne Kugel für einen wilden Moro nicht ausreichte. Ein Jungoffizier schrieb: »Im direkten Kampf von Mann zu Mann werden unsere Soldaten der Moro nicht Herr. Wenn unser erster Schuss sein Ziel verfehlt, haben wir allzu oft keine Zeit, einen weiteren abzufeuern.« Ein anderer Offizier berichtete, dass seine Soldaten einige Male einen angreifenden Moro bereits mehrfach mit ihren Standardrevolvern angeschossen hatten und dann doch vom Feind, der einfach nicht umzubringen war, in Stücke gehauen wurden.

Nach einer Unmenge ähnlich lautender Beschwerdeberichte beauftragte die amerikanische Regierung die Remington Rand Company, eine halbautomatische Pistole mit größerer Mannstoppwirkung zu entwickeln. Das Ergebnis war die Colt M1911, auch bekannt als Kaliber .45 Colt. Sie wurde für über 70 Jahre zur Standard-Seitenwaffe des US-Militär.

Viele Beobachter konnten es kaum glauben, dass menschliche Wesen solche außerordentlichen Fähigkeiten von Natur aus mitbekommen haben sollten. Während der Aufstände auf den Philippinen schrieb die amerikanische Presse wiederholt, die Moro-Krieger stünden unter dem Einfluss schmerztötender Drogen. Fundierte spätere Untersuchungen ergaben, dass das keineswegs der Fall war. Und wir dürfen auch den Spekulationen mancher Historiker des 20. Jahrhunderts nicht glauben, die meinten, dass die Berserker ihre augenrollende Raserei der Wirkung des psychedelischen Pilzes Amanita muscaria verdankten.

Solche Erklärungen sind schlichtweg nicht notwendig. Menschen, die einer ausgewachsenen Stressreaktion unterliegen, brauchen keine Drogen. Der Schrecken selbst wirkt als Droge stark genug. Und hier berühren wir eines der vielen Paradoxe der Angst: Dieses schreckliche, von uns so sehr gemiedene Gefühl lässt uns in vielerlei Hinsicht über unser normales Ich hinauswachsen. Unter dem Bann der Angst genießen wir ein intensives Bewusstsein, gedankliche Klarheit und lebendige Erinnerung. Und wir sind stärker, schneller, ausdauernder.

Wäre es nicht großartig, wenn wir ohne die negativen Begleiterscheinungen der Angst so sein könnten? Und das ist es: Wir können es. Viele der illegalen Drogen, die Menschen nehmen, sind gerade deshalb wirksam, weil sie das Gehirn mit Ersatzversionen der Chemikalien überschwemmen, die wir von Natur aus unter Stress produzieren. Wie wir gesehen haben, imitieren Marihuana und Opioide wie Heroin die schmerztötenden Eigenschaften von Verbindungen, die das Gehirn in Stresssituationen ausschüttet. Amphetamine sind von ihrer chemischen Struktur sehr ähnlich wie Noradrenalin und haben dieselben Vorteile in ihrer Wirkung auf das zentrale Nervensystem: verminderte Reaktionszeit, weniger Erschöpfung, erhöhte Wachsamkeit und eine verbesserte kognitive Leistung.

Kein Wunder, dass diese Drogen so stark abhängig machen. Wir entwickeln leicht ein unkontrollierbares Verlangen nach den Vorteilen der Angst, wenn wir sie selbst nicht ertragen müssen, aber manchmal auch, wenn wir es doch müssen. Menschen, die stets auf der Suche nach dem ultimativen Thrill sind und ein ums andere Mal auf Monsterwellen reiten, aus Flugzeugen springen oder sich von SCAD-Türmen in die Tiefe werfen, werden alle von derselben Woge bewusstseinsverändernder chemischer Stoffe belohnt, auf die auch Heroin- und Speedabhängige scharf sind. Insofern ist die Bezeichnung »Adrenalinjunkie« gar nicht so fehl am Platz.

Wir sind fast durch mit unserer Aufzählung der Superkräfte, die uns die Angst verleiht. Aber eine bleibt noch: die Fähigkeit, so weiterzumachen, als ob wir keine Angst hätten. Die Überlebenden von Katastrophen und anderen Krisen, wo es um Leben oder Tod geht, sprechen oft darüber, dass sie einfach taten, was getan werden musste, ohne in Panik zu verfallen, ja ohne überhaupt Angst zu verspüren. Eingebettet in eine Art emotionaler Analgesie, machen sie einfach weiter. Erst später, wenn die Wirkung der Angstreaktion abklingt, trifft sie die volle Wucht der Gefühle in Bezug auf das, was sie durchgemacht haben.

Dave Boon erinnert sich, dass er sich keiner Angst bewusst war, während sich sein Auto immer wieder überschlug. Dass er vielleicht sterben müsste, kam ihm gar nicht in den Sinn. Stattdessen beobachtete er ganz leidenschaftslos, was vor sich ging. »Als wir so rollten, fiel mir ein, wie steil doch dieser Hang war, und ich dachte mir: Das muss aber wirklich eine enorme Lawine sein, wenn sie das mit unserem Auto machen kann«, meint er. »Das ist echt alles, was mir dazu einfiel: Das muss eine enorme Lawine sein.«

Erst vier Tage später, als Boon sein Auto auf dem Schrottplatz wiedersah, wurde ihm das volle Ausmaß des Erlebten bewusst. »Als ich mein Auto sah, haben meine Beine einfach nachgegeben«, sagt er. »Ich hab mich einfach mitten auf dem Parkplatz hingesetzt und gedacht: Heilige Scheiße, wie bin ich da nur rausgekommen?«

Er hatte Glück. Für viele, die sich in tödlicher Gefahr wiederfinden, bringt die Angst keine übermenschlichen Fähigkeiten mit sich, sondern löst stattdessen einen katastrophalen Kollaps aus. Und das ist die dunkle Seite der Angst.

Kontrollverlust

Wenn die Angst den Grad übersteigt, der für eine optimale Leistung ideal ist, betritt sie ein geheimnisvolles und äußerst gefürchtetes Terrain: die Schattenseite der Yerkes-Dodson-Kurve. Nach ihrem magischen Aufschwung mit wundersamen Fähigkeiten und übermenschlicher Leistung stürzt sie hier unweigerlich ab. Das ist das Reich, das wir fürchten, die Zone, wo uns alle Vorteile der Angst verlassen und stattdessen totale Unfähigkeit droht. Wir zittern, wir schwitzen, wir erstarren. Wir können kaum denken. Wir wollen laut schreien oder weglaufen. Wir haben das Gefühl, gleich die Kontrolle zu verlieren. Wenn man vom Kampf gegen die Angst spricht, dann ist das hier die Kampfzone.

Für Psychologen, die die Angstreaktion untersuchen, ist der Leistungsabfall durch extreme Erregung von großem Interesse. Wenn sie ihn verringern könnten, hätten sie die Angstreaktion im Grunde gezähmt. Eine der größten Hürden dabei ist jedoch, dass die Wissenschaftler für die Untersuchung dieses Phänomens ihre Testpersonen extremem Schrecken aussetzen müssten – in Testverfahren, die länger dauern würden und noch härter als Fallschirmspringen wären. Und das würde keine Ethikkomission der Welt gestatten.

In den 1950er-Jahren dagegen waren die ethischen Richtlinien wesentlich weniger strikt. Deshalb konnte damals eines der erstaunlichsten psychologischen Experimente aller Zeiten stattfinden: eine von der US-Army durchgeführte Testreihe mit dem Namen Task FIGHTER.

Die Rekruten waren jung, die meisten noch unter zwanzig. Sie waren erst seit ein paar Wochen in der Army (sie hatten noch nicht einmal die Grundausbildung abgeschlossen), aber doch lang genug, um zu wissen, dass man keine Fragen zu stellen hatte, wenn man einen Befehl bekam. Also packten sie brav ihre Ausrüstung und fuhren zum Flughafen. Dort sagte man ihnen, dass sie ein militärisches Transportflugzeug besteigen sollten, um an einer psychologischen Studie teilzunehmen, die untersuchte, wie Höhe sich auf die motorischen Fähigkeiten auswirkt. Standardmäßig bekam jeder von ihnen eine Rettungsweste und einen Fallschirm. Der Wind aus den zwei röhrenden Propellern der DC-3 fegte über den Asphalt, während sie über die ausfahrbare Treppe in den engen Flugzeugrumpf stiegen. Ein Militärpsychologe und ein Flugbegleiter gingen ebenfalls an Bord.

Man schrieb das Jahr 1962 und der Kalte Krieg befand sich auf dem Höhepunkt. Die Vereinigten Staaten, wirtschaftlich und militärisch ein Koloss, wachten misstrauisch über die ganze Welt. Von Berlin bis zur Beringstraße unterstand der halbe Globus der Herrschaft feindlicher kommunistischer Staaten mit Nuklearwaffen und Millionen von Soldaten. Wollte der Westen die Oberhand behalten, musste er neben seinem enormen Reichtum und seiner politischen Macht auch einen technologischen Vorsprung aufweisen können. Wissenschaftler konnten schnellere Flugzeuge, Raketen mit größerer Reichweite und bessere Schiffe bauen. Aber war die wissenschaftliche Forschung auch in der Lage, die Qualität der westlichen Kampftruppen zu verbessern?

Diese Frage lag den Soldaten selbst völlig fern, während sie sich anschnallten. Viele von ihnen hatten überhaupt zum ersten Mal ein Flugzeug bestiegen. Die kalifornische Küste verschwand, als das Flugzeug auf 5000 Fuß stieg und in den Horizontalflug ging. Der Psychologe teilte Fragebögen aus. Kurz nachdem die Männer sie ausgefüllt hatten, fing die Maschine auf einmal eigenartig zu rucken an.

Ein Blick aus dem Fenster brachte die beunruhigende Gewissheit: Einer der Propeller drehte sich nicht mehr. Über

die Bordanlage konnten die Männer hören, wie der Pilot dem Kontrollturm technische Probleme beschrieb. Dann wandte er sich direkt an seine Passagiere: Er verkündete, dass ein Notfall vorläge und sie direkt zum Flughafen zurückkehren würden. Das Flugzeug legte sich in die Kurve und als es über das Flugfeld flog, konnten die Soldaten weit unten herbeirasende Feuerwehrautos und Notarztwagen erkennen. Ganz offensichtlich war mit einer schwierigen Landung zu rechnen.
Während die Männer noch über ihre Lage nachgrübelten, meldete sich der Pilot erneut über die Sprechanlage. Die Situation hatte sich weiter verschlechtert. Jetzt ließ sich auch das Fahrgestell nicht mehr ausfahren. Der Pilot wies den Flugbegleiter an, eine Notwasserung auf dem Meer vorzubereiten. Anstatt also von einer Rettungscrew in Empfang genommen zu werden, würde das Flugzeug im tiefen, kalten Wasser des Nordpazifiks landen. Jetzt dämmerte jedem der Soldaten, dass seine Überlebenschancen sich soeben beträchtlich verringert hatten.
Zur Vorbereitung auf die Notlandung teilte der Steward Formulare aus. Zuerst das Notfall-Daten-Formblatt, gefolgt von einem Testfragebogen über Verhaltensmaßnahmen im Notfall. Der Steward erklärte ihnen, dass sie durch die Beantwortung der Fragen gegenüber der Versicherung nachweisen würden, dass sie vor dem Flug die vorgeschriebene Sicherheitsunterweisung bekommen hatten. Nur bei ausgefüllten Formularen könne die Versicherungssumme an die Hinterbliebenen ausgezahlt werden. Und sie sollten sich keine Sorgen machen: Vor der Landung würden die Formulare in einem wasserdichten Behälter ins Meer geworfen, damit sie später sichergestellt werden konnten.
Die Männer wurden jetzt mit dieser Aufgabe allein gelassen, und jeder musste mit seiner Angst selbst fertig werden. Einige zitterten, andere schluchzten, wieder andere starrten ins Leere. Aufgrund des Lärms und der Sitzanordnung im Flugzeug war

es ihnen unmöglich, untereinander in Kontakt zu treten. Jeder bearbeitete seine Formulare ganz für sich, allein mit seinen Gedanken.

Und dann landete das Flugzeug. Sie waren wieder auf dem Flugplatz. Keiner gab ihnen eine Erklärung für diese unerwartete Begnadigung. Sie wurden in ein Klassenzimmer einer Schule in der Nähe gebracht, wo man ihnen ein weiteres Formular gab, in dem sie ihren Gefühlszustand beschreiben sollten. Danach sagte man ihnen die Wahrheit: Sie waren zu keiner Zeit in Gefahr gewesen. Der Flug war Teil eines laufenden psychologischen Experiments der Army, das sich Task FIGHTER nannte und dessen Ziel es war, wie es die Forscher später einmal formulierten, »Individuen im Experiment einer feindlichen Umgebung auszusetzen«, um »den Abfall der Kampfleistung« besser verstehen zu lernen.

Bei den Formularen im Flugzeug hatte es sich um versteckte psychologische Tests gehandelt. Wie die Ergebnisse verrieten, litten die Männer tatsächlich unter einer merklichen Verschlechterung ihrer geistigen Klarheit und hatten im Test zu den Verhaltensmaßnahmen im Notfall dreimal so viele Fehler gemacht wie eine Kontrollgruppe, die auf dem Boden geblieben und deren Verstand nicht durch Todesangst gelitten hatte.

Andere Rekrutengruppen wurden ähnlich grauenhaften Szenarien ausgesetzt. In einem davon wurden die Männer einzeln zu einem entlegenen Radarposten gesandt und dort einem »unvorhergesehenen« Artilleriebeschuss ausgesetzt. Um sie herum explodierte Dynamit. In diesem Szenario mussten die Testpersonen komplizierten Instruktionen folgen, um ein Funkgerät wieder anzuschließen, mit dessen Hilfe sie angeblich einen Rettungshubschrauber herbeirufen konnten, der sie evakuieren sollte. Kein Wunder, dass nur wenige von ihnen mitten im Haubitzenfeuer mit der Elektronikbastelei fertig wurden und einige sogar zu fliehen versuchten. Erstaunlicherweise war nach

Aussage der Wissenschaftler »in keinem Fall auch nur ein Anflug von Anspannung oder negativen Gefühlen zu bemerken«, nachdem man den Männern die Wahrheit gesagt hatte.

Ob das nun stimmt oder nicht, ein Experiment wie Task FIGHTER würde heute niemals mehr erlaubt werden. Jedes Forschungsvorhaben, bei dem Menschen beteiligt sind, unterliegt einer strengen Überwachung, und Testpersonen dürfen ohne ihre vorherige Zustimmung nicht gequält werden – selbst wenn sie es hinterher nicht übel nehmen würden. Abgesehen davon waren die Forschungsergebnisse, die aus den trickreichen Versuchsanordnungen gewonnen werden konnten, ziemlich mager. Sie bestätigen vor allem die nicht sehr überraschende Tatsache, dass verängstigte, verwirrte und schlecht geführte Soldaten unter großem Stress nur mit sehr geringer Wahrscheinlichkeit gute Leistungen erbringen.

Dechiffrierung der Kurve

Wenn auch ihre Methoden außergewöhnlich waren, versuchten die Wissenschaftler des Task FIGHTER-Projekts doch eine sehr wesentliche Frage zu lösen, die auch für heutige Wissenschaftler noch von großem Interesse ist: Wie und warum lässt die Leistung nach, wenn das Gehirn von extremer Angst beeinflusst wird?

Aus evolutionärer Sicht mutet es sonderbar an, dass wir uns mit diesem Problem herumschlagen müssen. Es ergibt wenig Sinn, dass unser Körper mit einem System ausgerüstet ist, dessen hauptsächliche Funktion es ist, uns außer Gefecht zu setzen, wenn es hart auf hart kommt. Wie wir gesehen haben, können niedrige und mittlere Stressgrade Leistungsvorteile bewirken. Diese müssen unseren Vorfahren geholfen haben, zu überleben und ihre Gene weiterzugeben. Es leuchtet sofort ein, warum sich solche Mechanismen weiterentwickelt haben. Aber eine

Verschlechterung der Leistung bei großem Stress ergibt weit weniger Sinn und kommt uns eher wie eine evolutionäre Sackgasse vor.

Als sie eine Lösung für dieses Rätsel suchten, wurde den Wissenschaftlern schnell klar, dass die Situation komplexer ist, als sie auf den ersten Blick schien. Die der Yerkes-Dodson-Kurve zugrundeliegende Idee, dass nämlich die Leistung bei anwachsendem Stress dem Verlauf eines umgekehrten U folgt, war eine allzu starke Vereinfachung. Es gibt nicht eine einzige Kurve, sondern viele. Manche Aufgabenarten werden durch Stress stärker beeinträchtigt, so dass der Rückgang bei einem viel niedrigeren Stresspegel beginnt als bei anderen.

Nehmen wir zum Beispiel die Feinmotorik, die verlangt, dass das Gehirn den Händen sehr präzise Anweisungen gibt, damit komplexe Bewegungsabläufe wie das Schreiben unseres Namens oder das Öffnen eines Schlosses ausgeführt werden können. Diese Arten von Aufgaben können schon durch geringe Stressmengen gestört werden. Der Psychologe Alan Baddeley führte zu diesem Zweck in den 1960er-Jahren ein klassisches Experiment durch. Er ließ Gerätetaucher einen Geschicklichkeitstest durchführen, bei dem sie unter anderem Schrauben in eine Platte eindrehen sollten. Er fand heraus, dass die Leistung der Taucher umso stärker nachließ, je tiefer sie gehen mussten und je mehr sie sich durch Kälte, Isolation und Sorgen um ihre Sicherheit stressen ließen. Sie brauchten länger, um die Aufgabe durchzuführen und die Genauigkeit ließ nach.

Auch wenn man dafür nicht ins Wasser gehen will, kann man diesen Effekt ganz leicht bei sich feststellen. Haben Sie schon einmal bemerkt, wie schwierig es ist, sich die Schuhe zu binden, wenn man in Eile ist? Oder wie schwerfällig Ihre Zunge wird, wenn Sie auf einmal vor vielen Leuten sprechen sollen? Beides sind Beispiele dafür, wie die Feinmotorik unter Stress außer Kontrolle gerät.

Im Gegensatz dazu sind die grobmotorischen Fähigkeiten – Tätigkeiten großer Muskeln wie Laufen, Boxen, Springen oder schweres Heben – relativ resistent gegenüber der Wirkung von Stress. Es geht dabei um relativ simple Handlungsabläufe, die nicht so fein kontrolliert werden müssen, und sie werden sich wahrscheinlich gar nicht verschlechtern, egal wie intensiv die Gefahr auch ist. Wenn Sie von einem Löwen gejagt werden, haben Sie vermutlich nicht das geringste Problem damit, dass Ihre Füße sich wegbewegen.

Obwohl nicht völlig klar ist, warum diese beiden Arten motorischer Aktivität unterschiedlich auf Stress reagieren, weiß man doch immerhin, dass sie vom Gehirn unterschiedlich ausgeführt werden. Willkürliche Muskelbewegungen – also jene Bewegungen, zu deren Ausführung wir uns bewusst entscheiden – werden von einer Region in Gang gebracht, die man den primär-motorischen Cortex nennt, die direkt unter dem höchsten Punkt der Schädeldecke liegt. Zum Ausführen grobmotorischer Bewegungen sendet der Motorcortex ein Signal an ein Interneuron, das sich dann mit einem Motorneuron im Rückenmark in Verbindung setzt, das letztendlich einen Impuls an den benötigten Muskel übermittelt. Zum Auslösen einer feinmotorischen Bewegung dagegen kommuniziert der Motorcortex direkt mit den Motorneuronen im Rückenmark. So kann die Muskelaktivität viel genauer kontrolliert werden. Im Laufe der Evolution wurden immer mehr dieser direkten Verbindungen eingerichtet. Menschen haben mehr davon als Menschenaffen und diese mehr als die anderen Affen. Unter den Affen besitzen z. B. die Kapuzineraffen, die mit relativ vielen direkten Neuronenpfaden ausgestattet sind, die Fähigkeit, kleine Gegenstände mit ihren flinken Fingerchen aufzunehmen, während Totenkopfaffen, denen diese Pfade fehlen, nur alle Finger zusammen als Schaufel benutzen können, um Gegenstände aufzunehmen. Da grobmotorische Fähigkeiten von der

Evolution her älter sind, ist ihre Arbeitsweise wahrscheinlich auch weniger empfänglich für Störungen durch Stress.
Der Unterschied in der Reaktionszeit bei fein- und grobmotorischen Fähigkeiten kann über Leben und Tod entscheiden, wenn es um den bewaffneten Kampf geht. Während des 19. Jahrhunderts waren Duelle Teil des aristokratischen Ehrenkodex. Bei den Kämpfen mit Pistolen war vorgeschrieben, in einer bestimmten Entfernung vom Gegner ganz ruhig zu stehen, diesen genau zu fixieren und dann mit Bedacht abzudrücken. »Seien Sie kühl, konzentrieren Sie sich und denken Sie an nichts anderes, als die Kugel an die richtige Stelle zu schicken«, empfiehlt ein Ratgeber zur Kunst des Duellierens aus dem Jahr 1836. »Wenn das Kommando gegeben wird, sollten Sie mit Bedacht abdrücken und sich dabei bemühen, keinen Muskel im Arm oder in der Hand zu bewegen.«
Dass man eine Pistole beim Feuern nur mit einer Hand hält, war noch bis weit ins 20. Jahrhundert üblich. Auf dem Schießplatz kann das tatsächlich gut funktionieren, vor allem, wenn man die Schusshand mit der anderen stützt. Heutige Untersuchungen von Schießereien, in die Polizisten verwickelt waren, enthüllen eine überraschende Tatsache: Wer so seine Pistole abfeuert, trifft nur selten. Stattdessen bringt man heutigen Polizisten eine Schießhaltung bei, die sich *isosceles* (»gleichschenkelig«) nennt, und bei der der Schütze seinem Ziel frontal gegenüber steht, die Waffe mit beiden Händen auf Augenhöhe hält und die Arme dem Ziel entgegenstreckt. Da diese Schießhaltung sich wesentlich mehr auf große Muskelgruppen stützt, ist sie natürlicher und unter intensivem Stress viel leichter auszuführen.

Im Automatikmodus

Wie wir im letzten Kapitel gesehen haben, sind Bewegungsroutinen, die wir immer und immer wieder ausgeführt haben, irgendwann so »eingefleischt«, dass sie sogar unter großem Stress genauso automatisch wie ein Reflex ablaufen. Dieses Prinzip, das man *»overlearning«* (»Überlernen«) nennt, gehört schon seit dem Anbeginn militärischen Trainings zu seinen Hauptgrundsätzen. Flavius Josephus, ein jüdischer General und Historiker aus dem 1. Jahrhundert n. Chr., schrieb den Erfolg der römischen Armee ihrer sorgfältigen Vorbereitung durch endloses Üben zu. »Ihre militärischen Übungen unterscheiden sich nicht im Geringsten vom tatsächlichen Gebrauch ihrer Waffen, aber jeder Soldat übt sich täglich und mit großer Sorgfalt, als befände er sich in Zeiten des Kriegs«, schrieb er »und wer sagt, dass diese Übungen unblutige Schlachten und ihre Schlachten blutige Übungen sind, irrt nicht.« Weil die römischen Soldaten jedes Detail ihres militärischen Handlungsrepertoires »überlernten«, wurde ihre Leistung durch das Chaos der Schlacht selten beeinträchtigt.

Mangelhaft erlernte Fähigkeiten dagegen gehen schon bei schwachem Druck verloren. Wie jeder bezeugen kann, der schon einmal vor dem Traualter gestanden hat, können sich die paar Zeilen des Ehegelübdes, die Sie am Tag zuvor noch so mühelos heruntergerattert haben, als sehr störrisch erweisen, wenn Sie vor den vielen Freunden und der Familie stehen. Aus diesem Grund helfen viele Priester Braut und Bräutigam immer wieder mit ein paar Worten auf die Sprünge. Und deshalb fahren die meisten von uns während der Fahrstunden besser Auto als bei der Prüfung selbst, bei der der Prüfer jede Bewegung argwöhnisch beäugt.

Was ist also der Unterschied zwischen den beiden Bewegungsarten? Er liegt in den neurologischen Gegebenheiten des Lernens. Nehmen Sie eine körperliche Fähigkeit, wie die, einen Tennisball zu schlagen. Wenn wir anfangs lernen, wie man das macht, denken wir bewusst darüber nach und benutzen dafür den Planungsschaltkreis, der in unserem präfrontalen Cortex angesiedelt ist. Wenn ich zum Beispiel meine erste Vorhand schlage, führe ich jeden einzelnen Schritt bewusst aus: Schläger so halten, Füße da und dort platzieren, jetzt den Arm so nach vorn schwingen. Psychologen nennen das einen »kontrollierten« Prozess. Er ist tollpatschig und langsam – und das macht eben den Anfänger aus.

Wenn ich dann öfters Tennis spiele, wird der für das Schlagen einer Vorhand nötige Bewegungsablauf nach und nach im unterbewussten Regelkreis verankert, der sich in einer Region befindet, die man ventrales Striatum nennt. Es dauert nicht lange und ich muss nicht mehr bewusst über das, was ich tue, nachdenken: Mein Unterbewusstsein löst die Aufgabe ganz selbstständig und viel schneller und effektiver. Es kann sogar noch verbessern, was mein Verstand bewusst mit ihm trainiert hat, indem es seine Leistung nach der Trial-and-Error-Methode (also durch Herumprobieren) anpasst. Während ich spiele, muss ich nicht darüber nachdenken, wie stark ich mein Handgelenk abwinkeln muss, um meinen Schlag zu verbessern, oder bewusst den Ellbogenwinkel verändern, um einen Topspin zu erzeugen. Ich muss lediglich weiter Bälle schlagen. Je mehr ich spiele, desto besser werde ich, dank der Hilfe meines Motorcortex. Anstatt mich auf einen bewussten und kontrollierten Prozess zu verlassen, verlasse ich mich allein auf die unbewusste, automatische Ausführung.

Wenn ein Prozess einmal automatisch abläuft, gerät er aus dem Blickfeld meiner bewussten Gedanken. Ich kann nicht sagen, *wie* ich einen Ball treffe, ich tue es einfach. Einige Forscher haben diesen Effekt mit dem Spitznamen »erfahrungsinduzierte Amnesie« bedacht. Das Gehirn führt diese Handlungsweisen schnell und mühelos aus, sogar unter Stress.

Schlecht erlernte Bewegungsmuster sind dagegen noch nicht vollständig von der bewussten zur automatischen Ausführung hin verschoben worden. Sie müssen mit dem ausführenden Teil

Ihres Gehirns planen, was Sie tun, und bewusst überwachen, wie der Motorcortex es ausführt. Kurz gesagt: Sie müssen darüber nachdenken, was Sie tun. Und wie wir gleich sehen werden, kann bei intensivem Stress das Nachdenken über irgendetwas tatsächlich sehr schwierig sein.

Auch etwas schlecht zu machen hat Vorteile

Es ist ein wiederkehrendes Thema: Unter Stress steckt der Körper all seine Bemühungen in bestimmte Bereiche auf Kosten anderer. Einer muss ja schließlich den Kürzeren ziehen. Wir haben gesehen, wie Cortisol bewirkt, dass der Körper all seine Energiereserven bereitstellt und den Blutkreislauf mit Zucker überschwemmt, um die Muskeln anzuheizen. Diese Umorganisation ermöglicht für kurze Zeit den unglaublichen Anstieg unserer Kräfte, wie ihn Tom Boyle erlebt hat. Aber sie fordert auch ihren Preis. Die körperlichen Ressourcen sind begrenzt, und Energie, die für eine Sache aufgewendet wird, muss von anderswo geborgt werden.

Zum Beispiel vom Verdauungssystem. Wenn Sie entspannt sind, passiert ein beträchtlicher Teil Ihres Blutes das Netzwerk von Kapillaren rund um die Gedärme, absorbiert Nährstoffe aus der Nahrung und transportiert sie zur Leber, damit sie dort verarbeitet und gespeichert werden können. Das ist im Großen und Ganzen eine lebensnotwendige Aufgabe, aber wenn Sie einer drohenden Gefahr gegenüberstehen, verliert sie auf einmal ihre Priorität. Das ganze Blut muss dorthin geschafft werden, wo es gerade am dringendsten gebraucht wird. Bei sehr großer Angst legt der Körper das gesamte Verdauungssystem lahm. Die Speichelproduktion wird eingestellt und der Mund trocken. Der Magen befördert seinen Inhalt nach draußen. Die Blase leert sich, und genauso der Darm. Während des Zweiten Weltkriegs durchgeführte Studien ergaben, dass einer von zwanzig Kampfpiloten sich während einer Luftschlacht buchstäblich »vor Angst in die Hosen machte«, wie auch einer von fünf Soldaten unter Feuer.

Manchmal ist das Problem mit der Angstreaktion auch einfach eine Frage der Intensität. Sie tut ja das Richtige, übertreibt es aber. Wenn der Stress bis hinter den Höhepunkt der umgekehrten U-Kurve ansteigt, werden die durch mäßige Angst verliehenen körperlichen Vorteile monströs vergrößert und so von Aktiv- zu Passivposten. Unter Stress mobilisiert zum Beispiel Cortisol die Energiereserven des Körpers und stellt sie für schnell wiederholte Muskelkontraktionen zur Verfügung: Wir zittern. Bei Kälte ist das sehr sinnvoll, weil Wärme erzeugt wird. Stehen wir aber unter einem anderen Stress, behindert das Zittern unsere Handlungsfähigkeit.

Stress kurbelt auch das Immunsystem an und schaltet es sozusagen in den Verteidigungsmodus. In grauer Vorzeit hieß Gefahr oft, verletzt zu werden, und ein hochgefahrenes Immunsystem sollte verhindern, dass sich die Wunden entzünden. Aber wenn der Stress weiter anwächst, stellt sich als Nebeneffekt ein bewusst wahrnehmbares Gefühl des Unwohlseins ein, wie man es zum Beispiel hat, wenn man krank wird. Wenn der Körper unter Stress steht, löst das Immunsystem nämlich etwas aus, was man »Krankheitsverhalten« nennt. Die Übelkeit, die ich verspürte, als ich vor dem Fallschirmsprung in der Tür des Flugzeugs saß, war nicht nur der Tatsache geschuldet, dass mein sympathisches Nervensystem Ressourcen von meinen Eingeweiden abzog und mir deswegen übel wurde, sondern ich bekam auch die Warnung von meinem Immunsystem, dass es jetzt auf den Überlebensmodus umschalten würde.

Sogar eine erhöhte Konzentrationsfähigkeit kann ihre Kehrseite haben. Mäßiger Stress erlaubt uns, alle unsere kognitiven Fähigkeiten aufzufahren, uns auf die Bedrohung auszurichten und alles andere zu ignorieren. Bei einem höheren Intensitätsgrad dagegen verhärtet sich diese Konzentration zu mentaler Eingleisigkeit. Der Psychologe James Easterbrook, der dieses Phänomen in den 1950er-Jahren als Erster untersuchte, sprach von »Wahrnehmungsverengung«. Unter dem Einfluss extremer Angst ignorieren wir nicht nur unwichtige Seh- und Höreindrücke rund um uns, sondern eigentlich alles bis auf die eine Sache, auf die wir uns konzentrieren.

Diese Art von Tunnelblick kann je nach Situation Segen oder Fluch sein. Sie ist vorteilhaft, wenn Ihnen nur eine einzige Gefahr unmittelbar droht und Ihr Überleben davon abhängt, dass Sie Ihre ganzen mentalen und physischen Ressourcen darauf konzentrieren, diese zu bekämpfen. Ohne Zweifel befanden sich unsere Vorfahren im Frühstadium der Evolution am wahrscheinlichsten in solchen Situationen: ein Löwe, der aus unmittelbarer Nähe angreift, ein feindlicher Krieger im Nahkampf. Heute dagegen stehen wir oft Gefahren in einer komplexen, sich rasch verändernden Umgebung gegenüber, in der unter Umständen auch an der Peripherie unserer Wahrnehmung unmittelbare Gefahren entstehen. Wenn Sie sich dann zufällig gerade nicht auf die Gefahr konzentrieren, die aktuell am bedrohlichsten ist, haben Sie ein Problem.

Am 6. Februar 1996 hob eine Boeing 757 von Puerto Plata in der Dominikanischen Republik mit Flugziel Deutschland ab. Kurz nach dem Start lieferte ein defekter Sensor falsche Informationen über die Fluggeschwindigkeit an den Autopiloten, so dass dieser veranlasste, dass die Nase des Flugzeugs ungewöhnlich weit angehoben wurde. Ein weiteres automatisches System fuhr daraufhin den Schub durch die Turbinen des Flugzeugs herunter. Die Piloten wurden durch den einsetzenden Warnalarm und die widersprüchlichen Angaben über die Fluggeschwindigkeit so verwirrt, dass sie sich abmühten, den Autopiloten wieder richtig einzustellen, anstatt sich auf die einzig richtige Lösung des Problems zu besinnen – nämlich den Autopiloten auszuschalten

und das Flugzeug von Hand zu fliegen. Es gelang ihnen zwar, die Flugzeugnase wieder herunterzudrücken, aber sie übersahen völlig, dass der Antrieb immer noch viel zu wenig Schub lieferte. Das Flugzeug verlor an Höhe und stürzte schließlich in den Atlantik. Alle 189 Menschen an Bord starben.

Intensiver Stress bewirkt eine Verschlechterung der kognitiven Prozesse in allen Bereichen. Wir haben bereits gesehen, wie das Noradrenalin im präfrontalen Cortex den α2-Noradrenalin-Rezeptor anregt, was zu einer Erhöhung von Konzentration und mentaler Energie führt. Wenn der Stress aber zu stark wird und die Menge an Noradrenalin bestimmte Werte erreicht, wird ein anderer Rezeptorentyp, der α1-Noradrenalin-Rezeptor, aktiviert. Dadurch wird die Tätigkeit des präfrontalen Cortex eingestellt. Alles, was bewusstes Nachdenken, Abwägen oder Planen erfordert, wird ungeheuer schwierig. Laboruntersuchungen haben gezeigt, dass Leute, die unter Druck komplexe Aufgaben ausführen sollen, Entscheidungen oft aufgrund unvollständiger Informationen treffen und sich auf vereinfachte Annahmen verlassen. Sie treffen einfach irgendeine Entscheidung, ohne sich die Zeit zu nehmen, mehrere Optionen abzuwägen.

Und, was entscheidend ist, auch unser Arbeitsgedächtnis verschlechtert sich, der Kurzzeit-Datenspeicher, in dem wir die Dinge festhalten, über die wir in einem bestimmten Moment aktiv und bewusst nachdenken. Normalerweise können wir ungefähr sieben Dinge gleichzeitig im Arbeitsgedächtnis behalten. Manche Leute können mehr behalten, manche weniger, und diese Kapazität korreliert ziemlich genau mit dem Intelligenzquotienten eines Menschen. Bei intensiver Angst lässt das Arbeitsgedächtnis unweigerlich nach. Wenn seine Kapazität dann überschritten wird, wird das Lösen von Problemen und Analysieren von Schwierigkeiten nahezu unmöglich.

Um es ganz drastisch auszudrücken: Angst verblödet. Im Englischen spricht man dann von *brain fuzz* (etwa: »Watte im Hirn«). Genau das passierte den Rekruten in der Task FIGHTER-Studie, die die psychologischen Tests verpatzten, als sie dachten, die letzten Minuten ihres Lebens würden soeben verrinnen.

Zwölf-Minuten-Flug

Ein solcher *brain fuzz* ist besonders heikel bei Piloten. Sie müssen im Cockpit eine ganze Reihe von Instrumenten überblicken, mit der Flugverkehrskontrolle kommunizieren, im Auge behalten, wo sich das Flugzeug gerade befindet und es zusätzlich schließlich auch noch fliegen. Eine Fehlentscheidung reicht meist nicht aus, einen Piloten umzubringen, aber sie erzeugt Stress und vermindert die Auswahl an sicheren Optionen. Der daraus entstehende Stress führt dann zu weiteren Fehlentscheidungen, worauf sich der Spielraum für mögliche Fehler immer mehr verkleinert, bis er schließlich überhaupt nicht mehr vorhanden ist.

Genau das passierte Cory Lidle, einem bekannten amerikanischen Baseballspieler bei den New York Yankees. Der 34-Jährige brach an einem Oktobernachmittag vom Teterboro Airport in New Jersey zu einem Rundflug über Manhattan auf. Es war kein besonders guter Tag zum Fliegen. Kurz davor hatte es Regenschauer in der Gegend gegeben, es war noch immer böig und bewölkt, und die Wolkendecke hing so tief, dass die Spitzen der höchsten Gebäude nicht zu sehen waren. Aber Lidle war an diesem Tag ganz scharf aufs Fliegen. Er war ein begeisterter Fluganfänger und hatte seine Pilotenlizenz erst acht Monate zuvor erworben.

Lidle rollte auf die Startbahn, richtete das Flugzeug auf der Mittellinie aus und jagte den 200-PS-Motor seiner viersitzigen Cirrus SR-20 hoch. Neben ihm saß sein Fluglehrer, der 26 Jahre alte Tyler Stanger. Lidle war seit über einem Monat nicht geflo-

gen und fühlte sich ein bisschen eingerostet. Dass Stanger an Bord war, gab ihm ein Gefühl von Sicherheit. Noch wichtiger war, dass Stanger den komplizierten Luftraum über der City von New York gut kannte. Beide wussten, dass man sich größte Schwierigkeiten einhandeln kann, wenn man ohne Autorisierung die falschen Luftkorridore durchfliegt. Dieses Risiko, zusammen mit den nicht gerade optimalen Wetterbedingungen, führte bei Lidle wahrscheinlich von Anfang an zu einem relativ hohen Stresspegel.

Als er die Cirrus auf 130 Stundenkilometer beschleunigt hatte, zog Lidle den Steuerknüppel nach hinten und das Flugzeug hob ab. Er schwenkte nach Südosten in Richtung Hudson River, der noch etwa acht Kilometer entfernt war.

Obwohl das Wetter nicht optimal war, war doch mit einer spektakulären Aussicht zu rechnen. Ich bin die Route selbst einige Male geflogen und der Trick ist, auf einer Höhe von höchstens 1100 Fuß über dem Hudson zu bleiben. Die Federal Aviation Administration, die US-Bundesluftfahrtbehörde, hat diesen Luftraum zur *exclusion area* erklärt. Man fliegt sozusagen in einem unsichtbaren Tunnel innerhalb des viel beflogenen Klasse-B-Luftraums, der die Flughäfen Newark, LaGuardia und JFK umgibt. Klasse B ist für die großen Passagiermaschinen, die mit hoher Geschwindigkeit fliegen. Nicht der richtige Ort für ein kleines Flugzeug.

Wenn man Richtung Süden fliegt, ist der Blick auf die Stadt überwältigend schön. Man befindet sich unterhalb der obersten Stockwerke der Wolkenkratzer, und wenn man die George Washington Bridge überfliegt, hat man fast das Gefühl, als würde man mit dem Fahrwerk an ihren Pfeilern hängen bleiben. Bald darauf fliegt man an der Freiheitsstatue vorbei. Wenn man will, kann man dann nach links abbiegen und den East River hinauffliegen. Eine Abzweigung der *exclusion area* führt von Governor's Island bis in die Mitte von Manhattan – aber das ist eine Sackgasse. Wenn man weiterfliegen will, muss man zuerst den Tower von LaGuardia rufen und um Erlaubnis fragen, im Klasse-B-Luftraum weiterfliegen zu dürfen, über den Central Park hinweg zurück zum Hudson River.

Lidle und Stanger entschieden sich für eine im Grunde einfachere Variante. In geringer Höhe – etwa zwischen 500 und 700 Fuß – umrundeten sie die Freiheitsstatue und flogen dann nach Osten zur Mündung des East River, ohne LaGuardia zu kontaktieren. Ohne die Erlaubnis, im Klasse-B-Luftraum weiterzufliegen, mussten sie aus dem East-River-Korridor wieder genauso hinausfliegen, wie sie hereingekommen waren.

Meiner Erfahrung nach ist das Auffallendste beim Überfliegen des East Rivers, wie schmal er ist – an manchen Stellen misst seine Breite nur etwa 600 Meter. Und seine Biegungen: Hinter der Brooklyn Bridge knickt er nach rechts ab und am Brooklyn Navy Yard wieder nach links. Lidle mag er bei einer Flughöhe von nur 500 Fuß (das entspricht etwa 150 Metern) noch schmäler vorgekommen sein, mit einer niedrigen Wolkendecke über ihm und den aneinandergereihten Wolkenkratzern am Rand von Manhattan, die einem wie die Wand eines von Menschenhand geschaffenen Canyons vorkommen. Ihn als Fluganfänger hat das wahrscheinlich eingeschüchtert. Außerdem war ihm klar, dass er sehr bald eine schwierige enge Kurve fliegen musste, um zu wenden. Es blieb nicht viel Zeit zum Planen – bei einer Fluggeschwindigkeit von 180 Stundenkilometern würde die Cirrus den gesamten Korridor in weniger als vier Minuten durchflogen haben.

Zeitdruck ist eine Form von Stress, die uns genauso unfähig machen kann wie Angst. Wenn wir zu viel zu tun haben und zu wenig Zeit dafür, haben wir manchmal das Gefühl, unser Verstand wäre erstarrt. Der Pilot Dick Rutan, der als erster nonstop um die Erde geflogen ist, sagt, dass in solchen Situationen »sein mentales To-do-Kästchen mehr als voll ist«. Ich habe diese Situation auch selbst schon im Cockpit erlebt und es ist ein verwirrendes Gefühl, das einen völlig lähmt. Die Dinge, die einem im Nachhinein völlig logisch und ganz offensichtlich erscheinen, fallen einem dann einfach nicht ein. Zu Lidles Unglück war zu der Zeit, als er den East River abflog, sein Fehlerspielraum sehr gering. Schon ein einziger Fehler konnte tödlich sein. Und wie sich herausstellen sollte, machte er gleich zwei.

Bei der Geschwindigkeit, mit der Lidle flog, benötigt die Cirrus mindestens 600 Meter Platz, um eine volle 180-Grad-Kurve auszuführen. Der Fluss ist an diesem Punkt 640 Meter breit. Die Kurve ist also physikalisch möglich, wenn sie exakt ausgeführt wird. Aber hier machte Lidle den ersten entscheidenden Fehler. Um einen möglichst großen Abstand zu den Hindernissen an beiden Flussufern zu halten, war er instinktiv zur Flussmitte hin geflogen. Als er nun mit seiner Kurve begann, hatte er fast die Hälfte des verfügbaren Raumes bereits vertan.

An diesem Punkt gab es für Lidle eigentlich nur eine einzige, ganz simple Frage: In welche Richtung umkehren? Nach links oder rechts? Und hier kommt die ganze Gnadenlosigkeit des *brain fuzz* zum Vorschein. Bei ruhiger Betrachtung ist ganz offensichtlich, was hier die richtige Lösung gewesen wäre. Auf der Seite von Manhattan sind die Gebäude hoch, höher sogar, als die Cirrus zu diesem Zeitpunkt flog. Auf der Brooklyn-Seite sind sie niedriger. Also hätte Lidle nach rechts umdrehen müssen. Wenn ihm die Kurve nicht gelungen wäre, wäre er lediglich auf verbotenen Luftraum gestoßen. Natürlich hätte das einige Erklärungen gegenüber der FAA erfordert. Aber Luftraum ist bedeutend nachgiebiger als es Gebäude sind.

Noch ein Faktor hätte ganz deutlich für diese Entscheidung gesprochen, wenn Lidle Zeit gehabt hätte, darüber nachzudenken. Der Sturm, der an diesem Vormittag über die Gegend gefegt war, hatte auch einen Windwechsel mit sich gebracht. Statt von Südwesten zu wehen, wie es der Wind hier normalerweise tut, kam er jetzt von Nordosten. Bei einer Kurve musste der Wind die Maschine also Richtung Manhattan drücken. Wenn er nach rechts umgekehrt wäre, hätte ihn das also wahrscheinlich über dem Fluss gehalten. Weil er aber nach links umkehrte, wurde er vom Wind noch näher zu den Gebäuden am Ufer von Manhattan gedrückt. Lidle hatte aber keine Zeit, diese Faktoren abzuwägen. Wenn wir unter großem Stress stehen, greifen wir auf gewisse Faustregeln zurück, auf Richtlinien, die uns helfen, die verfügbaren Optionen zu vereinfachen. Diese Richtlinien können uns in Situationen, wo Unentschlossenheit tödlich sein kann, zu raschen Entscheidungen verhelfen. Und die Regel, auf die Lidle zurückgriff, ist allen Piloten vertraut: Wenn man die Wahl zwischen links und rechts hat, liegt es immer nahe, eine Kurve nach links zu fliegen.

Warum? Einfach deswegen, weil der Sitz des Piloten sich auf der linken Seite des Flugzeugs befindet. Wenn man nach links abdreht, kann man über die Schulter zum Fenster hinausblicken und sehen, wohin man fliegt. Wenn man nach rechts abdreht, ist die Sicht zu einem großen Teil vom Flugzeug verdeckt. Ganz instinktiv wollen wir wissen, wohin wir unterwegs sind. Vor allem, wenn es eine Menge harter Hindernisse gibt, mit denen wir kollidieren könnten.

Also drehte Corey Lidle nach links ab. Er war fast fertig mit seiner Kurve, als er in einer Höhe von etwa 100 Metern in die Nordseite eines 50 Stockwerke hohen Wohnhauses prallte. Er und Stanger waren sofort tot. Beide hinterließen Ehefrau und Kind. Ihr gesamter Flug hatte ab dem Start nur 12 Minuten gedauert.

Überwältigt

Falsche Entscheidungen zu treffen stellt sogar bei mäßigem Stress eine potenzielle Gefahr dar. Steht dann noch mehr auf dem Spiel, kann unser Verstand komplett den Dienst versagen. Extreme Erregung kombiniert mit kognitiver Einschränkung ist wie eine Art hysterische Flucht, weil die hyperaktivierte Amygdala den Cortex ausschaltet und die Kontrolle übernimmt.

In englischsprachigen Ländern bezeichnen Jäger diesen Zustand als *buck fever* (der deutsche Ausdruck »Bockfieber« ist ebenfalls hauptsächlich Jägern geläufig). Wenn ein Jagdfrischling zum ersten Mal Wild vor der Flinte hat, kann ihn eine Mischung aus starken Gefühlen (Aufregung, Jagdfieber, Angst) so überwältigen, dass er ein eigenartiges Verhalten an den Tag legt. Am Lagerfeuer kann man Geschichten von Erstschützen hören, die »Peng-peng« schreien anstatt zu schießen oder hinter ihrer Beute herlaufen, um sie mit der Flinte niederzuschlagen, oder einfach loslaufen, um den gefallenen Hirsch zu markieren, ohne daran zu denken, dass sie erst vom Hochsitz herunterklettern sollten. Am häufigsten passiert es aber, dass die Jungjäger wild losballern oder ganz vergessen zu schießen. Russ Chastain, ein bekannter amerikanischer Jagdführer und -autor, schreibt, dass er sich bei seinem ersten Versuch, einen Hirsch zu erlegen, benommen habe wie »ein keuchender, zitternder, adrenalingetriebener Idiot mit weichen Knien und höllischem Herzklopfen – bis der Hirsch schließlich in aller Seelenruhe davonmarschierte«.

Normalmenschen, die sich plötzlich mitten in einer Krise auf Leben und Tod wiederfinden, können besonders empfänglich für diese Form der kognitiven Lähmung sein. Sie stehen der überwältigenden Macht der ausgeprägten Angstreaktion ihres Gehirns völlig unvorbereitet gegenüber und werden deshalb häufig von kläglicher Hysterie ergriffen oder in einer Art katatonischer Trance gefangen. Rettungsfachleute müssen oft erst ihren psychischen Panzer durchbrechen und ihnen Schimpfwörter zurufen, bevor sie ihnen helfen können. Flugzeugbesatzungen werden inzwischen geschult, bei einem Notfall diejenigen Passagiere, die nicht schnell genug zu den Notausgängen gehen, laut anzuschreien, um sie aus ihrer Erstarrung zu reißen und wieder aktiv werden zu lassen.

Inmitten von Kampfgetümmel können verschreckte Soldaten manchmal nicht dazu gebracht werden, irgendeine Handlung auszuführen, die zuvor nicht trainiert wurde. Wer sich im Nebel der Angst verliert, steckt oft in einer Endlosschleife fest. Unfähig, mentale Ressourcen zu mobilisieren, um die Situation einzuschätzen und wirksame Handlungsmaßnahmen zu planen, wiederholen sie eine einzige gut eingeübte Fähigkeit immer und immer wieder, auch wenn sie ganz offensichtlich vergebens ist. Dieses »Perseveration« genannte Verhalten kann man auch bei Patienten beobachten, deren präfrontaler Cortex geschädigt ist. Von den 27 000 Musketen, die man im amerikanischen Bürgerkrieg nach der Schlacht von Gettysburg im Jahr 1863 auf dem Schlachtfeld einsammelte, waren 90 Prozent noch geladen. Fast die Hälfte von ihnen war mehr als einmal geladen worden. Offensichtlich hatten die betreffenden Soldaten die Mühe auf sich genommen, sie immer und immer wieder zu laden, ohne auch nur ein einziges Mal dazwischen abzufeuern. Im ohrenbetäubenden Schlachtgetümmel verließen sich die Männer einfach auf das, was man ihnen beigebracht hatte. Bei einem Gewehr stellte man sogar fest, dass es 23-mal geladen worden war.

Schotten dicht!

Wenn die Angst über jedes erträgliche Maß steigt, kann es sein, dass man sich gedanklich vom Ort des Geschehens entfernt. Johan Otters Tortur begann mit einem unerwarteten Aufblitzen von Fell. Ohne zu wissen, was eigentlich los war, stellte er sich auf dem schmalen Pfad vor seine Tochter, um sie vor der Gefahr abzuschirmen, die er nur verschwommen wahrnahm. *Braunes Fell. Angelegte Ohren. Gefletschte Zähne.* Eine Viertelsekunde

nur, und das Ding prallte auf ihn und grub die Zähne in seinen Oberschenkel. Er blickte hinunter. Was sich da in sein Bein verbissen hatte, war ein Grizzlybär. Die Situation kam Otter unwirklich vor. Er dachte: *So fühlt sich das also an, wenn einem Fleisch rausgerissen wird.*

Der 43-jährige Otter machte mit seiner halbwüchsigen Tochter Jenna Ende August im Glacier Nationalpark in den Rocky Mountains Urlaub. Sie waren früh aufgestanden und um halb acht Uhr morgens bereits auf halber Höhe eines steilen Wanderwegs, auf dessen einer Seite es ein paar Hundert Meter tief in den Abgrund ging. Weit unter ihnen glitzerte der Grinnell Lake in der kühlen Herbstsonne.

Als sie um eine Ecke bogen, fanden sie sich auf einmal eineinhalb Meter von einer Grizzlybärin mit Jungen entfernt. Jenna, die vorn ging, drehte sich schreiend um und flüchtete hinter ihn. Otter stellte sich zwischen die Bärin und seine Tochter und versuchte, das Tier abzuwehren. Es biss ihn immer und immer wieder, schnappte nach seinen Beinen und Armen, packte und schüttelte ihn. Er versuchte, sich in Embryonalstellung einzurollen, aber die Bärin ließ es nicht zu. Da sah er unterhalb am Hang einen Thimbleberry-Strauch. Er schob sich von der Bärin weg, rollte auf die Seite und ließ sich Richtung Busch fallen. Der Busch fing ihn auf, aber die Bärin schoss ihm hinterher und war Sekunden später wieder über ihm, sprang auf seinen Rücken und verbiss sich in seinen Rucksack.

»An diesem Punkt lief die Zeit wirklich eigenartig ab«, sagt Otter. »Sie verging sehr, sehr langsam.« Seine missliche Lage schien so unwahrscheinlich, so unwirklich, so unerwartet, dass es sogar dann noch, als die Bärin ihre Zähne in seinen Kopf grub, so war, als würde er sich selbst dabei zusehen, wie er in einem Film mitwirkte. »Ich dachte an einem Punkt sogar: ›Okay, jetzt können sie die Kameras abstellen, damit wir den Stunt beenden, denn es wird wirklich langsam lästig, und dann können sie den

Bären von mir wegziehen‹«, sagt Otter. »Aber natürlich wurde nichts gestoppt, weil das hier real war. Es fühlte sich an wie ein Traum, nur dass es keiner war.«

Die Wahrnehmungsverengung, die Otter an diesem Tag erlebte, war so intensiv, als hätte er sich völlig aus dem Bild entfernt. Das Gefühl, sich selbst aus der Ferne zu beobachten oder sich in einem Film zu befinden, ist eine Kurzzeit-Bewältigungsstrategie. Diese Art von Trance bewahrt einen Menschen davor, sich mit den Emotionen auseinandersetzen zu müssen, die ihn andernfalls völlig verschlingen würden.

Doch das Gefühl, aus seinem eigenen Körper entfernt worden zu sein, hinderte Otter nicht daran, über seine Rettung nachzudenken, als die Bärin ihre massiven Kiefer um seinen Kopf schloss. »Ich fühlte einen Zahn, der in meinen Schädel drang, und ich dachte mir: ›Das war's dann wohl‹«, meint Otter. Es gab nur eine Möglichkeit: Er musste die Bärin abschütteln und in den Abgrund springen. Es waren ein paar Hundert Meter in die Tiefe, aber für ihn war die Entscheidung klar. »Es klingt sehr sonderbar, aber ich ging sehr rational vor«, sagt er. »Da war kein Raum für Gefühle. Sondern nur der Gedanke: ›Das ist jetzt unweigerlich die bessere Option.‹«

Er rollte sich weg und stürzte über die Felsen hinab. Zufällig war etwa acht Meter weiter unten ein schmaler Felsvorsprung, der seinen Sturz bremste. Die Bärin sah auf ihn hinunter, konnte aber nicht hinterher und verzog sich schließlich.

Otters Zustand war kritisch. Seine Kopfhaut hing stellenweise weg, seine Arme waren bis auf die Sehnen zerbissen, sein Hals zweimal gebrochen und er verlor Blut. Ein kaltes Rinnsal durchnässte ihn. Und was noch schlimmer war: Er wusste nicht, wie schwer Jenna verletzt war. Trotzdem fühlte er sich sonderbar erleichtert. »Es zählte irgendwie viel mehr, dass ich noch lebte. Man spürt einfach irgendwie diese Euphorie, dass man noch lebt.«

Eine Stunde später fanden vorbeikommende Bergsteiger die beiden und riefen Hilfe herbei. Sechs Stunden nach dem Angriff wurden Johan und Jenna Otter mit dem Rettungshubschrauber geborgen. Ein langer Weg der Genesung und Rehabilitation lag vor Otter, einschließlich einer drei Monate dauernden Zeit, in denen sein Kopf von einem Metallkranz umgeben war.

Während der ganzen Tortur, sagt Otter, sei er sich überhaupt keiner Angstgefühle bewusst gewesen. »Da war überhaupt kein Platz für Angst. Ich musste während des ganzen Geschehens einfach all meinen Verstand zusammennehmen. Erst drei Monate später, als der Metallkranz abgenommen wurde, kam die Angst. Plötzlich umgab mich nicht mehr dieser Schutz von außen, und ich dachte auf einmal: Okay, jetzt fürchte ich mich so richtig. Ich weiß noch, wie ich das zu meiner Frau gesagt hab, und dann hab ich gerufen: ›Ich habe solche Angst, ich hätte solche Angst haben müssen.‹ Ich erinnere mich, dass ich das gesagt habe: ›Mann, ich hätte solche Angst haben müssen, und hatte überhaupt keine.‹«

Im Rückblick fällt es Johan Otter schwer zu verstehen, wie und warum sein Gehirn damals so funktionierte, wie es funktionierte. Viele Überlebende solcher Dramen auf Leben und Tod gehen ebenso verwirrt daraus hervor. Der eigenartige Effekt der Angst auf unseren Verstand wirkt im Moment des Erlebens wie ein chaotischer Wirbelwind. Im Extremfall übernehmen unsere Angstzentren gänzlich das Kommando, und unser Verstand gibt die Kontrolle ab. Dann benehmen wir uns auf eine Weise, die wir weder vorhersagen noch verstehen können. Aber in Wirklichkeit hat der Irrsinn der Angst durchaus seine ganz eigene Methode. Hinter dem scheinbaren Chaos verbirgt sich ein Ordnungsprinzip.

Zweiter Teil:

Das Ringen um Kontrolle

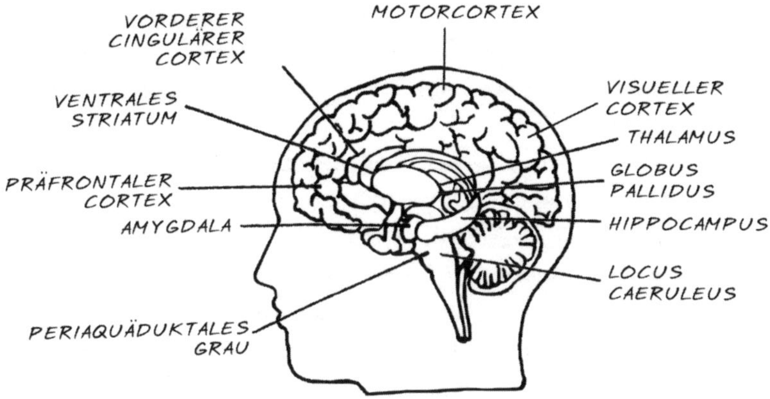

Die Angstreaktion läuft unbewusst ab, in entwicklungsgeschichtlich alten und tief liegenden Strukturen wie dem periaquäduktalen Grau. Und hier werden auch die stereotypen Verhaltensreaktionen auf heftige Angst ausgelöst – die »Four Fs«.
Zeichnung von Sandra Garcia

Die Struktur im Chaos

Bei extremer Angst verhalten wir uns anders als gewohnt und völlig unvorhersehbar. Die Fähigkeit zum Abwägen und Planen vor dem Handeln, über die wir normalerweise verfügen, wird zunehmend lahmgelegt. Wenn wir unseren im Unterbewusstsein arbeitenden Angstzentren ausgeliefert sind, verhalten wir uns auf eine Art und Weise, die uns bei klarem Verstand unsinnig oder falsch erscheint. Wir reagieren automatisch, mit vorprogrammierten Bewegungsroutinen, oder wir brechen einfach zusammen. Auf jeden Fall verlieren wir die Kontrolle.

Auf den ersten Blick wirkt es so, als würde uns in diesen unvertrauten Gefilden das absolute Chaos beherrschen. Doch obwohl die Angstzentren des Gehirns nicht fähig zu logischem Denken und Abwägen sind, gehorchen sie doch ihrer eigenen Logik, einem vereinheitlichten Reaktionsset, das auf die Art der aktuell vorliegenden Bedrohung zugeschnitten ist. Der Panik liegt also eine Struktur zugrunde.

Der erste Wissenschaftler, der die Logik der Angst grob skizzierte, war der Physiologe Walter Cannon an der amerikanischen Harvard University. 1915 wies er darauf hin, dass die Symptome einer Erregung des sympathischen Nervensystems – erhöhte Herzfrequenz, gesteigerte Blutzirkulation, Schwitzen, Zittern usw. – alle einem übergeordneten Zweck dienen, nämlich den Körper auf eine energische Verteidigung vorzubereiten. Cannons Erkenntnis war so überzeugend, dass seine griffige Wortprägung *fight or flight* (»Kampf oder Flucht«) zum bekanntesten Schlagwort im Zusammenhang mit dem sympathischen Nervensystem wurde.

Wie bei vielen Theorien, bei denen eine Vielzahl unterschiedlicher Untersuchungsergebnisse in einem einzigen schlagkräftigen Begriff zusammengefasst werden, hat sich allerdings herausgestellt, dass das zu stark vereinfacht ist. Es gibt nicht nur zwei Arten der Abwehrreaktion, sondern mindestens vier, von denen sich jede aus einer ganzen Palette von physiologischen Reflexen zusammensetzt, die speziell auf jeweils unterschiedliche Kategorien der Bedrohung zugeschnitten sind. Wenn die Gefahr weit entfernt ist oder zumindest noch nicht unmittelbar droht, erstarren wir instinktiv. Kommt sie näher, haben wir den Impuls fortzulaufen. Ist eine Flucht unmöglich, gehen wir zum Gegenangriff über. Und wenn Kämpfen vergeblich ist, lässt uns unser Instinkt vor Angst wie gelähmt werden. Auch wenn es nicht so leicht von der Zunge geht wie *fight or flight*, hat man im Englischen doch eine treffendere Beschreibung gefunden: *fight, freeze, flight or fright, the Four F's* also, die im Deutschen gewöhnlich mit »Kampf, Erstarrung, Flucht oder Furcht« übersetzt werden. (Anmerkung der Übersetzerin: Da der in diesem Zusammenhang wenig präzise Begriff Furcht bzw. *fright* offensichtlich vor allem dem Anfangsbuchstaben »f« geschuldet ist, wird hier nachfolgend der präzisere Begriff »Schreckstarre« verwendet.)

Vor einigen Jahren durchlebte eine junge Frau namens Sue Yellowtail an einem Wintermorgen innerhalb von kaum zehn Minuten jede dieser vier Angstreaktionen.

Erstarrung

Der Mancos River entspringt in Südwest-Colorado und fließt durch die Ute Mountains nach New Mexico, wo er nur knapp fünf Kilometer entfernt vom Vierstaateneck Utah/Colorado/Mexico/Arizona in den San Juan River mündet. Über Millionen von Jahren hinweg haben er und seine Nebenflüsse ein fächerartiges Netz von dramatischen Canyons in das uralte Sedimentgestein des Mesa-Verde-Tafelbergs geschnitten und einen Irrgarten aus schwindelerregenden Felswänden geschaffen.

Die zerklüftete, karge Landschaft mit ihren Wacholderwäldern bietet zahlreichen Wildtieren Lebensraum.

Die 25-jährige Sue Yellowtail hatte ihr Studium erst wenige Jahre zuvor abgeschlossen und arbeitete für den Indianerstamm der Ute als Spezialistin für die Überwachung der Wasserqualität. Ihre Aufgabe war es, abgelegene Gebiete des Reservats aufzusuchen und den Wasserläufen, Bächen und Flüssen dort Wasserproben zu entnehmen. So verbrachte sie ihre Tage damit, kreuz und quer durch unwegsames Hinterland zu stapfen, durch Gegenden, die für Touristen nicht zugänglich waren und sogar von den Einheimischen kaum aufgesucht wurden. Gebiete also, in denen man völlig auf sich allein gestellt ist, wenn man in eine Notlage gerät.

An einem kalten, klaren Morgen spät im Dezember parkte Sue ihren Pick-up neben einer wenig befahrenen, ungeteerten Straße, kurz vor einer einfachen Pfeilerbrücke über einen Bach. Als sie ihre Ausrüstung zusammensuchte, hörte sie einen schrillen Schrei. *Wahrscheinlich hat ein Kojote ein Kaninchen gerissen*, dachte sie sich. Sie stieg über zwei steile Böschungen zum Bachufer hinunter. Dann watete sie zum gegenüberliegenden Ufer und bückte sich, um ihr Maßband über den Bach zu spannen und seine Breite zu messen. In diesem Moment hörte sie ein Rascheln und hob den Kopf. Oben auf der Böschung, nicht einmal zehn Meter von ihr entfernt, stand ein Puma. Gelblichbraun vor dem verdorrten Laub der Büsche am Ufer, war das Tier fast perfekt getarnt. Es starrte zu ihr hinunter und rührte sich nicht.

Sue blieb stocksteif stehen.

Sie befand sich im ersten Stadium der instinktiven Angstreaktion, dem Erstarren, das man auch als »aufmerksame Immobilität« bezeichnet. Noch ehe sie sich der Gefahr bewusst geworden war, hatten im Unterbewusstsein arbeitende Bereiche ihres Gehirns die Bedrohung abgeschätzt. Und weil hier ein neuartiger Stimulus vorhanden war, setzte das Gehirn den Orientierungsreflex ein, der nahe mit dem *startle reflex* verwandt ist (der auf Deutsch oft als »Schreckreflex« oder einfach als »Zusammenzucken« bezeichnet wird). Innerhalb von Millisekunden verlangsamte sich Sues Herz- und Atemfrequenz. Eine Gehirnregion, die man den Colliculus superior nennt, ließ sie den Kopf drehen und die Augen so bewegen, dass der dichteste Teil der Netzhaut, die Fovea (Sehgrube), ein genaues Bild der Raubkatze einfangen konnte. Diese visuelle Information floss dann über den Thalamus zum visuellen Cortex (der Sehrinde) und der Amygdala. Ihr Mustererkennungssystem fand eine Übereinstimmung im Fluss der sensorischen Informationen: Es erkannte ein Augenpaar. Dann den Umriss eines Katzenkopfes. In weniger als einer halben Sekunde, noch ehe ihr Cortex Zeit gehabt hatte, die Übereinstimmung weiter zu prüfen und zu erkennen, was sie da sah, hatte der emotionale Schaltkreis in ihrem Gehirn die Lage bereits abgeschätzt: Sie war denkbar schlecht. Aber unterbewusst hatte ihr Gehirn auch festgestellt, dass die Gefahr nicht unmittelbar drohte, so dass ein Bereich, den man die ventrale Säule des periaquäduktalen Graus (vPAG) nennt, die aufmerksame Immobilität auslöste. Man hält dies allgemein für das erste Stadium der Angstreaktion, denn es setzt meist ein, wenn der Angreifer weit entfernt ist oder sein potenzielles Opfer noch nicht wahrgenommen hat. Das Erstarren soll dazu dienen, diesen Zustand aufrechtzuerhalten.

Wenn eine Person vor Angst erstarrt, bewegt sie sich zwar nicht, ist aber alles andere als passiv. Sozusagen randvoll mit Cortisol und Adrenalin ist der Körper für physische Aktion bestens gerüstet, der Verstand wach und äußerst konzentriert. Die Herzfrequenz verlangsamt sich, der Blutdruck steigt rasant an. Die Muskeln werden angespannt und die Pupillen weiten sich. Manchmal zittert man am ganzen Körper und die Augen treten hervor. Wenn die Angst sehr stark ist, verfällt man unter Umständen in einen Zustand extremer Wachsamkeit (Hypervigilanz genannt), bei dem die Umgebung blitzschnell und unsystematisch mit den Augen abgesucht wird und man unfähig ist, klar über die zur Verfügung stehenden Optionen nachzudenken.

Viele Beutetiere haben einen besonders gut entwickelten Erstarrungsreflex. Antilopen können in einer Entfernung von nur drei Metern zu einem Löwenrudel stundenlang still ausharren, ohne entdeckt zu werden. Und bei Rehen und Hirschen funktioniert der Erstarrungsreflex bekanntlich so gut, dass sie wie gebannt im Scheinwerferlicht eines herankommenden Autos stehen bleiben, bis sie schließlich überfahren werden.

Das Erstarren ist die Haltung eines Tieres, das bei Gefahr vor allem darauf bedacht ist, nicht in noch größere Gefahr zu geraten. Sein Plan ist, nichts zu tun, darauf zu hoffen, dass es nicht entdeckt wird, und abzuwarten, was passiert. In der Natur erweist sich das häufig als wirkungsvolle Strategie. Junge Antilopen kauern oft einen Großteil des Tages bewegungslos im hohen Gras, mit angelegten Ohren und auf den Boden gedrücktem Kopf. Streift zufällig ein Löwe oder eine Hyäne vorbei, schrecken sie so unerwartet auf, dass das Raubtier häufig zu überrascht ist, um ihnen nachzujagen.

Der Erstarrungsreflex ist allerdings keine verstandesgesteuerte Reaktion, sondern wird unwillkürlich von den Angstzentren im Gehirn aktiviert. Dieser automatische Prozess, der ja auf einer vereinfachten Logik beruht, kann jedoch im Kontext des modernen Lebens auch unangemessen sein. Nehmen wir einmal an, Sie wollen das Fallschirmspringen als Freizeitvergnügen ausprobieren. Ihr frontaler Cortex blickt durch die offene Flugzeugtür hinunter und sagt sich, dass der Statistik nach die tatsächliche Gefahr für Leib und Leben minimal ist. Ihre Amygdala dagegen schaut hinaus und betrachtet die Situation durch eine weit primitivere Linse: *Verdammt hoch! Gefahr! Erstarren!*

Und so klammern Sie sich schließlich an die Türschwelle, als ginge es um Ihr Leben, während Ihr Fallschirmlehrer versucht, Ihre Finger einzeln wieder davon zu lösen.

Man hört immer wieder Geschichten von unerfahrenen Kletterern, die auf halber Höhe in der Wand erstarren, oder von Künstlern, die auf der Bühne vor lauter Angst bewegungsunfähig werden. Meist ergeben sich dadurch lediglich Peinlichkeiten, aber in gewissen Situationen kann der Erstarrungsreflex auch zum Tod führen.

Am 17. August 2006 hob Dr. Greg Keating, ein 63-jähriger Biologieprofessor und Dekan an der SUNY Upstate Medical University in Begleitung eines Flugprüfers der FAA (der amerikanischen Flugaufsichtsbehörde) mit seinem Scheibe Motorsegler vom Canandaigua Flughafen in Upstate New York ab. Nachdem er ein paar einfache Manöver geflogen hatte, darunter Rechts- und Linkskurven, kehrten die Männer zum Flughafen zurück, um Starts und Landungen zu üben. Nach dem dritten Start wartete der Prüfer, bis das Flugzeug eine Höhe von 120 Metern erreicht hatte, und schaltete dann den Motor aus, um einen Triebwerksschaden zu simulieren.

Keating hatte damit nicht gerechnet, und obwohl er solche Manöver zuvor schon geübt hatte, muss er in diesem Moment sehr große Anspannung verspürt haben. Ich selbst habe ähnliche Manöver in Motorseglern durchgeführt und das plötzliche Verstummen des Motors hat bei mir immer akuten Stress ausgelöst. Die Zeit ist knapp, die Höhe begrenzt und die notwendige Prozedur muss rasch und präzise ausgeführt werden.

In einem solchen Fall muss man als Erstes die Nase des Flugzeugs absenken, um Geschwindigkeit aufzunehmen. Wenn der Pilot zögert und zu viel Geschwindigkeit verliert, stürzt das Flugzeug unkontrolliert nach unten. Keating leitete zwar die Kurve zurück in Richtung Landebahn ein, drückte die Flugzeugnase aber nicht weit genug herunter. Die Fluggeschwindigkeit nahm ab. Als der Prüfer merkte, dass der Flügel seinen Auftrieb verlor, rief er: »Ich übernehme!«

Keating umklammerte jedoch weiterhin krampfhaft den Steuerknüppel. Er war starr vor Angst. Der Prüfer kämpfte, um den Steuerknüppel nach vorn zu drücken und die Nase abzusenken, aber es war zu spät. Der Fahrtwind verstummte, als das Flugzeug gefährlich langsam wurde, erbebte, nach vorn kippte und auf das Farmland unter ihnen zuschoss wie ein Achterbahnwagen unmittelbar nach dem höchsten Punkt. Sekunden später krachte es in einen Baum und stürzte dann in ein nahegelegenes Feld. Der Aufprall drückte die Flugzeugnase bis zur Lehne des Vordersitzes ein. Keating wurde dabei getötet. Der FAA-Prüfer überlebte leicht verletzt.

Für Sue Yellowtail dagegen war es nicht nötig, gegen ihren Instinkt anzukämpfen. Sie befand sich in genau der Situation, für die die Evolution diesen Reflex geschaffen hatte: Ein Raubtier ist in der Nähe und soll seine potenzielle Beute nicht entdecken. Das Erstarren war hier eine absolut angemessene Handlungsweise. Aber es ist eine zeitlich begrenzte Reaktion, eine Behelfsmaßnahme, bis die Gefahr entweder vorbei ist oder noch bedrohlicher wird. Es ist eine Haltung, die in sich die Frage trägt: Was kommt als nächstes?

Im Morgenlicht der Mancos-Schlucht standen sich Mensch und Tier Auge in Auge gegenüber. Sue hatte noch nie einen Puma in der Wildnis gesehen, und obwohl sie ihre Angst nur mühsam unter Kontrolle halten konnte, war sie fasziniert von der Schönheit des Tieres. Seine dunklen Augen waren auf sie gerichtet. Was verbarg sich hinter diesem Blick? War es Neugierde? Oder war es Hunger?

Flucht

Während Sue den Blick des Tieres erwiderte, setzte sich der Puma plötzlich in Bewegung und kam die Uferböschung herunter direkt auf sie zu.

Wenn man von einem Raubtier entdeckt wird oder es einem zu nahe kommt, reicht dies normalerweise schon aus, um die Erstarrung zu lösen. Als Sue bewusst wurde, dass die Raubkatze auf sie zukam, setzte auch sie sich augenblicklich in Bewegung und watete zurück durch den 90 Zentimeter tiefen Bach in Richtung ihres Autos. *Vorsichtshalber*, dachte sie. Es war sicher besser, wenn der eiskalte Bach zwischen ihr und dem Tier lag. Gerade als sie am anderen Ufer ankam, glitt der Puma leise ins Wasser.

Sue hatte im Hauptfach Biologie studiert und sich auch eingehend mit dem Verhalten von Raubtieren beschäftigt. Wenn sie die steile Uferböschung hinauf zu ihrem Wagen klettern wollte, musste sie dem Tier den Rücken zuwenden, und sie vermutete, dass diese verletzliche Haltung den Puma zum Angriff reizen würde. So ging sie stattdessen rasch ein Stück am Ufer entlang und durchwatete den Bach erneut, vorsichtig, um auf den glitschigen Kieseln unter ihren Füßen nicht auszurutschen. Ihre Hoffnung war, dass das Tier auf der anderen Seite die Böschung hinaufklettern und verschwinden würde. Aber nein: Als sie sich umsah, war es ihrem Weg am Ufer entlang gefolgt und machte sich gerade wieder daran, ins Wasser zu gehen und ihr nachzuschwimmen.

Jetzt wird es wirklich ernst, dachte Sue. Es bestand kein Zweifel mehr, was der Puma vorhatte. Gefangen zwischen den steilen Bachufern, sah sie keine Möglichkeit, das Tier von sich fernzuhalten. Sue hielt den Mikrokassettenrekorder in der Hand, auf den sie immer ihre Beobachtungen sprach. Sie schleuderte ihn der Raubkatze entgegen, die sich aber davon nicht im Geringsten beirren ließ und weiter auf sie zukam.

Sue zog sich ans Ufer zurück, sie schrie und warf Steine und Eisbrocken. Irgendwie gelang es ihr, nicht davonzurennen. Wieder durchquerte sie den Bach, lief am Ufer ein Stück flussabwärts und querte erneut. Der Puma folgte ihr und kam unbarmherzig immer näher. Doch sogar als Sue Panik in sich aufsteigen fühlte, besaß sie noch genug Geistesgegenwart, sich klarzumachen, dass sie hier ein klassisches Beispiel von Raubtierverhalten sah. Sie musste unbedingt gegen ihren Drang wegzulaufen ankämpfen, weil das den Angriffsinstinkt des Tieres nur noch verstärken würde.

Der Puma war jetzt ganz nahe, nah genug, um sie anzuspringen. Als sie den Bach erneut durchquerte, überfiel sie auf einmal das unbändige Bedürfnis wegzulaufen. Und da lief sie los, es spritzte wie verrückt und ihre Füße wirbelten das Wasser über den schlüpfrigen Kieseln des Bachbetts auf.

Sie rannte, so schnell sie nur konnte.

Sue befand sich nun in der zweiten Phase der Angstreaktion: der Flucht-Phase. Die plötzliche Bewegung des Pumas hatte den Bann ihrer aufmerksamen Immobilität gebrochen und sie selbst in Bewegung gesetzt. Solange das Tier noch immer einigermaßen weit weg war, hatte sie es geschafft, ihre Geisteskraft zu bewahren und die automatische Panikreaktion ihrer Angstzentren zu unterdrücken. Sie war fähig, ihre Situation abzuschätzen, verschiedene Handlungsmöglichkeiten in Erwägung zu ziehen, einen Plan zu schmieden und ihn auszuführen, trotz wachsender Angst. Aber als der Puma näher kam, verschob sich bei ihr das Kräftegleichgewicht zwischen Amygdala und frontalem Cortex. Je größer ihre Angst wurde, desto mehr gerieten Vernunft und Willensstärke ins Wanken. Bis sie schließlich völlig nachgaben.

Dieser Prozess konnte im Labor mit Hilfe des Gehirnscans nachvollzogen werden. Testpersonen, die in einem fMRT-Gerät lagen, wurden gebeten, ein Videospiel zu spielen, in dem sie von einem Raubtier gejagt wurden. Wurden sie »erbeutet«, bekamen sie eine Reihe schwacher Elektroschocks verpasst. Obwohl das Szenario nicht besonders realistisch war, löste das Spiel doch Gehirnaktivitäten ähnlich wie bei Sue Yellowtail aus. Solange das »Raubtier« weiter entfernt war, war vor allem der präfrontale Cortex im Gehirn der Testpersonen aktiv. Kam die Gefahr näher, verlagerte sich der Bereich mit dem stärksten Metabolismus ins periaquäduktale Grau, die Region, in der die Verhaltensmuster der *Four F's* angelegt sind.

Was in der Wildnis gut funktioniert, kann in unserer modernen Welt katastrophale Folgen haben, wie wir schon beim Erstarrungsreflex gesehen haben. Der Drang wegzulaufen ist manchmal tödlich. In einigen der größten Feuerkatastrophen des letzten Jahrhunderts kamen die meisten Menschen nicht durch das Feuer selbst oder durch eine Rauchvergiftung um, sondern wurden von der panisch flüchtenden Menschenmenge zu Tode getrampelt. Dabei muss die Bedrohung nicht einmal tatsächlich existieren, es reicht schon, wenn die Menge glaubt, es gäbe eine. Während der Bombardierung von London durch die Deutschen im Zweiten Weltkrieg forderte ein Vorfall in Bethnal Green die meisten Todesfälle. Eine Menschenmenge strömte zur dortigen U-Bahn-Station, die als Luftschutzbunker diente. Minuten zuvor hatte eine Fliegeralarm-Sirene geheult, aber die Menge geriet erst in Panik, als in der Nähe Flaksalven abgefeuert wurden. Eine Frau mit ihrem Kind auf dem Arm stolperte oben an der Treppe, die hinunter in die U-Bahn-Station führte, und die nachdrängende Menge brachte Hunderte von Menschen zu Fall. Inmitten des Getöses der Gewehre und Raketen konnte niemand die Schreie der Männer, Frauen und Kinder hören, die da zu Tode gequetscht wurden. Die Menschen hinten, die befürchteten, sie würden absichtlich daran gehindert, sich in der U-Bahn-Station in Sicherheit zu bringen, drückten immer stärker nach. Innerhalb einer Viertelstunde fanden 173 Menschen den Tod. Dass keine einzige Bombe gefallen war, ist eine grausame Ironie des Schicksals.

Im Gegensatz zu Zivilisten ist militärisches Personal darin geschult, den Drang zum Fliehen zu bekämpfen. Schon bei der römischen Armee war es das Ziel des unablässigen Trainings, den Fluchtinstinkt mit Hilfe von übertrainierten Bewegungsroutinen zu überwinden, die ihnen im Kampf zugutekommen sollten. In einer weniger disziplinierten Armee konnte sich dagegen die Panik wie ein Virus auf dem Schlachtfeld verbreiten und zum totalen Desaster führen. Bei den meisten Schlachten im Laufe der Geschichte lag der Sieg nicht auf Seiten derer, die die meisten Feinde töten konnten, sondern bei denen, die am längsten dem Drang widerstanden, aufzugeben und davonzulaufen. »Heldenmut ist der Anzahl überlegen«, schrieb der römische Geschichtsschreiber Vegetius 390 n. Chr. »Eine Handvoll gegen den Krieg abgehärtete Soldaten erlangt den sicheren Sieg, während vielzählige Armeen aus ungeübten und undisziplinierten Truppen nichts als Massen von Männern sind, die ins Gemetzel geworfen werden.«

Im amerikanischen Bürgerkrieg musste die Unionsarmee diese Lektion während ihres ersten größeren Einsatzes lernen. Man schrieb den Sommer 1861, und nach drei Monaten gegenseitiger Feindseligkeiten rüsteten sich sowohl die Nord- als auch die Südstaaten eiligst für den Krieg. Beide zogen kleine und schlecht ausgebildete Armeen zusammen, beide hofften noch, schnell und mit wenig Blutvergießen zu gewinnen.

Ende Juli ließen die Nordstaaten eine Streitmacht von 35 000 Mann unter der Leitung von Unionskommandeur Brigadegeneral Irvin McDowell gegen die Armee der Konföderierten marschieren, die in der Nähe von Manassas in Virginia kampierte. Sie überquerte den Fluss Bull Run und vertrieb die Verteidiger von ihrer Position auf einem Hügel, versäumte es aber, aus dem ungeordneten Rückzug des Feindes einen Vorteil zu schlagen.

So gelang es den Konföderierten, auf dem nächsten Hügel wieder eine Verteidigungslinie zu errichten. Verstärkt durch neu ankommende Truppen und Artillerie schafften sie es, eine Artillerieeinheit am Südrand der gegnerischen Linie zu überrollen, so dass die Streitkräfte der Unionisten zurückweichen mussten. Ihr Rückzug ging anfänglich geordnet vonstatten, als aber eine Kanone der Konföderierten eine Kutsche in die Luft jagte, die den Bull Run überqueren wollte, gerieten die Truppen in der Nähe in Panik. Jetzt griff die Angst wie ein Virus um sich. Der Rückzug verwandelte sich in eine kopflose Flucht, die Soldaten rannten um ihr Leben und warfen Gewehre und Ausrüstung von sich.

Verschlimmert wurde das Ganze noch dadurch, dass sich auf der Straße nach Washington Schaulustige drängten, die Zeugen eines großen Siegs der Unionisten werden wollten. Jetzt brach totales Chaos aus. Die flüchtende Artillerie verlor alle Kanonen bis auf eine. Offiziere versuchten vergeblich, ihre Truppen zusammenzuziehen, die aber nicht eher aufhörten zu laufen, als bis sie Washington erreicht hatten. Mehr als 1000 Unionssoldaten wurden in diesem Debakel gefangen genommen, noch mehr getötet oder verwundet. Weit bitterer als die Verluste aber war für den Norden die schreckliche Einsicht, dass dieser Krieg nicht schnell und ohne großes Blutvergießen zu gewinnen war. Beide Seiten mussten sich auf lange, harte Kämpfe einstellen.

Mit ihrem verzweifelten Versuch, sich der Gefahr durch Flucht zu entziehen, war Sue Yellowtail kaum erfolgreicher als die Armee der Unionisten. Sie hatte den Bach erst halb wieder durchquert, als ihr Gummistiefel an einem großen Stein hängen blieb. Sie stolperte und fiel ungebremst ins Wasser. In diesem Moment schlug der Puma zu. Instinktiv hatte er auf Sues Nacken abgezielt, aber weil sie stürzte, gruben sich seine Zähne stattdessen in ihren Schädel und sie wurde durch das Gewicht der großen Raubkatze vollständig unter Wasser gedrückt.

Schreckstarre

Selbst heute, Jahre nach dem Vorfall, hat Sue Yellowtail noch jedes kleinste Detail überdeutlich vor Augen. Sie erinnert sich, dass das Tiermaul an ihrem Kopf sich warm anfühlte. Sie erinnert sich, dass sie durch ihre Sonnenbrille zur Wasseroberfläche hinaufblickte und mit verblüffender Ruhe dachte: *Wenn deine Zeit um ist, ist sie eben um.*

Sue Yellowtail hatte die dritte Phase der Angstreaktion erreicht, einen Zustand, den man »tonische Immobilität« oder »Schreckstarre« nennt. Umgangssprachlich spricht man auch vom »Totstellreflex«. Wenn ein Tier angegriffen wird, erzeugt die kaudale ventrolaterale Region des PAG eine Reaktion, die von außen wie der totale Kollaps wirkt. Unter dem Einfluss einer extremen Sympathikusaktivierung zeigt auch das parasympathische System eine überschießende Reaktion: Der Körper wird schmerzunempfindlich, erschlafft völlig und stürzt dabei häufig mit abgespreizten Gliedern und zurückgeworfenem Kopf zu Boden. Die Augen sind geschlossen, der Körper erzittert, entleert sich und bleibt reglos liegen. Kurz gesagt: Das Tier oder der Mensch sieht aus wie tot.

Zweck der Schreckstarre ist es, dem Angreifer vorzumachen, dass seine Beute gestorben ist, damit er von ihr ablässt. Und tatsächlich fressen viele Raubtiere keine Beute, die tot aussieht. David Livingstone, ein berühmter Missionar des 19. Jahrhunderts, verdankte diesem Umstand sein Leben. Er wurde von einem Löwen angefallen, auf den er während eines Jagdausflugs in Afrika geschossen hatte. Das Tier packte ihn mit seinen Kiefern. Livingstone, der durch den Totstellreflex bewegungsunfähig war, musste sich wie eine Stoffpuppe durchschütteln lassen. Zu seinem Erstaunen verspürte er keinen Schmerz, sondern eher »so etwas wie Verträumtheit«. Glücklicherweise funktionierte die Immobilitätsreaktion also, und der Löwe ließ ihn sofort fallen, als ein paar andere Jäger in der Nähe vorbeiliefen.

Die Schreckstarre ist die paradoxeste Form der Angstreaktion. Weil beide Teile des vegetativen Nervensystems in voller Aktion sind, ist der Organismus sowohl völlig entspannt als auch äußerst wach und handlungsbereit. Die Pupillen sind geweitet, Atem- und Herzfrequenz außerordentlich hoch. Selbst wenn ein Tier in diesem Zustand sozusagen gelähmt ist, kann es doch urplötzlich wieder zum Leben erwachen und fliehen, sobald sich eine Gelegenheit dazu bietet. Hält die Schreckstarre dagegen zu lange an, können Herzfrequenz und Blutdruck auf einmal so dramatisch absinken, dass es tödlich ist. Dass man vor Angst sterben kann, ist also nicht nur ein dummer Volksglaube, sondern Tatsache.

Walter Cannon stellte die Hypothese auf, dass dieses Phänomen erklären könnte, warum Eingeborene, die glauben, mit einem Fluch belegt worden zu sein, oft einfach sterben. In einem Artikel von 1942 mit dem Titel »›Voodoo‹ Death« stellt er einen Zusammenhang zwischen einigen solchen Ereignissen her und zitiert auch einen Bericht des Abenteurers Arthur Glyn Leonard über seine Reise zum Unterlauf des Niger: »Ich habe Kru-Männer und andere gesehen, die gestorben sind, gleichgültig was unternommen wurde, sie zu retten, nicht weil sie (wie wir damals glaubten) sich im Geiste vorgenommen hatten, zu sterben, sondern weil sie glaubten, sich in der Umklammerung böswilliger Dämonen zu befinden und deswegen zum Sterben verdammt zu sein.« Cannon mutmaßte, dass intensive Angst einen so katastrophalen Abfall des Blutdrucks verursachen kann, dass ihre Überzeugung sterben zu müssen bei den Eingeborenen schließlich tatsächlich zum Tod führte.

Formen der Erstarrung gehören zum natürlichen Verhaltensrepertoire fast aller Tiere. Truthähne werden zum Beispiel völlig bewegungslos, sobald sie ihre Köpfe unter die Flügel gesteckt haben. Laborkaninchen werden zur besseren Handhabung ruhiggestellt, indem man sie kopfüber in einen V-förmigen

Trog legt. Auch die sogenannten Alligator-Wrestler in Florida nutzen den Totstellreflex, indem sie die Tiere auf den Rücken drehen und so bewegungsunfähig machen. In meiner Jugend habe ich mir mit meinen Geschwistern einen Spaß daraus gemacht, vor sommerlichen Hummerabendessen die Krustentiere auf ihren Köpfen balancieren zu lassen und ihre umgeklappten Schwänze so lange zu streicheln, bis sie völlig erstarrten. Wir sprachen davon, sie zu »hypnotisieren«, und stellten uns vor, dass es dann weniger schmerzhaft für sie wäre, in kochendes Wasser geworfen zu werden. (Im Nachhinein kommt mir das unwahrscheinlich vor, denn die Schreckstarre betäubte zwar den Schmerz, aber der Schock durch das kochende Wasser riss sie aus ihrer Erstarrung und dann klapperten sie verzweifelt von unten an den Kochtopfdeckel.)

Der Totstellreflex ist der ultimative Ausdruck von Verzweiflung, und Berichte darüber handeln unvermeidlich auch von den schrecklichsten Traumata. Über fünfzig Prozent der Vergewaltigungsopfer berichten, dass sie während des Übergriffs wie betäubt waren. Überlebende von Massenerschießungen beschreiben ebenfalls oft, dass sie sich totgestellt haben.

Am 16. April 2007, einem Montagmorgen, betrat Seung-Hui Cho, ein Student an der Virginia Tech University, den ersten Stock eines Unterrichtsgebäudes, ging von Kursraum zu Kursraum und erschoss jeden, der ihm begegnete. Innerhalb von Minuten waren 33 Personen tot. Junior Clay Violand saß gerade in einem Französischseminar, als er ein Geräusch wie lautes Klopfen hörte. Seine Dozentin, Jocelyne Couture-Nowak, steckte den Kopf zur Tür hinaus, um zu sehen, was vor sich ging, und zog sich schleunigst wieder zurück. Hastig versuchte sie, ihr Pult vor die Tür zu rücken, doch es war zu spät. Cho drückte die Tür auf und erschoss sie.

Violand warf sich unter seinen Tisch, während Cho einen Studenten nach dem anderen erschoss. Cho ließ sich Zeit, er zielte sorgfältig und lud zwischen den Salven nach. Rund um Violand stöhnten und schrien die Opfer. Violand schrieb später: »Ein Schuss nach dem anderen wurde abgefeuert und ich fühlte bei keinem irgendetwas. Ich stellte mich tot und versuchte, so leblos wie möglich zu wirken.« Gleichzeitig überlegte er, wie es sein würde, wenn er sterben müsste, und fragte sich, ob er bereits erschossen worden war, da sich sein ganzer Körper taub anfühlte und er sich kaum bewegen konnte. Als der Amokschütze den Raum verließ, meinte jemand, dass sicher bald Hilfe käme. Violand flüsterte: »Stell dich tot! Wenn er denkt, dass du tot bist, wird er nicht mehr auf dich schießen.« Das sollte sich aber als Wunschdenken erweisen, denn kurz darauf kam Cho zurück und feuerte wieder und wieder auf die Verwundeten. Violand blieb weiter still liegen und das Glück verließ ihn nicht. Als Cho fertig war, hatte er auf alle Menschen im Kursraum geschossen, nur nicht auf Violand. Vier Menschen waren schwer verletzt und zwölf tot.

Interessanterweise spricht Violand davon, dass er sich ganz bewusst totgestellt hat. Er hatte keine Ahnung davon, dass sein PAG das Kommando über ihn übernommen hatte. Natürlich war er der Ansicht, dass er unter den Tisch gehechtet war, weil er unter den Tisch hechten *wollte*.

Im Fall von Sue Yellowtail reagierte der Puma auf ihren Totstellreflex genauso, wie es der Löwe im Fall von Livingstone getan hatte. Für einen Moment lockerte er seinen Biss. Das reichte Sue schon. In Sekundenschnelle löste sie sich aus ihrem dissoziativen Traumzustand und kämpfte sich keuchend zurück an die Luft. Ohne auch nur eine Sekunde darüber nachzudenken, begann sie zu rennen und bewegte ihre Beine dabei so wild, dass sie einen ihrer hüfthohen Gummistiefel verlor.

Und dann – nichts. Was auch immer als Nächstes geschah, Sue hat keine Vorstellung mehr davon, denn die folgenden zehn bis fünfzehn Sekunden lang war sie von so blinder Panik ergriffen, dass ihre Erinnerung ein einziges schwarzes Loch ist. Sie befand sich in einem Zustand so großer Angst, dass der erinnerungsbildende Hippocampus völlig außer Gefecht gesetzt war, wenn nicht sogar ihr ganzes Bewusstsein.

Die Vorgänge im Körper, die eine solche Amnesie bewirken, liegen noch immer im Dunkeln, weil solche extremen Angstzustände mit wissenschaftlichen Tests kaum erfasst werden können und weit über das hinausgehen, was Frau Mujica-Parodi oder das Task FIGHTER-Projekt bei ihren Testpersonen auslösten. Es ist bekannt, dass extrem furchterregende Erfahrungen oft eine Amnesie nach sich ziehen. Menschen, die eine tonische Immobilität erlebt haben, weisen hinterher häufig Erinnerungslücken in Bezug auf das Geschehene auf. Wahrscheinlich blockiert eine Überdosis an Cortisol oder der verwandten Substanz Corticosteron den Hippocampus und verhindert die Bildung neuer Erinnerungen. Das erweist sich als nützlich, wenn dadurch spätere traumatische Erinnerungen verhindert werden. Wissenschaftler in Israel haben herausgefunden, dass Mäuse, die Corticosteron gespritzt bekommen, nachdem man sie traumatischen Erfahrungen ausgesetzt hat, mit geringerer Wahrscheinlichkeit später unter Stressreaktionen leiden.

Sue Yellowtail wird niemals erfahren, über welchen Horror ihre Amnesie den Mantel des Vergessens gebreitet hat. Auf jeden Fall dauerte dieser Moment nicht lange – gerade einmal 15 bis 20 Sekunden, schätzt sie. Ihre erste Erinnerung danach ist, dass sie sich auf dem gegenüberliegenden Ufer des Bachs wiederfand. Eigenartig gesammelt tauchte sie wieder aus ihrer blinden Panik auf, und sie erinnert sich, dass alles wie in Zeitlupe geschah. Sie lag über der Schulter des Pumas und ihre rechte Hand steckte tief in seiner Kehle. Die Kiefer des Tieres waren so riesig, dass seine Eckzähne sich zu beiden Seiten ihres Arms überlappten.

Kampf

Ich muss dieses Tier töten, sonst tötet es mich, dachte sie. Zufällig trug sie ihre Fliegenfischerweste, an der eine Arterienklemme aus medizinischem Stahl an einer ausziehbaren Schnur hing. Mit der eigenartigen Geistesklarheit, die bei extremer Angst eintritt, entwickelte Sue einen Plan. Zuerst versuchte sie, dem Puma die Schnur um die Kehle zu wickeln, um ihn zu strangulieren, verwarf diesen Plan aber wieder, als er mit seinen Zähnen ihren Fingern gefährlich nahe kam. Ehe sie eine neue Strategie entwickelte, hielt sie inne und untersuchte ihre linke Hand genau, um sicherzugehen, dass noch alle Finger daran waren. »Wenn Sie nicht mehr da gewesen wären, hätte ich sie nämlich aufgesammelt und in meine Tasche gesteckt«, meint sie heute dazu. »Es ist völlig verrückt, was einem in einer solchen Situation durch den Kopf geht.«

Ihr nächster Gedanke war, dem Tier die Arterienklemme ins Auge zu rammen. »Plötzlich dämmerte mir: Ich muss das Gehirn treffen, also war das Auge die beste Wahl.« Ohne weiteres Nachdenken griff sie nach der Arterienklemme und rammte sie wieder und wieder in das linke Auge der Raubkatze. Das Tier heulte fürchterlich auf. Sue stach wieder und wieder zu.

Sue Yellowtail war jetzt beim Kampf angelangt, der aggressiven Abwehrreaktion. Wie der Totstellreflex ist auch die aggressive Verteidigung ein Mittel der letzten Wahl. Sie erfolgt oft, wenn ein Tier von einem Angreifer gepackt wurde, aber nicht nur dann: Muttertiere können zum Beispiel auch bei der Verteidigung ihrer Jungen extrem bösartig werden, wie Jack Otter erfahren musste, als er einer Grizzlybärin mit ihrem Jungen zu nahe kam. Wie die Berserker, die wir in Kapitel zwei kennengelernt haben, sind Menschen unter dem Einfluss einer überschießenden Sympathikusreaktion zu schrankenloser und blinder Gewalt fähig. Sie werden in diesem Zustand jede Waffe verwenden und jede nur mögliche Verletzung zufügen.

Auf dem Schlachtfeld mag dieser Impuls in der Hitze des Gefechts nützlich sein, aber er kann auch zu völlig enthemmtem, ja sinnlosem Verhalten führen. Und er ist nur sehr schwierig wieder abzustellen. Wenn der Cortex einmal die Kontrolle an das PAG abgegeben hat, wird er sie nicht zurückerlangen, ehe der Sturm vorbei ist. Die Annalen der Militärgeschichte sind voll von Erzählungen über Soldaten, die, selbst als die Schlacht vorbei war, mit dem Morden nicht aufhörten. Das Buch Josua im Alten Testament beschreibt, wie die Hebräer mit der besiegten Stadt Jericho umgingen: »Sie erschlugen nach dem Befehl des Herrn alles, was in der Stadt lebte, mit dem Schwert: Männer und Frauen, Kinder und Alte, Rinder, Schafe und Esel.«

Die Technologie der modernen Kriegsführung hat sich verändert, nicht aber unsere entwicklungsgeschichtlich alten Angstzentren. Militärbefehlshaber wandeln auf einem schmalen Grad zwischen der Ermunterung zur Aggression und der Billigung von Kriegsverbrechen. »Wenn wir auf den Feind treffen, töten wir ihn. Wir werden keine Gnade zeigen«, sagte General George Patton seinen Truppen am Vorabend des Italienfeldzugs der Alliierten im Jahr 1943. »Kompanieoffiziere, wenn ihr eure Männer gegen den Feind führt und er auf euch schießt und ihr dann bis auf 200 Meter an ihn herankommt und der Feind will sich ergeben, oh nein! Sterben soll der Bastard! Ihr müsst ihn töten. Zielt zwischen die dritte und vierte Rippe!«

In ziviler Umgebung ist von Angst getriebene, blinde Gewalt noch problematischer. Polizeibeamte müssen Tag für Tag unter extrem cortisol- und adrenalintreibenden Bedingungen arbeiten und sich doch bemühen, dass die *Four F's* nicht von ihnen Besitz ergreifen. Unter Umständen müssen sie eine extrem gefährliche Verfolgungsjagd im Auto durchführen, dann den Verbrechern zu Fuß nachsetzen und danach Mann gegen Mann kämpfen, ohne dass sie sich zu einer Abwehrreaktion hinreißen lassen

dürfen. »Du musst kämpfen, aber nicht wie ein Dämon, außer dein Gegner kämpft auch wie ein Dämon«, schreibt der Polizeipsychologe Alexis Artwohl in seinem Buch *Deadly Force Encounters* (*Tödliche Begegnungen mit der Polizei*): »Natürlich können Sie Gewalt ausüben, sogar tödliche Gewalt, aber nur so viel, um die Bedrohung abzuwehren. Das ist keine einfache Aufgabe, wenn jemand gerade versucht hat, Sie umzubringen, und Sie dachten, Ihr letztes Stündlein hätte geschlagen.«
Kommen noch weitere Stressfaktoren hinzu wie Dunkelheit, eine unübersichtliche Situation und eine durch die Bedrohung verzerrte Wahrnehmungs- und Beurteilungsfähigkeit, kann es kaum überraschen, dass Polizisten bisweilen massive Gewalt anwenden. Manchmal sogar exzessive.
Im November 2006 überwachten Undercover-Officer der Polizei von New York eine Bar in Queens, die sich Club Kalua nannte und als Schauplatz für Prostitution und illegalen Drogen- und Waffenhandel unter Verdacht stand. Ein Officer hörte, wie ein Kunde mit einer Stripperin in Streit geriet. Einer der Freunde dieses Kunden drohte, seinen Revolver zu holen, und verließ zusammen mit sechs anderen Männern die Bar. Die Polizisten in Zivil, die ein Chaos befürchteten, folgten den Männern nach draußen und beobachteten, wie sie in zwei Autos einstiegen. Der Fahrer des einen Autos war der 23-jährige Sean Bell. Die Polizisten bezeugten später, dass Bell, als sie ihm befahlen, die Hände zu heben, stattdessen auf sie zugefahren sei, einen Officer umgefahren habe, dann mit dem Auto zurückgesetzt sei und dabei einen Polizeiwagen gerammt habe. Die Polizisten eröffneten das Feuer und setzten damit eine Serie von fünfzig Schüssen in Gang, bei der Bell getötet und zwei seiner Freunde schwer verletzt wurden. Ein Officer hatte elf Schuss abgefeuert, ein anderer hatte seine Trommel leergeschossen, nachgeladen, sie wieder leergeschossen und so insgesamt einunddreißig Schüsse abgegeben.

Wochenlang wurde auf den Straßen von New York gegen die Brutalität der Polizei protestiert. Die Demonstranten behaupteten, diese Art von *»overkill«* sei beim New Yorker Police Department an der Tagesordnung. Und tatsächlich hatten sich Polizistenteams wieder und wieder in offensichtlich reflexhaft erfolgendes *»contagious shooting«* (»ansteckendes Schießen«) verwickeln lassen: Unter dem Stress und Risiko eines potenziell tödlichen Aufeinandertreffens kann der Eröffnungsschuss eines einzigen Polizisten aggressives Feuern bei seinen Kollegen auslösen, weil jeder annimmt, dass der andere einen guten Grund zum Schießen hat. So löst spontanes Gruppendenken in Sekundenschnelle eine Spirale der Gewalt aus. 2005 gaben New Yorker Polizisten dreiundvierzig Schüsse auf einen Mann in Queens ab. Im Juli 2006 schossen drei Officers 26-mal auf einen aggressiven Hund, der einen ihrer Kollegen gebissen hatte. Und natürlich gibt es da auch noch den berüchtigten Fall von Amadou Diallo, einem westafrikanischen Immigranten, der in einem Hauseingang in der Bronx stand, als plötzlich vier Polizisten in Zivil einundvierzig Schüsse abgaben, nachdem er angeblich nach seinem Revolver gegriffen hatte. Später stellte sich heraus, dass es nur seine Brieftasche gewesen war.

Infolge der Proteste beauftragte der Polizeipräsident die RAND Corporation (eine Non-Profit-Denkfabrik, die ursprünglich nach dem Zweiten Weltkrieg gegründet wurde, um die US-Streitkräfte zu beraten), das Problem der New Yorker Polizei mit *contagious shooting* zu untersuchen. Im Jahr darauf veröffentlichte das Team von RAND einen 114 Seiten umfassenden Bericht, in dem der New Yorker Polizeiführung unter anderem die Durchführung von speziellen Waffentrainings zur Verhinderung dieses Phänomens empfohlen wurde. Zum Beispiel wurde vorgeschlagen, dass auf dem Schießplatz Schreie wie »Er hat einen Revolver!« und das Knallen anderer Waffen zu hören sein sollten, damit die Polizisten trainierten, dass das Hören solcher Geräusche allein noch kein ausreichender Grund dafür ist, das Feuer zu eröffnen.

Im Fall von Sue Yellowtail gab es nicht den geringsten Grund, ihren Gewaltimpuls zu zügeln. Sie ging mit allem, was ihr zur Verfügung stand, auf den Puma los, bis sie spürte, dass er genug hatte. Sie schleuderte ihren zweiten Gummistiefel von sich und bereitete sich darauf vor aufzustehen. Der Puma ließ ihren Arm los. Sobald Sues Gewicht nicht mehr auf ihm lastete, sprang er ebenfalls auf die Beine. Sue ging auf ihn zu und schrie, so laut sie konnte: »Komm her, hast du immer noch nicht genug, oder was?« Der Puma rührte sich nicht. Sue ging noch einmal einen Schritt auf ihn zu, um zu sehen, ob das Tier zu einem neuen Angriff bereit war. Aber es stand einfach nur benommen da. Sue ging ein paar Meter rückwärts, drehte sich dann um und rannte das Ufer entlang, bis sie einen Viehpfad die Uferböschung hinauf bis zur Straße fand, auf der sie zu ihrem Auto lief. »Die ganze Zeit hatte ich Angst, dass er mir die Böschung hinauf folgt und mich wieder anfällt«, sagte Sue, »aber er kam nicht wieder.«

Sue erreichte ihren Pick-up und fuhr los, um sich Hilfe zu holen. Erst als sie in der Notaufnahme war, fingen die zahlreichen Biss- und Kratzwunden an zu schmerzen. Fährtenleser fuhren zur Stelle des Angriffs, spürten den Puma auf und erschossen ihn. Es war ein altes Weibchen, abgemagert und von Hunger geschwächt. Sue vermutet, dass sie heute tot wäre, wenn sie es mit einem ausgewachsenen Männchen zu tun gehabt hätte. So hatte sie dem Tod lediglich ins Auge geblickt.

»Es ist erstaunlich, wozu man fähig ist, wenn man in einer Situation auf Leben und Tod solchen Stress durchlebt«, sagt sie. »Du tust einfach alles, um am Leben zu bleiben.«

Das Wesen der Angst

Unsere Vorfahren entwickelten im Laufe von Hunderten von Millionen Jahren den komplexen Schaltkreis der Angstreaktion, um angesichts der zahlreichen tödlichen Bedrohungen zu überleben. Das war ganz entscheidend, denn sonst hätten sie nicht lang genug gelebt, um sich fortpflanzen zu können. Aber die Angstreaktion ist nicht nur ein Segen: Ist das Alarmsystem einmal in Gang gesetzt, kann es selbst zur Bedrohung werden und die Ressourcen von Gehirn und Körper auf eine Weise in Beschlag nehmen, die sich der bewussten Kontrolle entzieht. Ob Sie es wollen oder nicht, Sie sind kampfbereit bis zum Letzten. Und deshalb müssen Sie sich in einer ernsthaften Gefahrenlage über zwei große Probleme Gedanken machen: die Bedrohung selbst und Ihre eigene Angstreaktion.
Tatsächlich ist die Angst häufig schlimmer als die Bedrohung. Es gibt sogar Fälle, in denen es zu einer heftige Angstreaktion kommt, ohne dass überhaupt irgendeine Gefahr vorhanden wäre. Es braucht dann keinen wütenden Puma, kein abstürzendes Flugzeug, keine sichtbare Gefahr irgendeiner Art: Die Angstreaktion taucht ganz von selbst wie aus dem Nichts auf. Nur wer so etwas einmal durchgemacht hat, versteht, wie sehr einen eine amoklaufende Angstreaktion außer Gefecht setzen kann.

Es war einer der üblichen hektischen Tage für Cindy Jacobs, eine 30-jährige Hausfrau und Mutter aus Tallahassee in Florida. Gerade hatte sie ihre 2-jährige Tochter aus der Kindertagesstätte abgeholt und fuhr jetzt mit ihr und den beiden anderen Kindern im Alter von einem Jahr und einem Monat wieder nach Hause. Aus dem Kassettenrekorder erklangen die fröhlichen Songs von Raffi, einem Liedermacher für Kinder. Cindys Alltag war anstrengend, aber sie fand ihr Leben nicht hektisch. Im Gegenteil:

Die Herausforderung, eine Familie zu managen, zu der auch zwei Teenager aus einer früheren Ehe ihres Mannes gehörten, machte ihr Spaß.

Als sie noch etwa eineinhalb Kilometer von zu Haus entfernt war und gerade darüber nachdachte, was sie fürs Mittagessen kochen sollte, fühlte sie plötzlich ein Stechen in der Brust. Es entwickelte sich zu einem Gefühl der Enge von ihrer linken Brust bis hin zum Schlüsselbein, und dann fing ihr linker Arm auf einmal an zu kribbeln und wurde warm. Sie schnappte nach Luft. *Mein Gott*, dachte sie, *ich habe einen Herzinfarkt.* Was sollte sie jetzt tun? Der Schweiß brach ihr aus allen Poren und sie hatte schreckliche Angst, gleich sterben zu müssen.

Cindy bremste, setzte den Blinker, blickte in den Rückspiegel und fuhr auf einen Parkplatz. Als das Auto zum Stehen kam, legte sie ihre Stirn auf das Lenkrad. Ihre 2-jährige Tochter sang völlig unbekümmert weiterhin Raffi-Songs mit.

Ich sterbe, hier im Auto mit den Kindern.

Sie war wie gelähmt. Trotzdem gelang es ihr, den Arm zu bewegen und nach ihrem Handy zu greifen. Sie rief, wie in Amerika üblich, bei ihrem Krankenversicherer an, um die Erlaubnis einzuholen, einen Notarzt zu rufen. Eine Krankenschwester war am Apparat. »Ich habe einen Herzinfarkt!«, stieß Cindy hervor. Die Krankenschwester am anderen Ende der Leitung musste lachen. »Meine Liebe, wenn Sie einen Herzinfarkt hätten, würden sie wohl kaum noch mit mir telefonieren.«

So eine Frechheit, dachte Cindy. *Wenn ich tot bin, wird dir das leidtun!*

Und trotzdem nahmen ihre Ängste ab, als sie die Stimme dieser Frau hörte. Während sie mit ihr sprach und ihr beschrieb, wo sie gerade war und wie sie sich fühlte, wurden ihre Symptome langsam schwächer. »Sie haben eine Panikattacke«, sagte die Krankenschwester. »Fahren Sie in die Notaufnahme und lassen Sie sich dort gründlich durchchecken.«

Cindy wollte nicht in die Notaufnahme, sondern heim. Sie hatte gerade so etwas wie eine Vorstufe zu einem Herzinfarkt überlebt, das schien ihr klar, aber mit drei hungrigen Kleinkindern im Auto und zwei Teenagern, die in ein paar Stunden von der Schule heimkommen würden, hatte sie wirklich keine Zeit für irgendwelche Fahrten ins Krankenhaus. Sie würde das schon durchstehen, wie alles in ihrem Leben. Wenn sie Glück hatte, würde ihr Herz nicht noch einmal aufmucken. Sie fuhr los und reihte sich wieder in den Verkehr ein.

Während der folgenden Wochen versuchte sie, nicht an den Vorfall zu denken. Dann folgte eine weitere Attacke, diesmal in der Kirche. Die Symptome waren dieselben: der Druck links oben im Brustkorb, die Taubheit im Arm, das Gefühl großer Angst. Ihr Arzt sagte, dass es sich um Panikattacken handelte, die durch Stress ausgelöst würden. »Stress? Ich?«, meinte Cindy. »Wieso sollte ich denn gestresst sein?«

Sie setzte ihr Leben fort wie bisher. Aber bald wurde sie alle ein bis zwei Wochen von einer neuen Attacke überfallen. Daraufhin suchte sie sämtliche Spezialisten der Stadt auf. Hatte sie einen Tumor? Diabetes? Ein Aneurysma? Überall bekam sie die Auskunft, dass alles in Ordnung war. Aber sie wusste, dass irgendetwas überhaupt nicht in Ordnung war. Alle ein bis zwei Wochen war sie erneut mit der Angst zu sterben konfrontiert. Wenn sie eine weitere Attacke nahen fühlte, setzte sie sich hin, starr vor Angst, die Muskeln angespannt – alles Symptome einer Erstarrungsreaktion des sympathischen Nervensystems, auch wenn sie das nicht wusste.

Cindy konnte einfach nicht glauben, dass Stress die Ursache ihres Problems sein sollte, wie der Arzt ihr gesagt hatte. »Es war nicht so, dass ich diesen Gedanken an sich nicht akzeptieren wollte«, sagt sie heute, »sondern er schien einfach nicht zu passen. Ich konnte den Stress, von dem er sprach, einfach nicht mit dem zusammenbringen, wie ich mich fühlte.«

Letztendlich ließ Cindy sich von ihrem Arzt ein angstlösendes Medikament namens Xanax verschreiben. Er sagte ihr, wenn wieder eine Panikattacke im Anzug wäre, solle sie eine der Tabletten nehmen, sich hinlegen und abwarten, ob das Mittel helfen würde. Zu ihrer Verwunderung wirkte es tatsächlich. »Es war wirklich erstaunlich«, sagt Cindy. »Es half sehr. Es verhinderte zwar nicht die beängstigenden Gedanken, aber sie berührten mich nicht mehr.«

Endlich verstand sie, wovon ihr Arzt die ganze Zeit gesprochen hatte. Sie dachte daran, dass ihr Mann mit einer Krebserkrankung gekämpft hatte, die erst ein halbes Jahr vor ihrer ersten Panikattacke überstanden gewesen war. Sie dachte daran, wie sie in einem Zeitraum von zweieinhalb Jahren Schlag auf Schlag zu fünf Kinder gekommen war. Und ihr wurde klar, dass ihr in einem chaotischen Elternhaus inmitten von vier Geschwistern beigebracht worden war, sich niemals zu beschweren und sich keine Schwäche einzugestehen.

Mein Gott, dachte sie, *ich stehe ja wirklich total unter Stress.*

So bizarr sie ihr auch vorkamen, waren Cindy Jacobs Attacken tatsächlich ziemlich typisch für eine Panikstörung, eine Erkrankung, von der einer von fünf Menschen in Amerika im Laufe seines Lebens heimgesucht wird. Die erste Attacke erfolgt meist ohne jede Vorwarnung und mit solcher Macht, dass sie sich wie ein Herzinfarkt anfühlt. Häufig steht die Person unter großem Stress, nimmt ihn aber aus irgendwelchen Gründen nicht wahr. Cindy zum Beispiel forderte sehr viel von sich selbst. Sie glaubte, mit allem zurechtkommen zu können, und wollte auch von anderen Menschen so gesehen werden. Auf keinen Fall wollte sie ein Jammerlappen sein, jemand, der sich ständig beschwert. Selbst als sie sich auf einmal mit einer großen Familie konfrontiert sah, glaubte sie, noch mehr leisten zu müssen. Sie dachte gar nicht daran, den mit Stress verbundenen Beschwerden und der Erschöpfung Beachtung zu schenken.

Und dann, eines Tages – WOMM! Ihr Körper packte sie am Kragen und schüttelte sie so richtig durch. Genauer gesagt, er schlug ohne Rücksicht auf Verluste mit einer Aktivierung des sympathischen Nervensystems zu, die sich wirklich gewaschen hatte. Das Samenkorn dazu war irgendwo in das Unterbewusstsein ihres Gehirns gelegt worden, aber in ihr Bewusstsein drang die Panik erst, als sie bereits zu einem rasenden Taifun angewachsen war.

»Wenn Menschen zum ersten Mal eine Panikattacke haben, glauben sie oft, dass mit ihrem Körper etwas nicht stimmt«, sagt Randi McCabe, eine Angstforscherin und Ärztin aus Hamilton, Ontario. »Sie spüren heftiges Herzklopfen oder glauben, sie müssten ersticken, und denken dann, es wäre besser, ein Krankenhaus aufzusuchen. Manchmal haben sie auch das Gefühl, dass sie die Kontrolle über irgendwelche Körperfunktionen verlieren, also dass sie sich zum Beispiel plötzlich übergeben müssen oder ohnmächtig werden oder Darm und Blase nicht mehr kontrollieren könnten. Wenn Depersonalisation oder ein Gefühl des Irrealen vorherrscht, glauben sie vielleicht, dass sie verrückt werden. In diesem Fall wollen die Leute dann manchmal gar nicht darüber reden.«

Was löst nun eine Panikattacke aus? Eine anerkannte Theorie besagt, dass ein Ungleichgewicht bestimmter Gase im Blut die Schuld an vielen, wenn nicht allen ersten Panikattacken trägt. Um Energie zu produzieren, verwendet unser Körper Sauerstoff aus der Atmosphäre und versorgt damit seine Brennstoffspeicher. Die daraus folgende Reaktion produziert sowohl einen großen Überschuss an Energie wie auch Kohlenstoffdioxid und Wasser als Abfallprodukte. Wenn wir nicht weiter frische Luft einatmen, sinkt der Sauerstoffgehalt in unserem Blut und der Gehalt an gelöstem Kohlendioxid steigt. Diese Veränderungen werden von Rezeptoren im Hirnstamm, im Herzen und der Arteria carotis (Halsschlagader) registriert, die dann gemeinsam den Drang zum Atmen auslösen. Auch wenn wir uns dessen nicht bewusst sind, läuft diese Überwachung in unserem Körper ständig ab.

Wenn wir gestresst sind oder Angst haben – sogar wenn wir uns dessen nicht bewusst sind – schaltet das sympathische Nervensystem auf eine rasche, flache Atmung um. Das hat den Effekt, dass das Blut zu stark mit Sauerstoff angereichert wird und der Kohlenstoffdioxidgehalt drastisch sinkt. Dieses Ungleichgewicht führt dazu, dass die Blutgefäße sich zusammenziehen und sonderbarerweise auch zu einem Sauerstoffmangel im Gehirn. Wenn die Atmung immer schneller und flacher wird, wird auch das Ungleichgewicht zwischen den gelösten Gasen immer drastischer, und das Problem schaukelt sich hoch bis zur Hyperventilation. Man fühlt sich benommen, hat Schmerzen in der Brust, einen schnellen Herzschlag, zittert und Mund oder Extremitäten fühlen sich entweder taub an oder kribbeln – einige der Symptome, wie sie auch bei einer vehementen Reaktion des sympathischen Nervensystems auftreten.

Cindy Jacobs wurde von diesen Symptomen völlig kalt erwischt, als sie mit ihren Kindern unterwegs war. Sie wusste nicht, was los war, sondern nur, dass es sich lebensbedrohlich anfühlte. Sie bekam Angst. Anstatt diese Angst zu dämpfen, entschied ihr Verstand, dass hier tatsächlich irgendetwas fürchterlich schieflief. Ihr präfrontaler Cortex sandte ein Signal zur Amygdala: GEFAHR! Die Amygdala fuhr die Reaktion des sympathischen Nervensystems hoch. Der Locus caeruleus verabreichte dem Gehirn noch mehr Noradrenalin, das wiederum die Amygdala weiter sensibilisierte.

Cindys Herz raste, ihr Puls hämmerte, Schweiß brach ihr aus allen Poren. Sie konnte kaum atmen. Kein Wunder, dass sie meinte, gleich sterben zu müssen. Ihr präfrontaler Cortex bildete mit ihrer Amygdala eine positive Rückkopplungsschleife statt einer negativen. Das gesamte System geriet außer Kontrolle. Cindy wusste nicht, wie sie dieses Phänomen hätte stoppen sollen. Ihr Körper, den sie ihr ganzes Leben lang unter Kontrolle gehabt hatte, kontrollierte jetzt sie.

Wer noch nie eine Panikattacke erlebt hat, kann kaum ermessen, wie fürchterlich so etwas ist. Die Angst ist äußerst real. Ich hatte schon mehrere Male in meinem Leben Panikattacken und kann nur bestätigen, dass sie einen Menschen zutiefst verunsichern können. Für mich war am Schlimmsten festzustellen, dass mein Verstand nach und nach außer Kontrolle geriet, ohne dass ich die geringste Ahnung hatte, wie schlimm es noch werden würde. Ich wusste einfach nicht, wie mir geschah.

Wenn zum ersten Mal eine Panikattacke zuschlägt, kann man unmöglich voraussehen, was als nächstes passiert. Die bisherige Sicherheit, dass wir unseren Verstand kontrollieren können, wird völlig über den Haufen geworfen, wenn er sich plötzlich und unerwartet gegen uns erhebt und uns angreift.

Irgendwann lässt dann die Panik nach. Aber die Möglichkeit einer weiteren Attacke aus heiterem Himmel bleibt bestehen. Und weil sie keine Ahnung haben, wie es zu der Attacke kam und auf jeden Fall eine weitere verhindern wollen, entwickeln die Betroffenen bewusst oder unbewusst irgendwelche Theorien, was daran schuld war. Vielleicht meiden sie ab jetzt öffentliche Plätze oder hohe Gebäude oder Brücken.

»Was auch immer die Leute mit Panikattacken in Verbindung bringen, werden sie ab jetzt meiden, weil sie eine Erwartungsangst vor zukünftigen Attacken entwickeln«, sagt McCabe.

Orte, die nicht schnell wieder verlassen werden können, sind besonders suspekt. In meinem Fall wurde die Angst durch eine Ohnmacht mitten im Getümmel einer Party mit vielen Menschen ausgelöst. Noch Monate später hatte ich inmitten großer Menschenansammlungen das Gefühl, dass so etwas jederzeit wieder passieren könnte, und dass ich mich in diesem Fall nicht schnell genug zurückziehen könnte. Dieses Bewusstsein verursachte starkes Herzklopfen, das sich wie der Beginn einer neuerlichen Attacke anfühlte, so dass ich noch mehr Angst bekam. Ich musste mich schnellstens an einen sicheren Ort zurückziehen, um nicht völlig den Verstand zu verlieren.

Ich war nahe daran, eine Agoraphobie zu entwickeln, wie ein großer Prozentsatz aller Leute, die an einer Panikstörung leiden. Das Wörterbuch definiert diese Phobie als »abnorme Angst vor Menschenmengen und öffentlichen Plätzen«, aber das klingt, als wäre es eine völlig irrationale Angst. Ich würde Agoraphobie beschreiben als »das Wissen, dass allein die Tatsache, dass man sich unter Menschen begeben muss, schon eine Reaktion des sympathischen Nervensystems auslösen kann, die einen völlig lahmlegt«. Das ist überhaupt nichts Irrationales. Eine Situation zu vermeiden, die eine schreckliche Attacke auslösen kann, ist eine durch und durch sinnvolle Reaktion auf eine ganz reale Bedrohung – die nicht dadurch weniger real wird, dass sie zufällig »nur« im eigenen Nervensystem stattfindet.

Was nicht heißen soll, dass wir nichts gegen Panikattacken tun können. Ich zum Beispiel fand heraus, dass ich meine Angst einigermaßen kontrollieren konnte, indem ich mich in die Nähe eines Ausgangs begab oder mich bei Veranstaltungen an den Rand setzte, wo das Gedrängel nicht ganz so groß war. Zu wissen, dass ich einen gewissen Einfluss auf meinen Geisteszustand hatte, half mir schon, die Angst zu vertreiben. Jedes Mal, wenn ich mich unter Menschen begab, wurden meine Ängste geringer, bis ich mit den Situationen schließlich wieder sicher umgehen konnte. Die Rückkoppelung war aufgehoben: Mein Cortex hatte gelernt, meine Amygdala zu beruhigen. Und damit löste sich auch die Panik nach und nach auf.

Ich war ohnehin ein leichter Fall. Heftigere Panikattacken erfordern ärztliche Hilfe. Der Arzt von Cindy Jacobs half ihr, die Rückkoppelung mit Hilfe von Xanax zu unterbrechen, einem Medikament aus der Gruppe der Benzodiazepine. (Im Deutschen heißt der Arzneistoff Alprazolam und wird unter den Handelsnamen Tafil® in Deutschland, Alprastad® in Österreich und Xanax® in der Schweiz vertrieben.) Benzodiazepine verstärken die Wirkung des inhibitorischen (hemmenden) Neurotransmitters γ-Aminobuttersäure (GABA von englisch *gamma-aminobutyric acid*). Dadurch wird unter anderem die Aktivierungsschwelle der Amygdala angehoben. Sobald Cindy das Mittel nahm, hatten ihre angstvollen Gedanken keine stimulierende Wirkung mehr auf die Amygdala, so dass diese keine Sympathikuserregung mehr auslöste. Cindy spürte, wie die Paniksymptome nachließen, und das wiederum milderte ihre bewusste Angst. So ging die Attacke rasch vorüber.

Benzodiazepine sind alles andere als perfekt. Alprazolam ist ein Beruhigungsmittel und macht stark süchtig. In den Vereinigten Staaten ist es das verschreibungspflichtige Medikament, mit dem am meisten Missbrauch getrieben wird. Zusätzlich gewöhnt sich der Körper schnell daran, so dass es bei regelmäßiger Einnahme nach ungefähr vier Wochen keine Wirkung mehr zeigt. Aber für Cindy reichte die Wirkung von Xanax aus, und allein eine Packung davon in ihrer Handtasche dabeizuhaben, gab ihr das nötige Vertrauen, ihre Panik kontrollieren zu können.

Es gibt noch einige andere Medikamente gegen Panik. Die Gruppe der Antidepressiva, die man Selektive Serotonin-Wiederaufnahmehemmer (SSRI von englisch *selective serotonin reuptake inhibitors*) nennt, sind unschädlicher als Benzodiazepine und eher für eine Langzeitbehandlung geeignet. Als sehr wirkungsvoll hat sich auch die kognitive Verhaltenstherapie erwiesen, eine Gesprächstherapie, die sich darauf konzentriert, beim Patienten die Wahrnehmung der eigenen Körperreaktionen zu verändern, so dass die Rückkopplungsschleife am bewussten Ende des Schaltkreises unterbrochen wird.

Aber für viele Menschen, die wie Cindy Jacobs an Panikstörungen leiden, ist der wichtigste Schritt, sich klarzumachen, was da passiert. Erst nachdem sie fähig war, ihre Panik als das zu nehmen, was sie ist, konnte sie den langen Kampf aufnehmen, sie aus ihrem Leben zu verbannen. Mit der Zeit wurde ihr klar, dass der Kreislauf der Angst einem Zweck gedient hatte. Unbewusst hatte sie nach und nach so viel Stress angehäuft, bis er schließlich nicht mehr zu ertragen war. Die Angst war der Weg ihres Körpers, ihr das mitzuteilen. Sie brauchte lange, um diese Botschaft akzeptieren zu können, aber als sie es schließlich tat, konnte sie auch die Veränderungen vornehmen, die nötig waren.

»Als ich endlich verstanden hatte, was eine Angststörung, was Stress ist, begab ich mich auf einen ziemlich langen Weg«, sagt sie. »Ich musste lernen, dass der Körper über eine Intelligenz verfügt, die sich auf verschiedenste Art äußern kann. Ich muss ihr nur Beachtung schenken, dann lässt mein Körper mich schon wissen: ›Hey, jetzt ist es aber mal Zeit, etwas langsamer zu machen.‹«

Cindy Jacobs hat den Kampf gegen ihre Panik schon vor langer Zeit geführt und gewonnen. Und doch schlummert irgendwo in ihrem Kopf noch immer eine kristallklare Blitzlichterinnerung an genau die Stelle auf der Straße, an der sie zuerst dachte, sie hätte einen Herzanfall. Ebenso deutlich ist die Erinnerung an eine andere Stelle derselben Straße. Jahre zuvor war ihr Auto plötzlich vom Wagen eines Betrunkenen gerammt worden. Ihr Fahrzeug war ein einziges Wrack und sie hatte Glück, dass sie überlebte. Für Cindy sind diese beiden Orte in ihrer Erinnerung gleichermaßen lebendig, und die dort verspürte Angst ist gleichermaßen real.

Obwohl Panikstörungen jedem Nichtbetroffenen sonderbar vorkommen, sind sie doch kein isoliertes psychologisches Phänomen, sondern gehören zu der weit größeren Gruppe der

Angststörungen, die auch die Soziophobie, andere spezifische Phobien, allgemeine Angststörungen und das posttraumatische Belastungssyndrom umfasst. 40 Millionen der erwachsenen Amerikaner, also fast 15 Prozent der Bevölkerung der USA, leiden derzeit an einer dieser Angststörungen. Bei allen handelt es sich um Dysfunktionen, bei denen die Rückkopplungsschleife zwischen der Amygdala und dem Cortex außer Kontrolle gerät und weit über das hinausgeht, was die vorliegende Bedrohung erfordert. Die Unterbrechung dieser Rückkopplung wird entweder durch kognitive Verhaltenstherapie oder durch die Verschreibung von SSRI-Präparaten erreicht.

Im Übrigen sind es nicht nur Menschen mit einer diagnostizierten Angststörung, bei denen die Angst stärker als dem Anlass entsprechend wächst. Das passiert uns allen. Wir haben alle schon einmal einen Adrenalinstoß gespürt, wenn das Flugzeug, in dem wir saßen, in Turbulenzen geriet, sogar wenn wir ganz genau wussten, dass das Risiko abzustürzen unter eins zu einer Million liegt. Oder wenn wir nachts wachlagen und über Dinge nachgrübelten, die sich unserer Kontrolle entzogen. Nagende Zweifel verwandeln sich in Sorge und Sorge in zermürbenden Stress. Oft ist die Angst, die wir fühlen, schlimmer als das Ergebnis, vor dem wir uns fürchten. Sarah Burgard, eine Wissenschaftlerin an der Universität von Michigan, hat bei der Überprüfung von medizinischen Daten von mehr als 3000 Arbeitern herausgefunden, dass diejenigen, die sich Sorgen um ihren Arbeitsplatz machen, größere gesundheitliche Probleme haben als diejenigen, die bereits entlassen wurden.

Das beste Gegenmittel gegen übertriebene Angst ist, sich die Mechanismen hinter den trügerischen Tendenzen unseres Verstands klarzumachen. Je genauer wir verstehen, wie der Schaltkreislauf unserer Angst funktioniert, desto besser können wir voraussagen, wie wir reagieren werden und die notwendigen Schritte unternehmen, um die Kontrolle zu behalten.

Zugegeben, die verborgene Syntax unseres Gehirns zu analysieren ist alles andere als einfach. Während Neuroimaging (die Abbildung von Strukturen und Funktionen des Gehirns mittels moderner Technologien wie z. B. fMRT) und andere neue Forschungsmethoden uns ein immer detaillierteres Verständnis des Gehirns gestatten, wird das entstehende Bild immer noch komplizierter und erstaunlicher. Im folgenden Kapitel werden wir uns auf die nächsttiefere Ebene in der Neurobiologie der Angstreaktion begeben. Wenn Angst sich auch immer ähnlich anfühlt, gibt es im Körper doch nicht nur einen Verlaufsweg für die Angstreaktion, sondern gleich zwei voneinander getrennte Wege, nämlich einen für jede der zwei Hauptarten von Bedrohung. So ist es möglich, dass eine Person angesichts der einen Bedrohung außergewöhnlich tapfer ist, aber überängstlich oder sogar phobisch gegenüber der anderen. Zunächst werden wir einem Mann begegnen, der wegen seiner Tapferkeit im Angesicht tödlicher Gefahr zum Nationalhelden erklärt, durch etwas völlig Harmloses aber in ein nervöses Wrack verwandelt wurde.

In der Liebe und im Krieg

Was macht mehr Angst: ein Nazi-Panzer oder ein hübsches Mädchen?

Für Audie Murphy war diese Frage nicht leicht zu beantworten. Er war während der Großen Depression in Texas aufgewachsen und ein extrem schüchterner und in sich zurückgezogener junger Mann. Als sechstes von zwölf Kindern eines Farmpächters verließ er nach der achten Klasse die Schule, um als Feldarbeiter Geld zu verdienen. Er konnte kaum lesen und schreiben. Als er zehn Jahre alt war, ließ der Vater die Familie im Stich. Um nicht hungern zu müssen, jagte er Eichhörnchen, Kaninchen und andere Kleintiere. Ein Freund kommentierte anerkennend, was für ein guter Schütze er sei, und Audie antwortete: »Wenn ich nicht treffe, worauf ich schieße, hat meine Familie heute nichts zu essen.« Seine Jagdfertigkeiten genügten aber nicht. Nachdem seine Mutter gestorben war, musste er seine drei jüngsten Geschwister in ein Waisenhaus geben.

Bei diesen schlechten Voraussetzungen verwundert es nicht, dass Murphy gewisse soziale Fähigkeiten abgingen. Er war pathologisch schüchtern. Hager und nur knapp 1,65 Meter groß, war er nicht gerade eine imposante Erscheinung. Nach dem Kriegseintritt der Amerikaner 1941 wollte er zur Army, aber das 15-jährige Milchgesicht wurde als zu jung abgewiesen. Im darauffolgenden Jahr versuchte er es erneut mit einer ärztlichen Geburtsbescheinigung. Die Marines wiesen ihn wegen seiner mickrigen Statur zurück, aber die Army nahm ihn. Bei Gefechtsübungen während der Grundausbildung wurde Murphy immer wieder ohnmächtig, und da seine Offiziere der Meinung waren, dass er dem Stress realer Kampfhandlungen körperlich nicht gewachsen war, wollten sie ihn auf einen Posten als Koch abschieben. Murphy dagegen wollte unbedingt in einer Kampfeinheit dienen und wurde nach der Grundausbildung

tatsächlich mit der Dritten Infanteriedivision nach Nordafrika verschifft.
Während der Invasion von Sizilien war Murphy zum ersten Mal in Kampfhandlungen verwickelt. Anschließend nahm er an der Invasion des italienischen Festlandes teil und dann an der Besetzung Frankreichs. In dieser Zeit wurde er immer wieder ehrenvoll erwähnt und zum Sergeanten und schließlich zum Lieutenant befördert.
Anfang 1945 begann der letzte Akt des Zweiten Weltkriegs in Europa. Die alliierten Streitkräfte waren über Frankreich hinweggefegt und standen an der Grenze zu Deutschland. Aber das Naziregime kämpfte mit selbstmörderischer Heftigkeit weiter.
Am bitterkalten Nachmittag des 26. Januar befehligte Murphy eine empfindlich reduzierte Kompanie, die sich in einem Wald bei dem französischen Dorf Holtzwihr, etwa acht Kilometer von der deutschen Grenze entfernt, verkrochen hatte. Bei einem heftigen Gefecht am Tag zuvor waren 102 von 120 Soldaten dieser Kompanie getötet oder verletzt worden. Alle Offiziere außer Murphy waren ebenfalls tot.
Aber der Kampf war noch lange nicht vorbei. Murphy beobachtete durch seinen Feldstecher, dass 250 deutsche Soldaten in weißer Tarnkleidung, begleitet von sechs Tiger-Panzern, aus dem Dorf auf die Linien der Amerikaner zustürmten. Murphy gab seinen Männern den Befehl zum Rückzug, blieb selbst aber an vorderster Front und forderte per Feldtelefon Artilleriefeuer gegen die angreifenden Deutschen an. Heulende Granaten von weiter entfernten Batterien flogen daraufhin über ihre Köpfe hinweg und schlugen unter dichtem Sternenhagel in die feindlichen Truppen ein, die jedoch weiter angriffen. Rechts von Murphy wurde ein amerikanischer Panzer von einer deutschen Granate getroffen und explodierte, so dass nur ein brennendes Wrack zurückblieb. Zwei Männer der Panzerbesatzung wurden sofort getötet, die restlichen rannten um ihr Leben.

Fast vollständig vom Feind umzingelt, stieg Murphy auf das Panzergerippe und begann, aus seinem schweren Kaliber .50 Maschinengewehr zu feuern. Zwei weitere Granaten trafen den Panzer, der massenweise Munition und Benzin geladen hatte und jederzeit in die Luft gehen konnte. Aber Murphy kämpfte weiter, in eine wirbelnde schwarze Rauchwolke gehüllt. Auf beiden Seiten rollten die Panzer der Deutschen vorbei, ohne dass er gesehen wurde. Als der eisige Wind den Rauch für einen kurzen Moment fortblies, konnte er einen Trupp von zwölf deutschen Soldaten ausmachen, der in einem Graben knapp 30 Meter entfernt Deckung suchte. Murphy hatte Glück: Er sah sie, bevor sie ihn sahen. Er schwenkte seine Maschinenpistole herum, feuerte wie wild und tötete alle.

Die feindliche Infanterie, die ihren Vormarsch vereitelt sah, knickte ein und zog sich zurück. Die Tiger-Panzer, die ohne Infanterie schutzlos waren, rollten ebenfalls zurück. Da Murphy seine ganze Munition verschossen hatte, sprang er von dem brennenden Panzer herunter und rannte zurück in den Wald, um seine Männer zusammenzuziehen. In diesem Moment explodierte der Panzer. Obwohl Murphy eine schwere Beinverletzung hatte, kämpfte er weiter und führte seine Männer zu einem Gegenangriff, so dass der deutsche Vormarsch verhindert werden konnte.

Für seine Verdienste an diesem Tag bekam Murphy von der Army die Ehrenmedaille verliehen, zusätzlich zu den 31 anderen Medaillen, die er in 27 Kriegsmonaten bereits erworben hatte. Als er wieder heimgeschickt wurde, war er nicht nur irgendein Held, sondern *der* amerikanische Kriegsheld: der am höchsten dekorierte Kampfveteran des Zweiten Weltkriegs. Er wurde auf unzähligen Paraden gefeiert und sein Foto erschien auf der Titelseite des *LIFE*-Magazins. Der Schauspieler Jimmy Cagney lud ihn nach Hollywood ein, und Murphy wurde ebenfalls Schauspieler und spielte im Laufe der Zeit in 44 Filmen mit. Seine Autobiographie *To Hell and Back* wurde ein Bestseller. In

der Verfilmung spielte er sich selbst. (In Deutschland wurde der Film unter dem Titel *Zur Hölle und zurück* gezeigt).
Doch trotz all des Ruhms, trotz der Bewunderung, die ihm von allen Seiten entgegenschwappte, blieb Murphy der verschämte Jüngling, der er schon immer gewesen war. Als er bei einer Rundfunkshow erscheinen sollte, war er so nervös, dass Schauspieler seinen Text für ihn vortragen mussten. Sogar als Filmstar blieb er schüchtern, vermied Zusammentreffen mit Schauspielerkollegen und kehrte den hübschen, jungen Frauen, die sich um ihn scharen wollten, den Rücken.
Es fällt schwer, das Bild eines kriegsgestählten Veteranen mit dem eines scheuen Mauerblümchens zu verbinden. Und doch sagte Murphy, als er in seiner Heimatstadt bei einer Feier zu seinen Ehren ein paar Worte sprechen sollte, dass er sich lieber ins Maschinengewehrfeuer begäbe als eine Rede zu halten.
Das ist der Widerspruch an Audie Murphy: Er war sowohl übermenschlich tapfer als auch unglaublich schüchtern. Er war sowohl Löwe als auch Maus.

Das Paradox im Fall von Audie Murphy deutet wie alle wahren Paradoxe auf einen Mangel in unserem Verstehen hin. In der Alltagspsychologie verstehen wir Tapferkeit als eine Art mentalen Rüstzeugs, das genauso unergründlich ist wie alles, was uns Angst macht. Deswegen ist es schwierig, sich eine Art von Tapferkeit vorzustellen, die zwar einer tödlichen Nazi-Attacke standhält, jedoch in sich zusammenfällt, wenn ein paar Worte vor einer bewundernden Menschenmenge in der eigenen Heimatstadt gesprochen werden sollen. Aber Jahrmillionen der Evolution haben uns mit einem Angstreaktionssystem ausgestattet, das zwei Kategorien von Bedrohung unterscheidet. So ist es möglich, dass wir wie Murphy extrem widerstandsfähig gegenüber dem einen Typ von Angst sind und gleichzeitig extrem verletzbar durch den anderen.

Wenn wir bisher über Gefahren gesprochen haben, die unser Angstreaktionssystem in Gang setzen, dann hat es sich hauptsächlich um akute physische Bedrohung gehandelt, die Art von Gefahr, auf die zu reagieren alle Tiere programmiert sind. Ein angreifendes Raubtier, ein Erdrutsch, der auf einen zurollt, oder eine wütende Büffelherde sind Gefahren, denen wir uns sofort entziehen müssen. Sogar Amöben verfügen über einfache Mechanismen, um auf unmittelbar drohende Gefahr reagieren zu können. Als Audie Murphy sich einem ganzen Panzerzug der Deutschen entgegenstellte, unterdrückte er diese Art von Angstreaktion.

Aber wir Menschen verfügen noch über einen zusätzlichen Angstmechanismus, der den Tieren abgeht. Unsere frühen Reptilienvorfahren, noch bevor sich die Säugetiere entwickelten, waren ein ziemlich ungebundener Haufen. Mütter legten ihre Eier und zogen weiter; die Kinder schlüpften und sorgten von Anfang an für sich selbst. Kommunikative Fähigkeiten waren nicht erforderlich. Als dann vor über 200 Millionen Jahren die ersten Säugetiere auf der Weltbühne erschienen, schuf die Biologie zum ersten Mal echte Familienbande. Babys kamen jetzt hilflos auf die Welt. Um zu überleben, waren sie auf Wärme, Nahrung und Schutz von ihren Eltern angewiesen.

Das gilt heute noch genauso für einen Menschen wie für eine Maus oder einen Ameisenigel. Für Säugetierbabys ist nicht die größte Gefahr, von einem Angreifer erledigt zu werden, sondern die, alleingelassen zu werden. Entgegen der alten römischen Legende von Romulus und Remus stirbt ein Baby, das in der Wildnis sich selbst überlassen wird. Auch wenn sie älter werden, sind Säugetiere immer noch relativ stark von ihren Artgenossen abhängig. Im Vergleich zu Reptilien sind sie soziale Wesen. Es gibt zwar einige einzelgängerische Arten, aber die Mehrheit lebt in Gruppen (oder in Packs, Rudeln, Herden oder Schulen), in denen die einzelnen Mitglieder in Sachen Schutz, Fellpflege, Nahrungsbeschaffung und was sie sonst noch zum Leben brauchen, auf die anderen angewiesen sind. »Kein Mensch ist eine Insel« (wie der englische Dichter John Donne gesagt hat), und genauso wenig ein Pavian oder ein Murmeltier.

Um in Gruppen leben zu können, brauchen soziale Lebewesen Strategien, wie sie mit den vielfältigen Konflikten und Einschränkungen umgehen können, die entstehen, wenn viele verschiedene Individuen einen begrenzten Raum und begrenzte Ressourcen unter sich aufteilen müssen. Dazu legen sie instinktiv eine Hierarchie fest. Hühner eine sehr einfache, »Hackordnung« genannt, bei der ein Alphahuhn alle anderen dominiert, das Betahuhn alle anderen außer dem Alphahuhn, das Gammahuhn alle außer dem Alpha- und dem Betahuhn, und immer so weiter, bis hinunter zu dem ganz unten in der Hackordnung stehenden Huhn, das von allen anderen dominiert wird (und deswegen meist ziemlich zerrupft aussieht).

Menschenaffen und auch die Menschen selbst haben ein weit komplizierteres soziales Netzwerk, in dem auch wechselnde Allianzen und Verwandtschaftsbeziehungen vorkommen. Aber das Prinzip ist dasselbe: Jedes Mal, wenn ein neues Individuum in eine Gruppe kommt, muss es seinen Platz darin finden, was auch einschließt, andere herauszufordern und sich schließlich entweder ihnen unterzuordnen oder sie zu dominieren. Dieser Prozess ist so tief verwurzelt, dass er in unserem Unterbewusstsein abläuft und sich durch Gesten, Haltung und Stimmlage äußert. Rituale wie das gegenseitige Begrüßen, das Händeschütteln, die Frage, wie es dem anderen geht, und die Umarmung zum Abschied führen wir zwar bewusst aus, sie spiegeln aber das frühere unterbewusst ablaufende System zur Aufrechterhaltung unserer sozialen Position wider.

Vor allem ein chemischer Stoff im Gehirn organisiert unsere sozialen Bindungsprozesse: Oxytocin. Es ist ein Hormon und Neurotransmitter und wird beim sexuellen Höhepunkt, bei der

Kindsgeburt, beim Stillen und sogar, wenn auch in geringerem Maß, bei jeder Berührung freigesetzt. Oxytocin verstärkt die Bindung zwischen Freunden, Liebenden und zwischen Eltern und Kindern. Studien haben ergeben, dass Ratten und Mäuse nicht mehr für ihren Nachwuchs sorgen und ihnen bekannte Mitglieder der eigenen Art nicht mehr erkennen, wenn sie Medikamente bekommen, welche die Wirkung von Oxytocin blockieren. Umgekehrt ist es bei einem Liebespaar, das sich umarmt: Der Oxytocinspiegel beider Personen erhöht sich, der Cortisolspiegel sinkt.

Oxytocin spielt eine Schlüsselrolle in der Aufrechterhaltung sozialer Strukturen. C. Sue Carter, eine Wissenschaftlerin an der University of Maryland, führte eine berühmte Studie an zwei Wühlmausarten durch. Bergwühlmäuse und Präriewühlmäuse sind eng verwandt und unterscheiden sich hauptsächlich in ihrem Eltern- und Bindungsverhalten. Präriewühlmäuse haben eine große Anzahl an Oxytocinrezeptoren. Männchen und Weibchen verpaaren sich für lange Zeit und beteiligen sich beide an der Aufzucht der Kinder. Bergwühlmäuse haben wenige Oxytocinrezeptoren, die Männchen sind polygam und beteiligen sich nicht an der Kinderaufzucht. Wenn man männlichen Präriewühlmäusen oxytocinblockierende Medikamente gibt, werden sie ebenfalls polygam.

Bei uns Menschen ist der Platz in der Hierarchie von lebenswichtiger Bedeutung. Unser Überleben steht auf dem Spiel. Unser Gehirn ist darauf gepolt, auf eine Bedrohung unseres Sozialstatus genauso zu reagieren wie auf eine physische Bedrohung. Dieses System tritt in Kraft, sobald wir auf die Welt kommen. Die Schreie eines Neugeborenen signalisieren nicht Unbehagen oder Angst an sich, sondern sind Schlüsselreize, um die Versorgung durch die engsten Verbündeten im sozialen Netzwerk auszulösen, nämlich die Eltern. Oxytocin ist für unsere Instinkte entscheidend. Gibt man einem jungen Labortier, das von seinen Eltern getrennt wurde, Oxytocin, reduziert das die Anzahl seiner Klagelaute entscheidend.

Wenn wir von der Unterstützung unseres sozialen Netzwerks abgeschnitten sind und auf liebevolle physische Berührung verzichten müssen, fühlen wir uns allein und unglücklich. Der seelische Schmerz, den wir dabei erleiden, fühlt sich wie körperlicher Schmerz an, und das aus gutem Grund. Die Bereiche im Gehirn, die am sozialen Schaltkreis beteiligt sind, haben sich aus benachbarten Bereichen entwickelt, die physischen Schmerz vermitteln. Es ist also keine metaphorische Formulierung, wenn wir über den Schmerz eines gebrochenen Herzens sprechen – es tut tatsächlich körperlich weh. Naomi Eisenberger, eine Neurowissenschaftlerin an der University of California in Los Angeles, hat die Gehirne von Menschen gescannt, die ein Ballspiel am Computer spielten. Während des Spiels wurden die Testpersonen von den anderen Mitspielern immer weniger angespielt, so dass sie sich schließlich ausgeschlossen fühlten. Frau Eisenberger fand heraus, dass das Gefühl der Zurückweisung den vorderen cingulären Cortex aktiviert, einen Bereich, der auch die Empfindung von körperlichem Schmerz hervorruft.

Genau wie soziale Zurückweisung Schmerz auslöst, kann die Erwartung einer sozialen Bedrohung die Angstreaktion in Gang setzen. Wenn Sie das Gesicht eines Fremden zum ersten Mal sehen, wird sofort ihre Amygdala aktiviert, wie ich bei der Teilnahme an Lilly Mujica-Parodis Angststudie lernen durfte. Es scheint so, als wären wir bei der Begegnung mit einem unbekannten Menschen darauf programmiert, das Schlechteste zu erwarten. Aus evolutionärer Sichtweise ist das durchaus sinnvoll. Jedes Mal, wenn wir uns in einer neuartigen sozialen Situation wiederfinden, stellen wir uns selbst der Beurteilung. Da soziale Konflikte das Potenzial haben, uns Unbehagen zu verursachen, gehen wir damit ein echtes Risiko ein und haben somit allen Grund, uns zu fürchten. Es steht eine Menge auf dem Spiel.

Es ist diese Art von Angst, mit der Audie Murphy so schlecht zurechtkam. Ob es nun eine genetische Prädisposition war oder eine Folge seiner belastenden Jugend oder eine Kombination aus beidem, sein sozialer Schaltkreis war jedenfalls viel anfälliger gegenüber potenziellen Bedrohungen, als es sein Schaltkreis für den Umgang mit physischer Gefahr war. Und deswegen flößte ihm ein hübsches Mädchen tatsächlich mehr Angst ein als ein Nazi-Panzer.

Die meisten von uns können die Gefühle von Murphy problemlos nachvollziehen, wenn auch vielleicht nicht in diesem Ausmaß. Sozialangst ist ein normaler Bestandteil menschlicher Erfahrung. Vierzig Prozent der Amerikaner geben an, dass Sprechen vor anderen Leuten ihre größte Angst sei. Und wer hat noch nie Beklemmung gespürt, wenn er jemanden um ein Date gebeten hat oder eine Party mit vielen Menschen besuchen musste?

Dass wir in solchen Situationen rot werden oder zu stottern beginnen, ist Teil der angeborenen automatischen Fähigkeiten, die uns zu unserem Platz in der Hierarchie verhelfen.

Sozialangst kann sich aber auch auf merkwürdigere Weise manifestieren. Fast jeder Mann hat schon einmal erlebt, dass er plötzlich und unerklärlicherweise nicht mehr urinieren konnte, wenn ein anderer Mann in der öffentlichen Toilette neben ihm stand. Dieses gut dokumentierte psychologische Phänomen der »schüchternen Blase«, das von Wissenschaftlern als »Paruresis« bezeichnet wird, ist ebenfalls eine leichte Sozialphobie.

Wenn die Angst vor sozialer Interaktion zu bestimmend wird, kann sie das Leben eines Menschen stark beeinträchtigen. In diesem Fall geht die normale soziale Angst über in den pathologischen Zustand der Sozialphobie. Leute mit dieser Störung leiden an einer tiefen Furcht vor dem Zusammentreffen mit anderen Menschen. Sie leben zurückgezogen und nehmen große Anstrengungen auf sich, um nicht vor einer Gruppe sprechen zu müssen. Ihre Angst äußert sich in Erröten, Herzklopfen, nasskalten Handflächen, Übelkeit, Stottern und Zittern oder Schlimmerem. Im Mittelpunkt der Aufmerksamkeit einer Gruppe von Leuten zu stehen, lässt ihre Angst unkontrollierbar bis zu einer ausgewachsenen Panikattacke ansteigen.

Agoraphobiker fürchten ebenfalls öffentliche Orte, aber die Wurzel ihrer Angst ist eine ganz andere. Ihre eigentliche Störung ist eine Panikstörung, die Angst vor der Angst. Agoraphobiker vermeiden öffentliche Plätze, weil ihrer Erfahrung nach dort eine Panikattacke auftreten könnte. »Sozialphobiker« haben keine Angst vor der Panik an sich. Sie fürchten sich davor, wie andere sie wahrnehmen werden. Beurteilt zu werden, wie es bei jeder neuen sozialen Situation der Fall ist, verursacht abgrundtiefe Angst.

Sozialphobiker befürchten das Schlimmste und stellen sich vor, dass andere Menschen sie für dumm, langweilig oder verabscheuenswert halten. Diese Angst führt zu einer gesteigerten Sensibilität gegenüber Anzeichen, die ihre negativen Erwartungen verstärken. »Menschen mit Sozialphobie interpretieren mit größerer Wahrscheinlichkeit zweideutige Signale als negativ oder bedrohlich«, sagt der Angstforscher Randi McCabe. »Also: Wenn du nicht ›hallo‹ zu mir sagst, liegt das daran, dass du mich nicht ausstehen kannst, nicht daran, dass du vielleicht gerade zu beschäftigt bist.«

Es ist der primitive Sozialstatus-Schaltkreis, der sich da überschlägt. Ist er erst einmal angekurbelt, kommt es oft zu einer *self-fulfilling prophecy*. Und tatsächlich sind Sozialphobiker besonders anfällig für paradoxes Versagen, bzw. für »ironische Prozesse«, wie Psychologen es nennen. Je mehr sie versuchen, ihre Angst zu kontrollieren, desto schlimmer wird ihre Störung.

McCabe meint dazu: »Menschen mit Sozialphobie nehmen in der Interaktion oft eine Beobachterrolle an. Anstatt sich an einem Gespräch einfach nur zu beteiligen, beobachten sie sich und die anderen dabei gleichzeitig. Und weil sie die Interaktion überwachen, nehmen sie nicht voll daran teil und schneiden natürlich auch nicht so gut ab. Sie senden negative Signale aus und vermeiden z. B. Blickkontakt. Und dadurch wirken sie auf andere Leute dann tatsächlich unsympathisch.«

Die sorgenvolle Beschäftigung dieser Menschen mit ihrem Problem führt dazu, dass sie sich noch mehr darauf konzentrieren, wodurch es sich noch mehr verstärkt. Es ist ungefähr so, als säßen Sie hinter dem Steuerrad eines Autos, das auf einer vereisten Straße auf einen Graben zurutscht: Wenn Sie sich auf das konzentrieren, was Sie unbedingt vermeiden wollen, stehen die Chancen gut, dass sie direkt hineinschlittern.

Eine besonders quälende Variation dieser ironischen Selbstvernichtung spielt sich im Schlafzimmer ab. Manche Männer sind so besorgt darüber, ob sie dort ihren Mann stehen können, dass sie durch ihre Beobachterrolle abgelenkt sind und sich selbst ängstlich belauern, ob ihre schlimmsten Befürchtungen eintreffen oder nicht. Masters und Johnson nannten dieses Verhalten *spectatoring* (im Deutschen wird meist der Begriff »Selbstbeobachtung« dafür verwendet). Anstatt sich auf die Partnerin zu konzentrieren und sich von der Leidenschaft des Augenblicks hinreißen zu lassen, beobachten sie aufmerksam, wie gut die Sache läuft. »Genießt sie das, was ich tue?«, fragen sie sich. »Hat sie bemerkt, dass meine Erektion dahinschwindet? Und wenn ja, was denkt sie dann jetzt über mich?« Unter diesen Umständen ist sexuelles Versagen natürlich vorprogrammiert.

Zurzeit wird als Behandlung gegen Sozialphobie dasselbe empfohlen wie gegen die anderen Angststörungen: Antidepressiva oder kognitive Verhaltenstherapie. Verglichen mit ihrem großen Erfolg bei der Behandlung von Panikstörungen, sind diese

Therapieformen bei der Behandlung von Sozialphobien jedoch nicht besonders erfolgreich. Ungefähr 40 Prozent der Patienten reagieren auf keine der beiden.

Ein besserer klinischer Ansatz könnte sein, sich das Hormon zunutze zu machen, das an der Wurzel der sozialen Bindung liegt: Oxytocin. Peter Kirsch, ein Wissenschaftler am National Institute of Mental Health (das weltweit größte Institut zur Erforschung von psychischen Störungen mit Sitz in Bethesda, Maryland), hat die Gehirne von freiwilligen Versuchspersonen gescannt, während sie angstmachende Bilder betrachteten, wie z. B. von wütenden Gesichtern oder Gewehren. Die Amygdala dieser Personen zeigte starke Aktivität. Nachdem die Versuchspersonen ein paar Spraystöße Oxytocin in die Nase bekommen hatten, ließ diese Aktivität nach. Dieser Effekt war besonders deutlich zu beobachten, wenn es Bilder von Gesichtern waren. Kirsch schloss daraus, dass Oxytocin besonders wirkungsvoll darin ist, Sozialängste zu dämpfen.

Andere Forscher arbeiten an einem Medikament, das sich die Wirkung des Oxytocins auf das Gehirn zunutze macht. Einfach nur Oxytocin einzunehmen wäre wahrscheinlich nicht besonders effektiv, da die Wirkung schnell nachlässt. Die ideale Lösung wäre eine Substanz, die auf dieselbe Weise wie Oxytocin mit Rezeptoren reagiert, aber im Körper langsamer wieder abgebaut wird.

Sie müssen allerdings nicht auf die Zukunft warten, wenn Sie sich die Wirkung von Oxytocin zunutze machen wollen. Sie haben bereits jetzt Zugang zu einem unerschöpflichen Vorrat. Im Allgemeinen ist es ja eine schlechte Idee, psychiatrische Erkrankungen selbst heilen zu wollen, aber im Fall von Sozialangst können Sie völlig risikolos so viel Oxytocin produzieren, wie Sie wollen, und zwar direkt in ihrem Körper. Wie wir bereits gesehen haben, kann schon eine Umarmung vom Partner oder der Partnerin den Oxytocinspiegel in die Höhe treiben und

Stress vermindern. Noch effektiver ist Sex. Eine Studie aus dem Jahr 2006 hat ergeben, dass »Geschlechtsverkehr mit Penetration« den Stress reduziert, den Menschen vor dem Sprechen in der Öffentlichkeit empfinden. Die Studie ergab, dass die Testpersonen umso weniger Stress verspürten, je mehr Sex sie vorher hatten.

Als Audie Murphey nach Amerika zurückkehrte, wirkte er nicht gerade wie einer, der sich vor irgendetwas fürchten könnte. Im ganzen Land wurde er als Verkörperung der Tapferkeit gefeiert, die den Sieg der Alliierten erst möglich gemacht hatte. Sein Privatleben war jedoch weniger rosig, als die Öffentlichkeit vermutete. Mehr als zwei Jahre brutalen Kriegsmordens hatten in einer Psyche, die schon vorher sehr verletzlich gegenüber der sich selbst verstärkenden Spirale der Angst gewesen war, beträchtlichen Schaden angerichtet. »Wenn Sie bereits eine Angststörung haben, ist das Risiko, eine weitere zu entwickeln, eindeutig erhöht«, sagt McCabe dazu.

Zu Murphys Zeiten wurde der psychische Tribut, den der Kampf forderte, als *battle fatigue* bezeichnet. (In Deutschland sprach man von »Kriegsneurose«.) Die zugrundeliegenden Mechanismen wurden kaum verstanden. Heute wissen wir, dass es sich um eine sogenannte Posttraumatische Belastungsstörung (PTBS) handelt, eine angelernte Überempfindlichkeit gegenüber Bedrohungszeichen, die im Verlauf eines tatsächlich erlittenen Traumas erlebt wurden. Wie bei allen Angststörungen reagiert das Gehirn übermäßig auf das, was es im Unterbewusstsein als Bedrohungszeichen wahrnimmt, und löst daraufhin eine heftige Angstreaktion aus. Murphy z. B. litt unter verstörenden Erinnerungsbildern (sogenannten *flashbacks*) von seinen Erfahrungen im Kampf, die von so harmlosen Dingen ausgelöst werden konnten wie einer Schüssel mit einer bestimmten Sorte Bohnen darin. Diese schrecklichen Erlebnisse traten inmitten langer

Perioden von Depression und Schlaflosigkeit auf. Er wurde abhängig von Schlaftabletten und kam erst wieder davon los, als er sich für eine Woche in einem Motelzimmer einschloss und dort einen kalten Entzug durchführte.

Damals schickte es sich nicht für Veteranen, über ihre psychischen Probleme zu sprechen, aber Murphy fing an, darüber zu reden, und forderte von der Regierung, mehr für Kriegsheimkehrer zu tun. Aber selbst er bekam nicht so viel Hilfe, wie er gebraucht hätte. Das Trauma, das er erlitten hatte, verfolgte ihn für den Rest seines Lebens. Alle seine Ehen scheiterten, er wurde wegen Gewalttätigkeit verhaftet und kam im Alter von 44 Jahren, also relativ jung, bei einem Flugzeugabsturz ums Leben.

Murphy hat für sich selbst nie akzeptiert, dass er an Sozialphobie litt. Dieses Krankheitsbild wurde erst 1980, neun Jahre nach seinem Tod, im *Diagnostic and Statistical Manual of Mental Disorders*, dem international anerkannten amerikanischen Handbuch der Psychiatrie, aufgenommen. Aber selbst wenn die Diagnose schon zu Murphys Lebenszeiten existiert hätte, hätte man ihn vielleicht nicht dagegen behandelt. Denn obwohl Sozialphobien die dritthäufigste psychische Erkrankung in Amerika darstellen und einen von acht Amerikanern im Laufe seines Lebens heimsuchen, schaffen es sehr viele Betroffene nicht, sich Hilfe zu holen. Teil des Problems ist, dass Sozialphobiker, wenn sie behandelt werden wollen, gegen ihre Angst vor Fremden ankämpfen müssen.

Ein anderer Faktor ist, dass die Erkrankung sehr häufig falsch gedeutet wird. Sozialphobie kann sich in vielen verschiedenen Formen manifestieren, die sich kaum ähneln. Wir haben bereits die Urinierhemmung auf öffentlichen Toiletten und die Erektionsstörung im Schlafzimmer kennengelernt. Wie wir im nächsten Kapitel sehen werden, gibt es noch eine ebenso weit verbreitete Form, die jede Woche von Millionen von Amerikanern auf den Fernsehbildschirmen beobachtet werden kann. Nur wenige Menschen würden vermuten, dass das, was sie da sehen, eine Form der Sozialphobie ist. Ja, wenige würden überhaupt annehmen, dass es auch hier um Angst geht.

»Einer der größten Versager aller Zeiten«

Unser ganzer Stress kommt letztlich aus uns selbst. Trotz der zahlreichen Herausforderungen, mit denen uns die Außenwelt konfrontiert, tritt unser Verteidigungsmechanismus erst dann in Aktion, wenn unser Verstand eine Situation abgeschätzt und eine Bedrohung darin entdeckt hat. Wie wir an vielen Beispielen gesehen haben, ist in den meisten Fällen die physiologische Reaktion unser größtes Problem. Das gilt insbesondere dann, wenn die Herausforderung in der sozialen Anerkennung durch andere besteht. Wenn alle Blicke auf uns ruhen, kann der Zwang zur Leistung eine vernichtende und grausam paradoxe Wirkung zeigen. Und das bringt uns nicht nur zum Stolpern, sondern völlig zu Fall.

Niemand kennt den Stachel solcher Selbstzerstörung besser als Dan Jansen. Er war einer der stärksten Eisschnellläufer, den die Vereinigten Staaten jemals hervorgebracht haben, und der Erfolg schien ihm in die Wiege gelegt. Als jüngstes von neun Kindern in einer Familie, die vom Eisschnelllauf besessen war, hatte er seine ersten Trainingsstunden im Alter von 4 Jahren und nahm mit 11 zum ersten Mal an Nationalmeisterschaften teil. Bereits mit 16 stellte er einen neuen Weltrekord in der Juniorenklasse auf. Groß und muskulös, mit markantem Kinn und einem Aussehen wie ein Filmstar, schien Jansen dafür prädestiniert, der amerikanische Jungstar auf dem Eis zu werden.

Eisschnelllauf verlangt Kraft, Balance, Rhythmus und Präzision, vor allem bei den kurzen Distanzen, die Jansen lief. Dabei starten immer zwei Läufer gleichzeitig nebeneinander und laufen gegen den Uhrzeigersinn um eine ovale Eishockeybahn. Die 500 Meter waren Jansens Spezialität: Während nur knapp 40 Sekunden muss ein Läufer all seine Kraft in nur 70 oder 80

Schlittschuhstöße legen, bis er die Ziellinie überquert. Da nur ein paar Hundertstelsekunden den Medaillengewinner vom Teilnehmer unter »ferner liefen« trennen, bleibt wenig Spielraum für Fehler.

Bei der Winterolympiade 1988 in Calgary/Alberta trat Jansen mit großem Vorsprung als Spitzenkandidat an. Mit seinen 22 Jahren war er in körperlicher Höchstform. Er war muskulös gebaut und brachte 85,5 Kilo auf die Waage, bei einer Körpergröße von 1,83 Metern. 1986 hatte er beim Eisschnelllauf-Weltcup bereits die 500 und die 1000 Meter gewonnen. Und eine Woche vor der Olympiade hatte er in der Sprintweltmeisterschaft den ersten Platz belegt. Er war »der schnellste Mann auf dem Eis«.

Aber an diesem Tag war seine Konzentration dahin. Schon seit über einem Jahr litt seine 27-jährige ältere Schwester Jane an Leukämie und in letzter Zeit war es ihr immer schlechter gegangen. Am Tag seines ersten Rennens hatte ihn seine Mutter um 6 Uhr früh aus der Klinik vom Krankenbett der Schwester aus angerufen: Janes Zustand hatte sich dramatisch verschlechtert. Da Jane an einem Beatmungsgerät hing, konnte sie nicht sprechen, aber einer von Dans Brüdern hielt ihr den Hörer ans Ohr, so dass er ihr sagen konnte, wie sehr er sie liebte. Am Nachmittag erfuhr er, dass Jane gestorben war. Ihre letzte Botschaft an ihn lautete: Hol dir die Goldmedaille!

Um 17 Uhr 20 Uhr betrat er die Eisbahn. Er hatte die günstigere Position gezogen, auf der Bahninnenseite, neben dem Japaner Yasushi Kuroiwa. Aber er war am Boden zerstört. Nachdem der Starter »Fertig« gerufen hatte, lief er los, ehe der Schuss fiel. Beim Wiederholungsstart zögerte er für den Bruchteil einer Sekunde und nahm dann seinen energischen Laufstil auf. Aber irgendetwas fühlte sich nicht richtig an. Nach den ersten hundert Metern im Rennen, in der ersten Kurve, brach Jansens linker Schlittschuh aus. Er streckte den Arm aus, um sich wieder zu fangen, aber es war zu spät. Er segelte in Kuroiwa, brachte ihn zu Fall und donnerte mit solcher Gewalt in die gepolsterte Seitenbande, dass er zurückgeschleudert wurde und wieder auf den Füßen landete.

Das zweite Rennen, das über 1000 Meter, fand vier Tage später statt. Jansen nahm sich zusammen. Er wusste, dass er körperlich das Zeug dazu hatte, jeden anderen Läufer der Welt zu besiegen, wenn er nur seinen Kampfgeist wieder mobilisieren konnte. Diesmal legte er einen starken Start hin, aber als er in der Mitte des Rennens wieder in die Gerade kam, ließen ihn seine Schlittschuhe erneut im Stich. Er stürzte aufs Eis und schlitterte bis in die Bande. Als er sich langsam wieder aufrappelte, konnten 90 Millionen Zuschauer rund um den Globus den Ausdruck abgrundtiefer Enttäuschung auf seinem Gesicht sehen. Jansen wusste, dass ihn alle Welt trotz seiner bisherigen Erfolge hauptsächlich als den Mann sehen würde, der bei den Olympischen Spielen gestürzt war.

Die nächsten Jahre über setzte Jansen mit eiserner Disziplin und hartem Training alles daran, sich selbst davon zu überzeugen, »dass es nicht noch einmal passieren würde«, wie er einem Reporter erzählte. Er dominierte den Weltcup über 500 Meter, indem er drei Jahre hintereinander den ersten Platz machte. Für die Winterspiele 1992 im französischen Albertville war er in noch besserer Form als in Calgary. Nur einen Monat davor hatte er den Weltrekord über 500 Meter gebrochen. Aber was die olympischen Spiele betraf, lief irgendetwas schief bei ihm. Beim 500-Meter-Lauf, seiner stärksten Disziplin, kam er bei der letzten Kurve aus dem Rhythmus und wurde lediglich Vierter. Bei den 1000 Metern belegte er einen beschämenden 26. Platz.

Doch wieder machte er sich verbissen und mit doppelter Energie ans Trainieren. Wegen einer Verlegung der Winterolympiade sollten die nächsten Spiele schon 1994 in Lillehammer in Norwegen stattfinden.

Janson dominierte wieder den Worldcup und unterbot im März 1993 erneut den Weltrekord. Neun Monate später setzte er noch einmal einen neuen Weltrekord und war damit der erste Mensch, der jemals die 500 Meter in weniger als 36 Sekunden gelaufen war. Seine Meisterleistung wurde von manchen Leuten sogar mit dem Brechen der Vier-Minuten-Meile in der Leichtathletik verglichen. Im Dezember dieses Jahres schrieb die Zeitschrift *Sports Illustrated*: »Nur noch zwei Monate bis Lillehammer und Jansen flitzt übers Eis wie nie zuvor.«

Jansen war bei seiner vierten Olympiade 28 Jahre alt. Ihm selbst und allen anderen war klar, dass dies sein letzter Versuch sein würde, eine olympische Medaille zu holen. Und trotz seiner vorausgegangen Misserfolge galt er wieder als Favorit für Gold über 500 Meter. Vor dem Lauf sagte sein Trainer Peter Mueller der Presse: »Er ist der größte Sprinter in der Geschichte des Eisschnelllaufs, und das wird er beweisen.«

Am 14. Februar 1994, auf den Tag genau sechs Jahre nach seinem ersten Sturz in Calgary, kam Jansen optimal von der Startlinie weg und legte auf den ersten 100 Metern eine weltrekordverdächtige Geschwindigkeit vor. Seine Technik war makellos, bis er 24 Sekunden nach dem Start des Rennens die erste Kurve erreichte. Es war nur ein kleiner Ausrutscher – eine fast nicht wahrnehmbare Entgleisung mit dem linken Schlittschuh. Er fegte mit der Hand kurz übers Eis, konnte sich aber aufrecht halten. Aber der Fehler war doch groß genug, um ihm kostbare Millisekunden zu rauben. Als er die Ziellinie überlief, riss er sich die Kapuze vom Kopf und hob die Arme in einer Geste von Verzweiflung und Ungläubigkeit in die Luft. Er war als Achter ins Ziel gekommen.

Das letzte olympische Rennen seiner Karriere, die 1000 Meter, standen vier Tage später auf dem Programm, seine letzte Chance auf einen Medaillengewinn, seine letzte Chance, zehn Jahre der Enttäuschung wieder wettzumachen und sich endlich den Preis zu holen, den ihm mit seinem Talent wirklich jeder gegönnt hätte. In vier Tagen sollte er entweder gewinnen oder verlieren. Auf jeden Fall würde er für den Rest seines Lebens Zeit haben, darüber nachzudenken.

Zu diesem Zeitpunkt rechnete niemand mehr damit, dass Jansen gewinnen würde. Der eindeutige Favorit war der Weißrusse Igor Zhelezovsky. Jansen fehlte einfach der Drive, um beim größten Sportwettkampf der Welt zu bestehen. »Er ist wahrscheinlich der größte Eisschnellläufer, der sich jemals Schlittschuhe angezogen hat, und doch hat er keine einzige Olympiamedaille gewonnen«, sagte der Sportpsychologe Jim Loehr dem amerikanischen Sportsender ESPN. Und das bedeute, so Loehr, »dass er einer der größten Versager aller Zeiten ist.« (Anmerkung der Übersetzerin: Loehr gebrauchte im Englischen statt »Versager« das präzisere Wort *choker*. *Choking* ist ein englischer Spezialbegriff für das Versagen unter Druck bei Sportlern.)

Choking. Das meistgefürchtete Wort im Sport. Sich anzustrengen und zu scheitern ist eine Sache – und gleichzeitig ein unvermeidlicher Bestandteil sportlichen Wettkampfs. Aber *choking* – der plötzliche und dramatische Verlust der sportlichen Leistungsfähigkeit unter Druck – ist etwas weit Übleres, gleichsam eine Implosion, die so unerklärlich wie beschämend ist.

Jede Sportart hatte ihre Variante von *choking*. Golfer fürchten *the yips*, plötzlich auftretende unwillkürliche Muskelzuckungen, die vor allem beim Putten verhindern, dass der Ball eingelocht werden kann. Beim Bogenschießen ist es die sogenannte »Zielpanik« oder auch »Goldangst«, die selbst talentierteste Schützen daran hindert, den Pfeil zum richtigen Zeitpunkt zu lösen. Amerikanische Baseball-Fans sprechen von der *Steve Blass disease*, so genannt nach dem Pittsburgh Pirates Pitcher und All-Star- und World-Series-Champion, der Mitte der

Saison 1972 auf einmal keinen Ball mehr über die Home Plate werfen konnte.

»Sie können sich nicht vorstellen, wie frustrierend das ist«, sagte Blass den Reportern vor Beginn der nachfolgenden Saison. »Sie wissen, dass Sie sich blamieren werden, können aber nichts dagegen tun. Sie sind hilflos – total angstbesetzt und hilflos.«

Obwohl jeder Sport andere Fähigkeiten erfordert, gehorcht die Art und Weise, wie *choking* die Sportler beeinträchtigt, doch einem auffälligen Muster. Es tritt nicht bei Anfängern auf, sondern vor allem bei besonders erfahrenen Sportlern und zwar meist am Höhepunkt ihrer Karriere. Und anders als bloßes Nervenflattern oder die Aufregung vor etwas Unbekanntem nimmt es im Lauf der Zeit nicht ab. Einer der erschreckendsten Aspekte von *choking* ist, dass es einen immer wieder treffen kann, sobald es das erste Mal aufgetreten ist. Es ist wie eine kräftezehrende, chronische Krankheit. Der bekannte britische Golfjournalist Henry Longhurst hat über die *yips* einmal gesagt: »Wenn Sie es erst mal haben, dann haben Sie es.«

Die Versuche der Sportler, ihr Leiden wieder loszuwerden, verschlimmern die Situation meist nur noch. Mackey Sasser, ein begabter Catcher bei den New York Mets, musste nach drei Jahren in der Mannschaft plötzlich feststellen, dass er unfähig war, den Ball nach jedem Pitch normal zur Abwurfstelle zurückzuwerfen – eigentlich eine der leichtesten Übungen im Baseball. Um den Ball überhaupt zum Pitcher zurückzubringen, musste er improvisieren und ihn zuerst ein paarmal zwischen seinen Handschuhen hin- und herspielen. Dann lehnte er sich weit zurück auf die Fersen und warf den Ball schließlich in einem so hohen Lob, dass er ewig lange bis zum Pitcher brauchte und die Runner in der Zwischenzeit oft Bases erlaufen konnten. Kein Wunder, dass er kurz darauf aus dem Kader ausgeschlossen wurde.

Besonders belastend am *choking* ist, dass es oft für eine Charakterschwäche gehalten wird – wie mangelndes Selbstbewusstsein, Willensschwäche oder das Fehlen von Kampfgeist. Nachdem Dan Jansen bei den Olympischen Spielen in Calgary versagt hatte, stellte der Journalist Alexander Wolff in der Zeitschrift *Sports Illustrated* die Vermutung an, dass er einfach ein zu netter Kerl war und dass sein Wunsch, alle zufrieden zu stellen, ihn davon abhielt, die nötige Wut aufzubauen, die ihn über seine Schwierigkeiten hinwegtragen würde. »Nach jeder seiner bisherigen Niederlagen wirkte er gequält und resigniert, aber kein bisschen wütend«, stöhnte Wolff.

Aber *choking* hat nichts mit dem Charakter zu tun. Im Gegenteil: Ein Grund, warum es so hinterlistig und widersinnig behandlungsresistent ist, liegt darin, dass der dahintersteckende Mechanismus so ganz anders ist, als man es gemeinhin vermutet. Aber was ist die Wahrheit? Dass *choking*, obwohl es sich ganz anders äußert als Erröten und Stottern, in Wirklichkeit auch eine Art von Sozialphobie ist, eine »nicht-generalisierte soziale Angststörung« in psychologischer Terminologie. Seine wahre Natur verrät sich dadurch, dass es nur auftritt, wenn andere Leute zusehen. Beim Training warf Steve Blass Pitches mit demselben Affenzahn wie immer. Mackey Sasser warf normal, wenn die Tribüne leer war. Dan Jansen rutschte niemals beim Aufwärmtraining aus oder wenn er beim Worldcup vor relativ kleinem Publikum um den Titel lief. Es ist nicht der Sport, der *choking* verursacht – es sind die Zuschauer.

Wie wir im letzten Kapitel gesehen haben, verfügen Menschen über ein ausgefeiltes psychologisches Instrumentarium, mit dessen Hilfe sie soziale Strukturen abschätzen und sich in sie einfügen können. Während Oxytocin ein Schlüsselhormon zur Formung von Bindungen ist, gibt es für den Wettkampf eine wichtigere Substanz, nämlich Testosteron, das Hormon der Dominanz und männlichen Sexualität. In den Sozialstrukturen der meisten Säugetiere konkurrieren die Männchen um die Weibchen, und Testosteron bewirkt, dass sie das tun können. Beim

Menschen lässt es die Stimme tiefer werden, den Bart wuchern und die Muskeln wachsen. Bei Elchen lässt es das Geweih größer werden, so dass ein Männchen um die Kontrolle über eine Herde von Elchkühen kämpfen kann. Biologen haben herausgefunden, dass bei dem Sieger nach einem Dominanzkampf der Testosteronspiegel ansteigt, beim Verlierer dagegen absinkt. Bei uns Menschen verhaken die Männchen zwar nicht die Hörner ineinander, aber wir konkurrieren auf andere Weise. Eine davon findet auf dem Spielfeld statt. Siegreiche Mannschaften werden mit erhöhten Testosteronwerten belohnt, vor allem wenn sie einen langjährigen Gegner besiegt haben. Dieses Phänomen führt zum sogenannten Sieger-Effekt: Da sich der Testosteronanstieg förderlich auf das Selbstbewusstsein und den Mut zum Risiko auswirkt, hat der Sieger auch beim nächsten Mal wieder beste Chancen zu gewinnen. Erfolg erzeugt Erfolg. Ein ähnlicher Effekt konnte auch in der Arbeitswelt festgestellt werden. Der Psychologe John Coates von der Cambridge University befasste sich mit Derivatenhändlern in der Londoner City und fand heraus, dass diejenigen mit höheren Testosteronspiegeln im Durchschnitt erfolgreichere Verträge abschließen.

»Gewinnen ist nicht alles«, sagt eine Redensart – aber was unser Unterbewusstsein betrifft, ist es doch eine ganze Menge wert. Sport mag zwar ein Spiel sein, aber der Einsatz ist doch ganz real. Der soziale Rang und der Zugang zu einem Fortpflanzungspartner sind entscheidende Faktoren dafür, ob die Gene eines Individuums an die nächste Generation weitergegeben werden. Unter evolutionären Gesichtspunkten ist es eine Sache des genetischen Überlebens, ob man von anderen als Gewinner wahrgenommen wird. Und wie wir gesehen haben, bewirkt soziale Bedrohung Sozialangst, durch die wiederum schrecklich paradoxe Effekte ausgelöst werden können.

Choking manifestiert sich anders als generalisierte Sozialphobie. Zuerst einmal fühlt es sich nicht wie Angst an. Aber wie bei anderen Arten von Sozialangst steckt als Grund die Selbst-Bewusstheit der betroffenen Person dahinter. Statt nach außen wird die Aufmerksamkeit nach innen gerichtet. Und so konzentriert man sich nicht auf die anstehende Aufgabe, sondern stellt sich vielmehr die Frage: »Wie stelle ich mich an?« (»How'm I doing?«, wie es der ehemalige New Yorker Bürgermeister Ed Koch einmal formuliert hat.)

Je länger ein Sportler über seine Misere nachdenken kann, desto schlimmer wird sie. Beim Baseball sind Pitcher und Catcher besonders anfällig, weil sie alle Zeit der Welt für ihre Würfe haben. Wenn sie keine Zeit zum Nachdenken haben, entsteht das Problem dagegen erst gar nicht. Mackey Sasser war absolut in der Lage, Baserunner auszuspielen, wenn ein Spiel sich spontan entwickelte, denn dann war so rasches Handeln gefragt, dass gar keine Zeit zum Versagen blieb.

Einige Journalisten haben *choking* als »zu viel denken« beschrieben, aber wenn es so einfach wäre, könnte man es auch ganz leicht bekämpfen. In Wirklichkeit ist es weit subtiler und hinterlistiger als ein Zuviel an Denken. Wie andere Manifestationen von Ängsten ist *choking* ein paradoxes Phänomen, das ärgerlicherweise allen Anstrengungen zu seiner Bekämpfung widersteht – ganz generell wird es nämlich nur schlimmer, wenn man es direkt bekämpfen will. Wenn wir dagegen verstehen, welche Mechanismen dahinterstecken, können wir auch herausfinden, wie wir es überlisten können.

Gut trainierte Bewegungsmuster sind, wie wir gesehen haben, fast so schnell und zuverlässig abrufbar wie angeborene Reflexe. Und sie sind äußerst stressresistent. Wenn Sie auf dem Schießplatz 10 000-mal geübt haben, ihre Pistole zu ziehen und abzufeuern, werden Sie auch dann fähig sein, fehlerlos zu ziehen und zu feuern, wenn ein Angreifer mit erhobener Axt auf sie zurennt.

Diese Regel kann man dagegen vergessen, wenn der Stress sozialer Natur ist. In einem Anfall akuter Selbst-Bewusstheit gehen selbst außerordentlich gut gelernte Bewegungsmuster den Bach hinunter. Dan Jansen hat 10 000-mal Eisbahnen wie die umrundet, auf der er bei den Olympischen Spielen gestolpert ist. Steve Blass und Mackey Sasser konnten im Schlaf Basebälle von der Abwurfstelle zum Schlagmal werfen. Die absolute Fehlerfreiheit ihrer automatischen Bewegungsprozesse hat ihnen aber in diesem Fall nicht das Geringste genützt.

Was ist also mit diesen feingeschliffenen automatischen Abläufen passiert? Es zeigt sich, dass sie prima funktioniert haben. Aber unglücklicherweise lief nebenbei noch etwas anderes ab. Rob Gray, ein Psychologe an der Arizona State University, hat ein raffiniertes Experiment zum Mechanismus des *choking* durchgeführt. Er richtete einen virtuellen Baseball-Übungskäfig für zwei Gruppen von Testpersonen ein. Die eine Gruppe bestand aus Baseballprofis, die andere aus Anfängern. Während sie im Simulator ihre Pitches schlugen, ertönte entweder ein hoch- oder ein niederfrequenter Ton an irgendeinem Punkt ihres Schlagschwungs. Als Erstes bat Gray die Testpersonen, den Ton einfach zu ignorieren – das war der Kontrolllauf. Danach bat er sie, hinzuhören, ob die Frequenz des Tons hoch oder niedrig war. Und ganz zum Schluss sollten die Testpersonen feststellen, ob der Schläger in dem Moment, in dem sie den Ball trafen, gerade nach oben oder nach unten geführt wurde.

Im dritten Teil des Tests, als die Testpersonen bewusst auf ihren Schwung achteten, schnitten die Neulinge besser ab, wenn sie den Ton ignorierten und einfach nur schlugen, fand Gray heraus. Das ist nicht erstaunlich: Anfänger lenken ihre Aufmerksamkeit auf das, was sie tun. Konzentration ist also vorteilhaft für sie. Im Gegensatz dazu schnitten sie am schlechtesten ab, wenn sie die Höhe des Tons zu bestimmen versuchten, weil diese Aufgabe sie davon ablenkte, sich auf ihren Schlag zu konzentrieren.

Bei den Baseballprofis war die Geschichte jedoch ziemlich genau umgekehrt. Auf den Ton zu hören beeinflusste ihre Leistung nicht negativ – sie schnitten genauso gut ab, als wenn sie den Ton ignorierten, da sie ihre Schläge automatisch ausführten. Wenn sie dagegen feststellen sollten, ob ihr Schläger sich nach oben oder nach unten bewegte, verschlechterte sich ihre Leistung. Zahlreiche andere Studien haben einen ähnlichen Effekt festgestellt: Wenn Profis anfangen, ihre Aufmerksamkeit auf ihr Tun zu lenken, untergraben sie die Automatizität, die Grundlage für ihr Können.

Der Wettkampfstress verschlimmert alles noch. Daniel Gucciardi und James Dimmock, Wissenschaftler an der University of Western Australia, führten ein ähnliches Experiment mit Golfprofis durch und fügten auch noch das Element des Drucks hinzu. Ihre Testpersonen wurden aufgefordert zu putten, während sie sich entweder auf drei Wörter konzentrieren mussten, die etwas mit ihrer Golftechnik zu tun hatten (z. B. »Arm«, »Kopf« und »Gewicht«), oder auf drei Wörter, die nichts damit zu tun hatten (z. B. Farbwörter). Dann mussten sie dasselbe noch einmal in einer Situation unter Druck durchführen und der Beste sollte einen Geldpreis erhalten.

Gucciardi und Dimmock fanden heraus, dass sich die Leistung der Golfer nicht verschlechterte, wenn sie in der Situation unter Druck an irrelevante Begriffe dachten. Weder die Ablenkung durch die Wörter, noch der Druck beeinflusste ihr Putten. Aber sobald sie gebeten wurden, ihre Aufmerksamkeit auf ihren Schlag zu richten, lieferten sie schlechtere Leistungen ab. Fazit: Selbst-Bewusstheit plus Druck ist ganz schlecht. Ersetzt man nun die Selbst-Bewusstheit durch Sozialphobie und den Druck durch die Olympischen Spiele, hat man das Rezept für ein Desaster à la Dan Jansen.

Wenn *choking* bedeutet, dass man zu viel denkt, liegt die Lösung wohl darin, weniger zu denken. Das ist eben das Paradox von Ängsten. Wenn Sie erst einmal wissen, dass das Potenzial dazu da ist – wenn Sie also Ihre erste Panikattacke oder das erste *choking* erlebt haben – können Sie es nicht mehr *nicht* wissen. Jedes Mal, wenn Sie sich wieder in der Situation befinden, in der sie zuvor gescheitert sind, können Sie nur noch daran denken. Dan Jansen an der Startlinie zu den 500 Metern: Versagen, Versagen, Versagen, Versagen. Mackey Sasser in der Hocke hinter der Home Plate: Versagen, Versagen, Versagen, Versagen. Steve Blass auf dem Pitcher's Mound: Versagen, Versagen, Versagen, Versagen.

Wenn man versucht, nicht daran zu denken, wird das Problem meistens noch schlimmer. Der Harvard-Psychologe Daniel M. Wegner hat ausführlich über paradoxe Effekte mentaler Prozesse geschrieben (er spricht auch von »ironischen Prozessen«) und ganz speziell darüber, wie schwierig es ist, *nicht* an etwas Bestimmtes zu denken. Wenn Ihnen jemand zum Beispiel sagt, Sie sollen nicht an einen weißen Bären denken, können Sie das eine Weile versuchen, aber irgendwann wird sich der weiße Bär in Ihr Bewusstsein drängen – und zwar eher früher als später. Wegner stellte die Theorie auf, dass ein Teil unseres Gehirns (»der automatische Prozess, mit dessen Hilfe wir das Versagen unserer Selbstkontrolle überwachen«, nennt er ihn) dabei von Zeit zu Zeit überprüft, wie wir uns anstellen. Während wir also versuchen, nicht an den weißen Bären zu denken, streckt der Überwachungsprozess seinen Kopf zur Tür herein und fragt: »Wie geht's denn so mit dem Nicht-an-den-weißen-Bär-Denken?« Hoppla: weißer Bär.

Natürlich ist es ganz einfach, nicht an einen weißen Bären zu denken, ehe uns das jemand überhaupt das erste Mal vorschlägt. Und genauso werden Sie sich bis zu dem Tag, an dem Sie es zum ersten Mal erleben, nie Gedanken über *choking* machen – aber

»dann haben Sie es«, wie Henry Longhurst gesagt hat. Häufig finden die Betroffenen nie heraus, was die Störung zuerst verursacht hat. Bei Sasser entstand das Problem ganz plötzlich, nachdem er während eines Spiels an der Schulter getroffen worden war. Es war keine schlimme Verletzung, aber von da an ging es nicht mehr ohne sein sonderbares Verhalten beim Zurückwerfen.

Haben wir das *choking* erst einmal im Kopf, ist es nicht so einfach, es wieder loszuwerden. Je mehr wir ignorieren wollen, was wir mit unserem Körper tun, desto mehr wird unsere Aufmerksamkeit darauf gelenkt. Genau wie jemand, der an Panikattacken leidet, sein Herz rasen fühlt und sich fragt, ob er gleich eine weitere Attacke haben wird, bemerkt ein Sportversager, dass sein Körper das Falsche tut und setzt so eine ungewollte Rückkopplungsschleife in Gang, die seine Symptome immer stärker werden lässt, bis seine sportlichen Fähigkeiten schließlich völlig außer Kraft gesetzt sind.

Und doch ist dieses Phänomen äußerst rätselhaft. Wie soll Schlagen und Werfen durch Denken beeinträchtigt werden? Die Antwort hat mit der Art und Weise zu tun, wie das Gehirn Bewegungen ausführt. Rufen Sie sich ins Gedächtnis: Wenn wir einen Bewegungsablauf erlernen, wie zum Beispiel das Schlagen einer Vorhand im Tennis, durchdenken wir den Vorgang zu Beginn ganz bewusst, aber mit zunehmender Übung wird der Prozess im ventralen Striatum verschlüsselt, so dass wir nicht länger darüber nachdenken müssen, was wir tun. Entscheidend ist, dass nicht nur ein einziges Muster für jede Art von Handlung im ventralen Striatum gespeichert ist. Im Gegenteil: Es gibt ja viele verschiedene Arten, eine bestimmte Handlung auszuführen. Um den Ball zu treffen, kann ich mein Handgelenk in diese Richtung drehen oder in jene abknicken. Ich kann den Schläger schnell schwingen oder langsam. Alle möglichen Optionen sind zusammen im Striatum gespeichert.

Wenn die Handlung dann ausgeführt werden soll, konkurrieren diese verschiedenen Möglichkeiten miteinander. Die stärkste gewinnt und führt dazu, dass die in ihr verschlüsselte Handlung ausgeführt wird. Ein Signal wird an einen Bereich gesendet, der sich Globus pallidus nennt und der wiederum mit Bewegungsgeneratoren im Cortex verbunden ist. Diese veranlassen den Muskel dann zur Bewegung.

Die Verbindung zwischen dem Globus pallidus und den Bewegungsgeneratoren ist jedoch nicht geradlinig. Anstatt dass er einfach »Und los!« zu ihnen sagt, sendet der Globus pallidus ununterbrochen hemmende Botschaften an den Cortex und befiehlt den Bewegungsgeneratoren nicht zu feuern. Im Grund funktioniert das wie Tausende winziger Bremsen, von denen jede ein anderes Bewegungsmuster daran hindert, ausgeführt zu werden. Und damit dann überhaupt irgendetwas getan wird, müssen Neuronen im ventralen Striatum die Neuronen im Globus pallidus blockieren, die wiederum die Aktion hemmen. Es ist also Aktion durch *Hemmung der Hemmung*.

Dieses ziemlich komplizierte System gerät außer Kontrolle, wenn der falsche Bereich im Globus pallidus gehemmt wird. Mit dem Ergebnis, dass der falsche Bewegungsgenerator enthemmt wird und unbeabsichtigte Handlungen ausgeführt werden. Dieser Mechanismus liegt auch dem Tourette-Syndrom zugrunde, bei dem die Betroffenen von unerwünschten Tics und verbalen Ausbrüchen geplagt werden. Es ist nicht so, dass ein Teil ihres Unterbewusstseins diese Aktionen ausführen will, sondern dass der Mechanismus, der sie hemmen soll, gestört ist.

Etwas Ähnliches passiert beim *choking*. Dabei wird die unangemessene Enthemmung einfach dadurch hervorgerufen, dass wir an das denken, was wir nicht tun wollen. So widersinnig es auch erscheinen mag: Der bloße Gedanke an eine Handlung kann den zuständigen Bewegungsgenerator enthemmen und bewirken, dass die Handlung ausgeführt wird. Dieses Phänomen, das man den »ideomotorischen Effekt« nennt, wurde zum ersten Mal gegen Ende des 19. Jahrhunderts erforscht. Testpersonen, die ein kleines Pendel ruhig halten und sich lediglich vorstellen sollten, dass es sich in eine bestimmte Richtung bewegt, stellten häufig fest, dass sich das Pendel – scheinbar aus eigenem Antrieb – in genau diese Richtung bewegte. William James, ein wegweisender amerikanischer Psychologe, hat das damals folgendermaßen formuliert: »Jede Vorstellung von einer Bewegung erweckt zu einem gewissen Grad auch die tatsächliche Bewegung, die ihr Objekt ist.«

Beim *choking* führt intensive Selbst-Bewusstheit dazu, dass die gesamte Konzentration auf die Handlung gerichtet wird, die gleich ausgeführt werden soll. Der ideomotorische Effekt verursacht eine ungewollte Hemmung des Globus pallidus und löst so unerwünschte Bewegungsmuster aus. Das Ganze endet damit, dass wir eine Kombination aus unseren gut gelernten Bewegungsmustern und einer anderen, weniger erwünschten Handlung ausführen (Sportwissenschaftler sprechen hier vom sogenannten *double pull* oder »Gegenspielerprinzip«).

Im Gegensatz zu der normalen Leistungsverschlechterung, die die Yerkes-Dodson-Kurve vorhersagt, findet die Verschlechterung hier sehr rasch statt. Ein Sportversager verliert seine Fähigkeiten bei zunehmendem Druck nicht allmählich. Vielmehr erreicht er eine gewisse Angstschwelle und kollabiert dann plötzlich. Es ist also Schwarz oder Weiß, Nacht oder Tag.

Tim Woodman, ein britischer Psychologe, hat zusammen mit seinem Kollegen Lew Hardy ein sogenanntes »Katastrophenmodell« des Leistungsabfalls erarbeitet. »Mit zunehmender physiologischer Erregung nimmt auch die Leistung bis zu einem gewissen Punkt zu«, meint Woodman. »Ab diesem Punkt hat jede weitere Erregungszunahme eine dramatisch verschlechternde Wirkung auf die Leistung und das ist das, was wir

›Katastrophe‹ nennen. Man hat hier nicht diesen sanften und allmählichen Abfall in der Leistung. Man hat einen massiven Absturz.«

Ein entscheidender Punkt bei ihrer Theorie ist das Konzept der Hysteresis. Das ist die Theorie, dass der Weg eines Athleten entlang der Yerkes-Dodson-Kurve rückwärts anders verläuft als vorwärts. »Hier ein Beispiel, das ich meinen Studenten gern nenne«, meint Woodman. »Stellen Sie sich vor, Sie versuchen zu lernen, während Ihr Zimmernachbarn leise Musik hört. Dann steigert er die Lautstärke allmählich. Sie können die Musik ziemlich lange tolerieren, bis zu einem gewissen Punkt, und dann ist es mit einem Schlag vorbei: Sie können sich nicht mehr konzentrieren und müssen zu ihm rübergehen und ihm sagen, dass er die Musik leiser drehen soll. Und er kann die Lautstärke dann nicht einfach nur um zehn Prozent reduzieren, sondern muss sie ziemlich weit runterdrehen, bis Sie sich wieder auf das Lernen konzentrieren können.«

Wenn ein Sportler versagt, kann er dementsprechend auch nicht einfach innehalten, tief durchatmen und hoffen, dass seine Fähigkeiten bald zurückkehren. »Um wieder eine gute Leistung zu erzielen, kann man nicht einfach nur eine Stufe zurückgehen«, sagt Woodman. »Man muss mindestens um zehn Stufen zurückgehen, ehe man sich wieder sammeln kann.«

Bogenschützen-Trainer nutzen diese Erkenntnis, wenn Sie ihren Schülern beibringen, mit Zielpanik umzugehen. Typischerweise löst ein betroffener Schütze entweder schon aus, sobald er die Zielscheibe nur sieht, oder er erstarrt und kann den Pfeil gar nicht mehr lösen. Eines der am häufigsten verwendeten Gegenmittel ist, die Zielscheibe ganz zu entfernen und den Schützen auf einen Heuballen schießen zu lassen. Das ist eine wirkungsvolle Methode, um den Druck wegzunehmen und so die Hysteresis-Kurve wieder auf Null zu setzen. Wenn der Schütze sich unter den stressfreien Bedingungen wieder wohl fühlt, kann er seinen Weg die Yerkes-Dodson-Kurve hinauf mit einer positiven Einstellung erneut beginnen.

Versagensanfälligen Sportlern, die ihre Konzentration nach innen richten, hilft es auch, wenn sie ihren Verstand ganz bewusst mit positiven Gedanken füllen. Die Studie von Gucciardi und Dimmock ergab, dass die Golfprofis die beste Leistung erbrachten, die sich selbst immer wieder einen einzigen Begriff vorsagten, den sie mit erfolgreichem Putten verbinden, wie zum Beispiel »ganz ruhig«.

»Es wird das gebraucht, was wir ein ›ganzheitliches Prozessziel‹ nennen«, sagt Woodman. »Man muss sich auf das Gesamtgefühl der Leistung konzentrieren, nicht auf ein spezifisches Element davon. Wenn ich Golf spiele, will ich mich nicht auf den Neigungswinkel meines Handgelenks konzentrieren oder darauf, wie aufrecht ich meine Schultern halte. Ich will mich ganz auf das Gefühl konzentrieren, das man hat, wenn man den Ball so richtig schön schlägt.«

Bei der Vorbereitung auf die Olympischen Spiele 1994 hat Dan Jansen mit dem Sportpsychologen Jim Loehr an einer solch ganzheitlichen Strategie gearbeitet. Zusammen entwickelten sie eine Reihe von Visualisierungstechniken, die er vor jedem Wettkampf anwandte, um sich zu wappnen. Aber am Abend vor seinem letzten Rennen in Lillehammer konnte und wollte Jansen sich nicht damit aufhalten.

Er hatte genug von den ewigen Versuchen. Er war so oft mit dem Kopf gegen die Wand gerannt. Wieder und wieder hatte er sich selbst enttäuscht, seine Familie und, was am schwersten wog, Millionen von Fans, die ihn angefeuert und ihm nach jedem Versagen wieder Mut zugesprochen hatten. Er wusste, dass er körperlich fit genug war, um zu siegen, aber irgendetwas in seinem Charakter schien versessen darauf, auch seine größten Anstrengungen zu untergraben. *Ich müsste eigentlich wirklich gewinnen*, sagte er sich, *aber irgendwie läuft immer was schief, so dass sie wieder nicht feiern können.* Er rief einen Reporter von der Lokalzeitung an und bat ihn, seinen Fans folgende Botschaft zu übermitteln: »Sorry, Milwaukee.«

Er war einfach zu müde und hatte es mehr als satt, sich noch einmal in aller Öffentlichkeit zerpflücken zu lassen. Müde stellte er sich einer Pressekonferenz und sagte den Reportern: »Das Leben geht weiter. Zu Hause warten meine Frau und mein Kind auf mich. Ich werde mein Leben eben ohne eine olympische Goldmedaille über 500 Meter fortsetzen müssen.« Was die 1000 Meter betraf, wollte er einfach laufen und es hinter sich bringen. »Wenn es passieren soll, passiert es«, sagte er den Reportern. »Wenn nicht, werde ich einfach weitermachen – wie schon so oft.«

Doch noch immer erreichten ihn Unmengen von Briefen, Anrufen, Telefaxen. Der bekannte amerikanische Musiker Jimmy Buffet schickte ihm ein einseitiges Fax, auf das er einfach schwungvoll von Hand geschrieben hatte: »Dan, Blow the Volcano!« (auf Deutsch etwa: »Dan, lass es krachen!«) Aber Jansen hatte nicht die Absicht, das zu tun. Es ging ihm nicht gut und außerdem hatte er zu oft erleben müssen, wie sein verzweifeltes Bemühen nach hinten losgegangen war. Er würde einfach nur laufen.

Das Olympia-Finale über 1000 Meter fand am Freitag, den 18. Februar, statt. Jansen legte einen starken Start hin und absolvierte die ersten 200 Meter in nur 16,71 Sekunden. Bei der 400-Meter-Marke, wo er mit dem Japaner Junichi Inoue Bahn wechseln musste, nutzte er kurz den Windschatten seines Gegners und gewann so entscheidende Hundertstelsekunden. Die 600-Meter-Marke durchlief er mit weltrekordverdächtiger Geschwindigkeit.

Aber seine Olympia-Dämonen waren noch immer hinter ihm her. Wahrscheinlich unterwanderten ab diesem Moment wieder düstere Gedanken die totale Konzentration, die ihn vom Start bis hierher gebracht hatte. Und tatsächlich kam Jansen in der vorletzten Kurve aus dem Rhythmus. Sein Fuß scherte aus, der Arm schwang hinunter, um einen Sturz zu verhindern. Seine Finger streiften nur ganz kurz übers Eis, dann hatte er sein Gleichgewicht wiedergefunden. Das Ganze kostete ihn zwar ein oder zwei Hundertstelsekunden, aber er war noch im Rennen. Er hatte sich gehalten.

Jansen holte alles aus sich heraus. Seine Oberschenkel brannten vor Schmerz, aber er trieb die Kufen verbissen über die letzten 200 Meter. Als er die Ziellinie überquerte, blinkte auf dem großen elektronischen Bildschirm seine Zeit auf: 1:12:43. Diesmal hob er seine Hände nicht aus Verzweiflung, sondern voller Euphorie zum Kopf. Er hatte den Weltrekord um elf Hundertstelsekunden unterboten – und sich die Goldmedaille gesichert.

»Es ist vorbei«, sprach seine Frau unter Tränen in die Fernsehkameras. »Das, was war, liegt jetzt endlich hinter uns. Oh, mein Gott!«

Nach diesem Sieg wurde Jansen in einem Ausmaß als Held gefeiert, wie es nie der Fall gewesen wäre, wenn er einfach wie erwartet seine Goldmedaillen abgeholt hätte. Die ehemaligen Präsidenten Ronald Reagan, George H.W. Bush und Bill Clinton sandten persönliche Gratulationsschreiben. Er wurde in die Olympic Hall of Fame der Vereinigten Staaten aufgenommen, mit dem Sullivan Award der Amateur Athletic Union ausgezeichnet und erschien auf dem Titelbild von *Sports Illustrated.* Mit seiner Weltrekordleistung über 1000 Meter hatte Jansen etwas viel Schwierigeres vollbracht als nur den Sieg über seine Mitstreiter: Er hatte über die Dämonen in seinem Inneren triumphiert.

Uns allen leuchtet ein, dass man auf Schlittschuhen schnell sein kann, auch wenn wir es selbst nicht können. Einen sechs Jahre andauernden Fluch des Versagens zu überwinden ist dagegen eine viel ungewöhnlichere und unerklärlichere Heldentat. Das Geheimnis von Jansens Erfolg erkannten nur die wenigsten: In seiner düstersten Stunde gab er alle Hoffnung auf und setzte dadurch seine Hysteresis-Kurve wieder auf Null.

Obwohl Jansen sich nach Lillehammer aus dem Wettkampfsport zurückzog, ist er der Öffentlichkeit präsent geblieben. Er arbeitet heute als Kommentator für NBC Sports und als Eislauftrainer für das Hockeyteam der Chicago Blackhawks.

Und obwohl er sich keine Gedanken mehr über *choking* machen muss, könnte sein neues Leben vor den Kameras ihn für eine andere Variante von Sozialangst anfällig machen – eine, die nicht die körperliche, sondern die mentale Leistung torpediert. Wegen der vielgestaltigen Natur der Sozialphobie wird es jetzt niemanden mehr erstaunen, dass diese Form der Angst sich so gänzlich anders offenbart als das Versagen im Sport. Ja, kaum einer würde überhaupt vermuten, dass es sich um zwei Formen derselben Störung handelt. Aber der Mechanismus hinter den so unterschiedlichen Symptomen ist in beiden Fällen derselbe. Nur dass die Angst, von der im folgenden Kapitel die Rede sein soll, nicht bewegungsunfähig macht, sondern stumm.

Die Augen der anderen

Beobachtet zu werden, löst eine gewaltige, ursprüngliche Gefühlsreaktion in uns aus, die untrennbar mit unserer evolutionären und kulturellen Entwicklung verwoben ist. Wenn wir etwas über die Welt lernen und den emotionalen Zustand unserer Artgenossen erschließen wollen, sind wir als Primaten besonders auf den Gesichtssinn angewiesen. Als Begleiterscheinung empfinden wir – wie alle anderen Primaten – ein tiefwurzelndes Unbehagen, wenn wir angeschaut werden.

Gehirnscans haben gezeigt, dass ein direkter Blick die Amygdala weit stärker stimuliert als ein indirekter. Das erste, was ein Baby an einem Gesicht erkennt, sind die Augen, und unser ganzes Leben lang üben zwei nebeneinanderliegende Kreise eine besondere Macht über uns aus. Leicht zu sehen zum Beispiel an der Ikonographie des Kreises mit zwei kleineren Kreisen darin beim berühmten gelben Smiley-Gesicht oder an den aufgemalten Augen auf dem Bug von Fischerbooten am Mittelmeer, die böse Geister verscheuchen sollen.

Wenn der direkte Blick eines Augenpaars uns schon aufregt, kann der Blick vieler Augenpaare besonders angsteinflößend sein. Wie bereits festgestellt, ist die Angst vor dem Sprechen in der Öffentlichkeit sehr weit verbreitet, und die meisten Amerikaner benennen es als ihre Angst Nummer eins. Sogar erfahrensten Schauspielern dreht sich oft der Magen um vor Angst, wenn sie sich auf der Bühne dem Meer von Augenpaaren stellen sollen. Nicht selten hört man von Sängern und Schauspielern, die sich vor jeder Vorstellung übergeben müssen. Dem direkten Blick von Hunderten oder Tausenden von Menschen ausgeliefert zu sein erschüttert die menschliche Psyche offenbar ganz gehörig.

Aber manch erfahrenen Künstlern droht ein noch düsterer Schrecken, der mysteriöser, unvorhersehbarer und potenziell zerstörerischer ist als gewöhnliches Lampenfieber. In seiner mildesten Form fühlt sich der Schauspieler auf einmal blockiert, sein Mund ist trocken, die Vorstellung stockt. Er hängt im Text, weiß nicht, wie er weiterspielen soll. Alle Augen ruhen auf ihm und er ist verloren. Wenn er Glück hat, gewinnt er seine Fassung schnell wieder und der Moment ist vorüber. Wenn er kein Glück hat, ist die Krise weit größer. Es hat schon Schauspieler gegeben, die wie gelähmt auf der Bühne standen, stocksteif und stumm, während Minute um Minute verstrich. Andere rannten in Panik von der Bühne. Ganze Karrieren fanden durch den unerwarteten Angriff dieses Dämons ein jähes und schreckliches Ende. Das ist die wirklich gefürchtete Spielart des Lampenfiebers.

Kein Künstler ist dagegen immun, weder der Bühnennovize noch der gefeierte Schauspielveteran. Und wieder befällt es am ehesten den erfahrenen Profi. Sir Laurence Olivier war einer der talentiertesten und vielseitigsten Schauspieler des 20. Jahrhunderts, ein Künstler, zu dessen vielfältigen Ehrungen vier Oscars, fünf Emmys und ein Sitz im britischen House of Lords gehörten. Ein Bühnentitan, in anderen Worten. Wenn irgendjemand auf der Bühne sicher und selbstbewusst hätte sein können, dann Olivier.

Aber nein. Der erste Schlag kam 1964, als Olivier 57 Jahre alt war und schon mehr als vier Jahrzehnte auf den Brettern, die die Welt bedeuten, gestanden hatte. Bei der Beschreibung dieser Tortur in seiner Autobiographie *Confessions of an Actor* (auf Deutsch unter dem Titel *Bekenntnisse eines Schauspielers* erschienen) berichtet er, dass er damals eine außerordentlich aufreibende Woche hinter sich hatte. Er probte nicht nur in London Ibsens *Baumeister Solness*, wo er die Hauptrolle spielte, sondern leitete auch eine nicht ganz problemlose Produktion seiner eigenen Theatertruppe in Manchester. Mitten in diesem Tohuwabohu erlitt seine Frau eine Fehlgeburt. Emotional angeschlagen und unter Schlafmangel leidend bekam er das Gefühl, die bevorstehende Premiere nicht durchstehen zu können. Er hegte, wie er schrieb, schon seit Langem die Furcht, »dass mein überhöhter Stolz die verdiente Strafe finden würde. Und diese Strafe bekam ich nun in Form dieses vielgefürchteten Schreckens, der eigentlich nichts anderes war als eine gnadenlose Attacke von Bühnenangst, mit den üblichen verheerenden Symptomen.«

Olivier brachte die Generalprobe noch ganz gut hinter sich, aber als der Premierenabend nahte, bekam er zunehmend Angst, dass ihm sein Text nicht mehr einfallen würde. Es waren nur noch ein paar Stunden, bis sich der Vorhang heben sollte, und seine Angst wurde immer schlimmer. »Mein Mut sank und mit jeder Minute, die verging, konnte ich mich diesem Horror weniger entziehen«, schreibt er. Aber die Vorstellung musste weitergehen. Er zog sich um, schminkte sich und wartete in der Kulisse. Der Vorhang hob sich und schließlich kam das Zeichen für seinen Auftritt. Olivier bot den letzten Rest von Professionalität auf und trat auf die Bühne, überzeugt davon, dass er sich total zum Narren machen würde. Die führenden Größen des britischen Theaters befanden sich im Publikum sowie die gesamte Theaterpresse. Olivier wusste die ersten paar Zeilen Text, war sich aber sicher, dass er danach stecken bleiben würde.

Er sprach die ersten paar Zeilen, ging einen Schritt nach vorn und blieb stehen. Seine Stimme erstarb, seine Kehle schnürte sich zu. Der Raum schien sich um ihn zu drehen. Das war er, der Moment, den Schauspieler am meisten fürchten. Zu seiner Bestürzung sah er Noel Coward in der ersten Reihe sitzen, einen der bekanntesten Entertainer der Welt mit einem gnadenlosen Witz. Olivier wusste, dass Coward sein Versagen sofort wahrnehmen würde und dass sein Spott vernichtend sein würde. Totale Erniedrigung drohte. »Das hätte«, so schrieb er später, »einen skandalumwobenen sofortigen Rückzug von der Bühne bedeutet.«

Diejenigen von uns, die nie Bühnenangst erlebt haben, können die Dramatik eines solchen Augenblicks nur schwer nachempfinden. Aber diese Angst unterscheidet sich nicht von der, die durch tatsächliche Todesgefahr hervorgerufen wird. Das sympathische Nervensystem schaltet in den höchsten Gang und ruft so eine physiologische Reaktion hervor, die einer Krise auf Leben und Tod angemessen wäre. Schauspieler sagen, dass ein Bühnen-Blackout sich ziemlich genauso anfühlt, als würde man aus großer Höhe stürzen.

»Man fühlt sich, als wäre man aus einem Flugzeug gestoßen worden«, sagt Sidney Fortner, eine Bühnenschauspielerin aus New York. »Absolut freier Fall. Und du weißt auch nicht, was los ist, im Kopf herrscht totale Leere. Wie wenn man in einem fremdem Bett aufwacht und nicht weiß, wo man ist. Man ist einfach völlig verloren.«

Wie Olivier hatte Fortner jahrzehntelang auf der Bühne gestanden, bevor der Dämon zuschlug. Chris Wells, einem Bühnenschauspieler aus Los Angeles, ging es nicht anders. Er wurde bereits mit Anfang dreißig davon befallen. »Es war grauenhaft«, meint er. »Ein urplötzlich einsetzender Bewusstseins- und Kontrollverlust.« Bei ihm trat dieser Moment ein, als er gerade Lady Bracknell gab, in einer Inszenierung von Oscar Wildes Stück *The Importance of Being Earnest* (*Bunbury*) in einem kleinen Theater in der kalifornischen Stadt Culver City. Mitten in einer Szene passierte es dann. »Ich hatte einen Blackout wie noch nie zuvor. Alles war wie ausgelöscht, so dass ich nichts mehr sagen konnte. Und es war auch deswegen so schrecklich, weil es total unerklärlich war. Es war nicht so, als hätte ich mich schon länger auf dünnem Eis befunden und wäre dann eingebrochen. Es kam einfach so – womm!« Wie Sue Yellowtail bei dem Angriff durch den Puma verlor er sein Erinnerungsvermögen. »Da war ein völlig leerer Moment«, sagt Wells. »Ich kann nicht einmal sagen, wie lange es gedauert hat.« Das Nächste, woran er sich erinnern kann, ist, dass er von abgrundtiefem Schweigen umgeben war. Schließlich soufflierte ihm sein Bühnenpartner eine Textzeile, so dass er fortfahren konnte. Den Rest der Vorstellung brachte er zutiefst aufgewühlt hinter sich.

Wie das erste *choking* bei Sportlern tritt auch die erste Attacke von Bühnenangst bei Schauspielern oft in der Mitte ihrer Karriere auf. Wie bei Panikattacken geschieht das oft infolge anderer Stressfaktoren im Leben des betreffenden Menschen. Und wie die beiden anderen Phänomene ist Bühnenangst ein Dämon, der, wenn er erst einmal aufgetreten ist, am Rande des Bewusstseins lauert und immer wieder zu erscheinen droht. Bei einer Studie mit Orchester- und Opernmusikern kam heraus, dass 24 Prozent von ihnen Bühnenangst als Gesundheitsproblem Nummer eins betrachteten.

Die Ähnlichkeiten zwischen *choking* und Bühnenangst sind nicht zufällig. Von einem psychologischen Standpunkt her betrachtet, sind beide Erscheinungen Manifestationen dessen, was Kliniker »nicht-generalisierte soziale Angststörung« nennen und was auch als Leistungsangst bekannt ist. Wie ein Catcher im Baseball, der plötzlich nicht mehr zusammenbringt, wie man einen Ball zurück zum Pitcher's Mound wirft, findet sich auch der Schauspieler mit Bühnenangst im Griff einer negativen Spirale der Selbstbeobachtung, wodurch die Automatizität seines Könnens zunichte gemacht wird.

Ein erfahrener Schauspieler kann sich normalerweise auf eine Reihe von Techniken verlassen, die er sich im Laufe vieler Jahre erarbeitet hat. Endlos geübt bis zum Punkt der Automatisierung, können sie während des Auftritts mühelos abgerufen werden. »Man muss nicht *wissen*, was als Nächstes kommt. Man hat es einfach im Körper«, sagt Fortner. Um nach einem Blackout den Faden wiederzufinden, konzentrierte sie sich auf die Requisiten, die sie benutzte, auf ihren Standort auf der Bühne und die Handlungen, die ihre Rolle von ihr verlangte: »Ich ging immer zu dem zurück, was ich gerade getan hatte. Weil alles mit meiner Körperlichkeit zu tun hatte und mein Körper auch wusste, was als nächstes zu tun war. Und wenn ich das tat, fiel mir auch der Text wieder ein.«

Als Olivier während der Premiere von *Baumeister Solness* seinen Blackout bekam, verwendete er eine ähnliche Technik, um sich wieder zu fangen. »Ich ging ein paar Schritte zurück«, schrieb er. »Und schaffte es irgendwie, mit dem Stück weiterzumachen, auch wenn ich im Gegensatz zu sonst kaum zu verstehen war, so sehr habe ich die Zähne zusammengebissen.«

Der Kampf gegen Bühnenangst ist also das Bemühen, zur Automatizität zurückzukehren, von der schrecklichen Selbst-Bewusstheit, die jeder sozialen Angst zugrunde liegt, diesem Gefühl, sich selbst zu beobachten, außerhalb der Vorstellung zu stehen und sich selbst so zu beurteilen, wie man glaubt, dass andere es tun. »Wenn Sie sich auf die Bühnenangst konzentrieren und nicht auf das, was sie gerade tun«, meint Fortner, »können Sie sich völlig verlieren.«

Wells spielte einmal eine Rolle, die sich so sehr auf technische Fertigkeiten beschränkte, dass er sie ausfüllen konnte, ohne selbst in der Figur aufzugehen, wie er es gewöhnlich tat. So konnte sein Geist frei umherwandern und er hatte das Gefühl, dass das Risiko der Bühnenangst hier besonders groß war. »Es war, als wäre mein Geist gespalten – ich war mir zu jedem Zeitpunkt bewusst, dass ich immer beobachtete, was ich gerade tat«, meint er. »Und das hat mir noch mehr Angst eingejagt, weil ich ganz stark das Gefühl hatte: ›Oh, mein Gott, jetzt sage ich gerade das. Aber wird mir auch das nächste Wort noch einfallen!‹ Es war fast so, als hätte ich die Bühne verlassen und würde von oben auf das Geschehen herabsehen.«

Wenn die Panikspirale erst einmal angefangen hat, führt die Erregung des sympathischen Nervensystems unweigerlich zur Stilllegung höherer kognitiver Funktionen. Sian Beilock, eine Psychologin an der University of Chicago, hat untersucht, wie großer Druck die Fähigkeit zur Durchführung kognitiver Operationen beeinträchtigt. Sie fand heraus, dass Menschen mit einem größeren Arbeitsgedächtnis (also Menschen, die komplexere Informationseinheiten gedanklich verarbeiten können als andere) schlechter abschnitten, wenn sie einen Mathematiktest unter großem Druck durchführen sollten. Sie stellte die Theorie auf, dass Menschen mit großem Arbeitsgedächtnis sich gewöhnlich auf komplexe mentale Techniken verlassen. Wenn aber ihr Arbeitsgedächtnis wegen des Drucks eingeschränkt ist, sind sie nicht mehr fähig, ihre gewohnten Methoden anzuwenden, und deshalb hilflos.

Ein ähnlicher Effekt könnte erklären, warum alte Hasen anfälliger für Bühnenangst sind als Schauspielneulinge. Sie haben über die Jahre ein komplexeres Repertoire an Schauspieltechniken aufgebaut. Wenn der Angst-Tsunami dann zuschlägt, gehen alle diese Instrumente verloren. So jedenfalls fühlte es sich nach dem ersten Blackout für Wells an. »Ich halte mich für einen äußerst gewandten und akkuraten Schauspieler mit großer technischer Erfahrung«, schreibt er, »und plötzlich war ich einfach wehrlos.«

Vielleicht nimmt das Publikum ja überhaupt nicht wahr, dass ein Schauspieler von heftiger Bühnenangst heimgesucht wird. Schließlich gehört es zum Handwerkszeug eines jeden Schauspielers, die eigenen Gefühle gut zu verbergen. Und vielleicht sammelt er sich auch wieder, ehe sein Schweigen auffällt, und kann fortfahren wie Olivier. Aber von diesem Moment an wird ihn eine Frage wie ein Phantom verfolgen, nämlich: Wird mir das wieder passieren?

Manche Schauspieler kommen zu dem Schluss, dass das der Fall sein wird, und verabschieden sich für immer von der Bühne. Die Sängerin Carly Simon verzichtete acht Jahre lang wegen ihrer immer wiederkehrenden Bühnenangst auf jede öffentliche Vorstellung, der Pianist Vladimir Horowitz verließ die Bühne für zwölf Jahre, die Sängerin Barbra Streisand für siebenundzwanzig. Viele Künstler kehren nie zurück. Eine Studie an Musikkünstlern mit Bühnenangst kam zu dem Schluss, dass 30 Prozent von ihnen mit den Bühnenauftritten ganz aufhörten oder den Beruf wechselten.

Diejenigen, die bleiben, probieren oft die unterschiedlichsten Methoden aus, um mit der lauernden Bedrohung umzugehen – Psychologen sprechen hier von »Eigen-« oder »Selbsttherapie«. Unter Künstlern sind glücksbringende Rituale und Aberglauben weit verbreitet. So wünschen sich Schauspieler z. B. »Toi, toi, toi!« und spucken sich gegenseitig über die linke Schulter, während Opernsänger einander »In bocca al lupo« (wörtlich: »Ins Maul des Wolfs«) wünschen. Balletttänzer glauben, dass es Glück bringt, sich vor der Vorstellung mit einer Nadel in den Finger zu stechen und etwas Blut auf den Spitzenschuh zu geben. Und eine alte Theaterlegende besagt, dass Schauspieler das Stück *Macbeth* nie beim Namen nennen, sondern stattdessen als »das Schottische Stück« bezeichnen sollten.

Eine andere Art von Eigentherapie sind improvisierte Behelfslösungen, wie Mackey Sasser sie zum Zurückwerfen des Balls anwandte. Olivier bat seine Schauspielkollegen für die Dauer einer Inszenierung von *Der Kaufmann von Venedig* ihm nicht in die Augen zu sehen, sondern ihren Text einfach grob in seine Richtung zu sprechen. Bei einer *Othello*-Inszenierung bat er einen Mitschauspieler, während seines Monologs auf der Bühne zu bleiben, um sich dem Publikum nicht allein stellen zu müssen.

Wie Mackey Sasser feststellen musste, kann diese Art von Improvisation aber höchstens eine Notlösung sein. Und so hatte auch Olivier nach einer besonders problematischen Aufführung von *Othello* das Gefühl, am Ende seiner Kräfte angelangt zu sein. Er suchte alte Freunde auf, Lewis Casson und Sybil Thorndike, und bat sie um Rat. »Sybils Antwort kam wie aus der Pistole geschossen: ›Nimm Medikamente, mein Lieber, das tun wir auch.‹« Olivier ließ sich das nicht ein zweites Mal sagen. Schon kurz darauf stand er seine Abendvorstellungen mit der Hilfe von Valium®, einem Benzodiazepin, durch.

Schon seit ewigen Zeiten nehmen Menschen auf eigene Faust Medikamente, um ihre Angst zu lindern. Alkohol ist eines der am längsten bekannten Anxiolytica (das sind angstlösende Medikamente). Schon die alten Griechen wussten das und nahmen Wein und Trinkbecher mit, wenn sie in die Schlacht aufbrachen. Die Keltenstämme derselben Zeit setzten noch eins drauf und stürmten nicht nur sternhagelvoll, sondern auch noch splitterfasernackt in den Kampf. Die Tradition der Zecherei beim Militär wurde auf zurückhaltendere Art von der britischen Royal Navy fortgeführt, die ihren Seeleuten von ihren Anfängen bis 1970 täglich eine Ration Rum ausgab. Sollte noch irgendein Zweifel daran bestehen, dass Alkohol Angst und Trauer lindert: Ein Gehirnscan-Experiment im Jahr 2008 fand heraus, dass Testpersonen, die bis zur gesetzlichen Promillegrenze fürs Autofahren alkoholisiert waren, nur minimale Amygdala-Aktivität aufwiesen, wenn man ihnen Bilder von angstvollen Gesichtern zeigte. Alkohol hat als Bollwerk gegen Angst aber auch einige Nachteile. Er vermindert die Urteilsfähigkeit, stört die Muskelkoordination und führt zu einem Kater am nächsten Morgen. Mit dem Aufkommen der modernen chemischen Industrie im 19. Jahrhundert wurde der Weg frei für bessere Ersatzstoffe. Der erste synthetische anxiolytische Wirkstoff, die Barbitursäure, wurde 1864 von dem deutschen Chemiker Adolf von Baeyer hergestellt. Heute ist das bekannteste Barbiturat Secobarbital, das in den USA unter dem Handelsnamen Seconal® vertrieben, in Europa dagegen nicht mehr als Fertigarzneimittel gehandelt wird. Barbiturate lindern Ängste zwar wirksamer als Alkohol, wirken aber sehr stark beruhigend, machen schnell süchtig und bergen die Gefahr der Überdosierung. Seconal taucht in den Autopsieberichten von Koryphäen wie Judy Garland, Jimi Hendrix und Marilyn Monroe auf.

Als Behandlung gegen Ängste wurden die Barbiturate schließlich durch die Benzodiazepine ersetzt, deren beliebtester erster Vertreter Valium, war. Benzodiazepine sind zwar weniger gefährlich als Barbiturate, machen aber auch relativ stark süchtig, wie Olivier feststellen musste. In den 1970er-Jahren nahm er täglich Valium, zusammen mit Nitrazepam (das z. B. unter dem Handelsnamen Mogadon® erhältlich ist), einem anderen Benzodiazepin. Unter anderem benebelten die Mittel seinen Verstand, so dass er sich nur mit Mühe seine Texte merken konnte.

Während die Suche nach dem perfekten Anxiolyticum weiterging, stolperten Künstler per Zufall über eine Droge, die erstaunlich gut gegen Bühnenangst wirkte. 1964 synthetisierte der schottische Pharmakologe James W. Black Propranolol, einen chemischen Stoff, der die Wirkung von Adrenalin auf bestimmte Rezeptoren innerhalb des sympathischen Nervensystems blockiert. Genau gesagt hindert es den Neurotransmitter daran, an die β1- und β2-Adrenorezeptoren zu binden, weshalb es die Bezeichnung »Beta-Blocker« bekam. Black war besonders an der Wirkung des sympathischen Nervensystems auf das Herz interessiert und wollte die zerstörerischen Langzeitwirkungen von Stress verhindern. In dieser Hinsicht brachte Propranolol einen durchschlagenden Erfolg und revolutionierte die Behandlung koronarer Erkrankungen wie Herzrhythmusstörungen, Angina pectoris und Bluthochdruck.

Nebenbei wurde festgestellt, dass der Wirkstoff einen verblüffenden Nebeneffekt hat: Er vermindert andere Symptome der Sympathikusreaktion wie Zittern und feuchte Hände. Dieser Vorteil war besonders interessant für klassische Musiker, deren musikalische Präsentation von der makellosen Aneinanderreihung schneller, präziser Bewegungen abhängig ist. Obwohl Beta-Blocker für die Behandlung von Leistungsangst nicht zugelassen waren, verbreiteten sie sich in Windeseile in den Orchestergräben und Konzertsälen. »Es ist das kleine Geheimnis der klassischen Musikwelt – sei es nun schmutzig oder nicht –, dass diese Medikamente fast allgegenwärtig sind«, schrieb die *New York Times* 2004.

Weil sie einerseits rasch wirken, andererseits ihre Wirkung aber auch rasch wieder abklingt, haben Beta-Blocker eine Anhängerschaft unter allen möglichen Leuten gewonnen, von denen irgendeine Art von Vorführung erwartet wird, einschließlich ganz normaler Menschen, die in einem vollen Konferenzraum vor lauter Kollegen sprechen müssen. Nachteilig ist, dass Beta-Blocker nicht in Situationen genutzt werden können, die einen vermehrten körperlichen Einsatz verlangen, wie z. B. Tanzen und Singen, weil das Medikament den Anstieg des Blutdrucks verhindert. Wer Beta-Blocker verwendet, nimmt in der Regel keine Wirkung auf Gedanken oder Emotionen wahr, da sie die Rückkopplungsschleife der Angst zwischen dem frontalen Cortex und der Amygdala unterbrechen oder sie sogar umkehren. Wenn die Betroffenen dann bemerken, dass sie keine äußerlichen Anzeichen von Angst zeigen, haben sie das Gefühl, die Lage besser im Griff zu haben, was dann auch tatsächlich der Fall ist.

Weil *choking* psychologisch gesehen eng verwandt ist mit Bühnenangst, ist es nicht erstaunlich, dass Beta-Blocker auch bei Sportlern beliebt sind, zumindest in Sportarten, die eher Präzision und Stabilität verlangen als Durchhaltevermögen oder Kraft. Anders als Steroide, die die Leistung eines Athleten verbessern, verhindern Beta-Blocker einfach die durch Angst verursachte Hemmung und erlauben es dem Sportler, den Leistungsgrad aus dem Training auch im Wettkampf zu halten. Nichtsdestotrotz haben die internationalen Dachverbände vieler Sportarten – unter anderem Bogenschießen, Sportschießen, Tauchen und Synchronschwimmen – ihre Verwendung in Wettkämpfen untersagt. Im August 2008 wurden dem nordkoreanischen Pistolenschützen Kim Jong-su nach einem positiven Dopingtest auf Propranolol zwei olympische Medaillen aberkannt.

Nicht alle Leute sind davon überzeugt, dass Beta-Blocker das Allheilmittel gegen Leistungsangst sind. Es ist ein Problem, dass so viele Menschen sie ohne ärztliche Kontrolle einnehmen. Eine Studie ergab, dass 70 Prozent der klassischen Musiker, die Beta-Blocker einnahmen, diese von Bekannten erhalten hatten anstatt von Ärzten. Zu den möglichen Gefahren bei der sorglosen Einnahme verschreibungspflichtiger Medikamente gehören auch lebensgefährliche Wechselwirkungen, denn schließlich handelt es sich um stark wirkende Herzmittel mit potenziellen Nebenwirkungen wie Gewichtszunahme, Albträume und Depression.

Dann bleibt noch die Frage, wie sie die Leistung beeinflussen. Kritische Stimmen sagen, dass Beta-Blocker die Leistung dämpfen und so einen Musiker oder Schauspieler davon abhalten, den optimalen Energielevel am Scheitelpunkt seiner Yerkes-Dodson-Kurve zu erreichen. »Ängste sind nicht nur schlecht«, sagt Linda Hamilton, eine ehemalige Balletttänzerin, die sich nun als Psychologin auf Leistungsprobleme spezialisiert hat. »Ich sage den Leuten immer und immer wieder, dass es ganz normal ist, dass sie ängstlich werden, bevor sie auf die Bühne müssen, weil die Angst sie dazu bringt, an der Herausforderung zu wachsen. Normalerweise wird man nach den ersten paar

Minuten ruhig und ist dann ganz präsent im Augenblick, und genau so soll das ja auch sein.«

Was noch schlimmer ist: Manche Leute verlassen sich schließlich ganz auf angstlösende Medikamente als psychologische Krücke. Zwar helfen sie ihnen momentan weiter, halten sie aber letzten Endes unter Umständen zu lange davon ab, sich einer wirkungsvollen Behandlung zu unterziehen, die nachhaltig Heilung bringen könnte. Die Angstforscherin Randi McCabe erinnert sich an einen Patienten, der jahrelang ein Pillendöschen mit einer einzigen angstlösenden Tablette darin mit sich herumtrug. »Er hat sie niemals genommen, es war seine letzte und sie war schon fast zu Krümeln zerfallen. Aber er konnte seine Wohnung nicht ohne sie verlassen. Sie war wie eine Kreditkarte für ihn und gab ihm das Gefühl: ›Okay, falls ich sie brauche, habe ich sie dabei.‹ Es war wie eine Krücke – eine Sicherheitsvorkehrung.« Letztendlich unterzog sich der Patient doch einer kognitiven Verhaltenstherapie und konnte seine Angststörung erfolgreich bekämpfen. »Er hat den Kampf mit seinen Ängsten aufgenommen und das Vertrauen aufgebaut, auch so mit den Dingen des Lebens zurechtzukommen«, sagt McCabe. »Von da ging es ihm prächtig« – und er konnte seine zerbröselte Tablette endlich zu Hause lassen.

Kognitive Verhaltenstherapie hat sich als wirkungsvolle Behandlungsmethode gegen Bühnenangst herausgestellt, und Linda Hamilton sagt, dass die meisten Patienten innerhalb von drei Wochen eine Verbesserung spüren, manchmal sogar schon nach ein paar Sitzungen. Das Prinzip dahinter ist, dass der Patient die Gedankenmuster erkennen lernt, die ihn in Schwierigkeiten bringen, und sie durch positive Glaubenssätze ersetzt. So ermuntert Linda Hamilton ihre Patienten beispielsweise dazu, die spitzfindige Selbstanalyse zu vermeiden, die auch die Versager unter den Sportlern quält, und sich stattdessen eine ganzheitlichere Sichtweise von ihrer Leistung anzueignen.

»Ich versuche ihnen beizubringen, im Moment zu bleiben«, sagt sie. »Sie sollten ihren Auftritt nicht unnötig kompliziert machen, indem sie denken ›Mach dieses besser, ändere jenes‹, denn zu diesem Zeitpunkt haben sie ihre Arbeit ja bereits getan. Ich helfe ihnen, sich auf ein oder zwei Dinge zu konzentrieren, die ihnen sehr am Herzen liegen, wie zum Beispiel: ›Ich will dem Publikum etwas geben‹ oder ›Ich will selbst Spaß haben‹, oder ›Ich möchte im Einklang mit der Musik sein.‹« Dieses Konzept ähnelt stark dem »ganzheitlichen Prozessziel«, das Tim Woodman versagensanfälligen Sportlern empfiehlt.

Der wichtigste Punkt für alle, die auftreten müssen, sagt Hamilton, ist, dass sie es genießen. »Ich glaube nicht, dass irgendjemand Probleme bei etwas bekommen kann, woran er Spaß hat«, meint sie. »Schließlich tun sie ja das, was sie lieben – nämlich auftreten.«

Bei Laurence Olivier endete der fünfjährige Kampf gegen die Bühnenangst schließlich nicht in einer Therapie oder in Dauermedikation, sondern sein Verstand entwickelte im Laufe der Zeit die Fähigkeit, einen Weg durch das verworrene Netz der Ängste zu finden. Ein triumphaler Auftritt im *Kaufmann von Venedig* fegte seine Selbstzweifel letztendlich hinweg. »Unglaublicherweise hatte ich fünfeinhalb Jahre qualvoller Angst ausgehalten«, schreibt er. »Dass die Halbgötter Thespis, Mnester und Genesius diesen speziellen Donnerkeil auf meinen Kopf niedergehen ließen, als ich bereits auf die Sechzig zuging, fand ich fast zu grausam.«

Aber zu guter Letzt, schrieb er, »war *es* vorbei.«

Oliviers Triumph sollte jedoch nicht lange währen. Seine Bühnenkarriere neigte sich dem Ende zu. Seine Gesundheit war nie sehr stabil gewesen, 1974 jedoch wurde Dermatomyositis bei ihm diagnostiziert, eine degenerative Muskelerkrankung, und es ging ihm schlecht, bis er 1989 im Alter von 82 Jahren starb. Was die Bühnenangst betraf, hat er sich aber immer als

Sieger gefühlt. »Das Allerbeste an dieser segensreichen Erleichterung war, dass ich mich von da an frei fühlte, von der Bühne Abschied zu nehmen«, schrieb er, »ohne das Trauma, für den Rest meines Lebens zu wissen, dass es die Angst war und nicht meine freie Entscheidung, die mich aus meinem Hauptmetier vertrieben hat.«

Nicht immer gibt die Angst sich zu erkennen. Manchmal wählt sie einen so verschlungenen Weg, dass im Dunkeln bleibt, woher sie kommt. Bei Leistungsangst wie der von Olivier manifestiert sie sich als das plötzliche Unvermögen eines erfahrenen Künstlers, gut erlernte Fähigkeiten anzuwenden. Im Fall der Panikstörung äußert sie sich in Form so ernster körperlicher Symptome, dass der Patient sie oft für eine Herzattacke oder einen anderen körperlichen Zusammenbruch hält. In allen diesen Manifestationen ist die wahre Natur der Angst so verschleiert, dass die Patienten keine wirkungsvollen Heilmittel dagegen finden können. Stattdessen wenden sie sich irgendeinem Aberglauben zu oder ziehen sich von den Orten oder Dingen zurück, die mit ihren Symptomen in Verbindung stehen. In beiden Fällen setzt die dahintersteckende Angst ihre Quälerei fort, manchmal über Jahre. Das ist doppelt bedauerlich, weil Angststörungen ausgesprochen gut behandelbar sind. Der erste und wichtigste Schritt beim Umgang mit diesem Problem ist einfach, die darunterliegende Ursache herauszufinden. Wird das Problem erst einmal beim Namen genannt, ist die Schlacht schon halb gewonnen.
Aber nicht jede Angst ist so leicht zu bändigen. Auf den restlichen Seiten dieses Buches werden wir unsere Aufmerksamkeit wieder auf die Art von Angst richten, die nicht von innen kommt, sondern eine Reaktion auf tatsächliche Bedrohungen von außen ist – wie Pumas, wütende Chefs und Flugzeuge mit gebrochenen Flügeln. Wir werden uns eingehend den verschie-

denen Strategien widmen, mit denen Angst bekämpft werden kann, und uns ansehen, wie manche davon auch nach hinten losgehen können. Unser Ziel ist letztendlich, zu verstehen, wie wir der Angst nicht nur standhalten, sondern ihrer wirklich Herr werden können: wie wir uns ihre Wucht zunutze machen können, so dass wir auch unter Druck Höchstleistungen erzielen.

Dritter Teil:

Gegenangriff

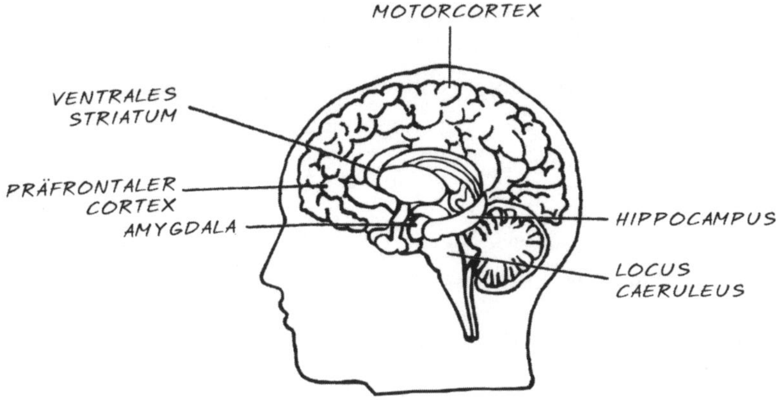

Intensive Angst schaltet den präfrontalen Cortex ab, den Bereich für bewusstes Planen. Dann übernehmen automatische Prozesse, die von Regionen wie der Amygdala und dem ventralen Striatum gesteuert werden, die Kontrolle.
Zeichnung von Sandra Garcia

Willenskraft

»Da ich den Lauf der Welt nicht lenken kann, lenke ich mich selbst«, schrieb der französische Philosoph Michel de Montaigne. Fast fünfhundert Jahre später kehrt sein Gedanke in dem Ratschlag wieder, den uns Katastrophenexperten geben: *Nicht in Panik geraten!*, sagen sie. *Ruhig bleiben! Kühlen Kopf bewahren!* Das ist außerordentlich vernünftig, denn in den allerwenigsten Situationen bringt es uns irgendwie weiter, wenn wir schreien und in Panik herumlaufen. Aber wie schon Montaigne wusste, ist es gar nicht so einfach, sich selbst zu lenken. Ist es wirklich möglich, die eigenen Gefühle zu beherrschen? Liegt es wirklich in unserer Macht zu entscheiden, ob wir in Panik verfallen oder nicht?

Das Bemühen, unsere Ängste zu kontrollieren, ist Teil eines psychologischen Prozesses, den man »Selbstregulation« nennt und bei dem die höheren Gehirnfunktionen im präfrontalen Cortex versuchen, die Gefühle, Gedanken und Verlangen zu bändigen, die im Alltag spontan entstehen. Mit Willenskraft unsere mentale Verfassung zu kontrollieren ist so ähnlich, wie wenn wir mit unserer Muskelkraft ein schweres Gewicht heben. Beides erfordert eine willentliche Anstrengung und dabei werden wir zunehmend müde und kraftlos.

Die Analogie ist nicht ganz überzeugend. Denn ob eine Hantel zu schwer für Sie ist, erkennen Sie schon beim Hinschauen. Emotionale Kontrolle ist schwerer abschätzbar. Die meisten von uns können nicht vorhersagen, ob sie die Willenskraft haben werden, ein Gefühl zu kontrollieren. Wenn ich noch nie Trauzeuge war, kann ich auch nicht sagen, ob ich bei der Hochzeit meines Bruders einen Toast ausbringen kann, ohne zu stottern – und falls ich versage, kann ich auch nicht wissen, ob es an mangelnder Willenskraft liegt oder daran, dass ich mich nicht genug bemüht habe.

In einem wichtigen Punkt aber ähneln sich Körper- und Willenskraft. Wenn es hart auf hart kommt, sind unsere Reserven weit größer, als wir es uns vorher vorstellen können.

Der kälteste, dunkelste und unwirtlichste Ort auf dieser Erde ist ein abgelegener Fleck im eintönigen Weiß der Eiskappe der Antarktis, etwa 1300 Kilometer entlang des 107. Meridians vom Südpol entfernt. An dieser Stelle wurde die kälteste je gemessene Außentemperatur registriert: minus 89,2 °Celsius, das sind mehr als 10 °Celsius unter dem Gefrierpunkt von Kohlendioxid. Es gibt keinen feindlicheren Platz für menschliches Leben. Und doch ist dieser Ort, die russische Wostok-Forschungsstation, seit über 50 Jahren durchgehend bewohnt.
Während der späten 1950er- und frühen 1960er-Jahre bekam der Kalte Krieg eine neue (wörtlichere) Bedeutung, weil die Vereinigten Staaten und Russland ihre Auseinandersetzungen bis in das Herz der Antarktis ausweiteten. 1956, ein Jahr vor Beginn der Sputnik-Missionen, erbauten die Sowjets Mirny, ihre erste Station. Drei Tage später eröffneten die Amerikaner ihre erste Basis, die McMurdo-Station. Im gleichen Jahr gingen sie mit der Amundsen-Scott-Station am Südpol in Vorsprung. Die Sowjets konterten mit der Wostok-Station 1300 Kilometer davon entfernt am sogenannten »globalen Kältepol«, dem kältesten Ort unseres Planeten.
Die Bedingungen dort waren für die Besatzungen brutal, denn sie mussten nicht nur nie gekannte Tiefsttemperaturen und endlose Stürme aushalten, sondern auch völlige, bis zu vier Monaten andauernde Dunkelheit. Die kleinen Besatzungscrews, die den Winter über in abgelegenen Stationen ausharrten, waren einsamer, als sie es im Weltraum gewesen wären. Wenn sich die Finsternis des Winters auf sie herabsenkte, waren sie monatelang völlig isoliert, ohne dass jemand her- oder wegkommen konnte.

Am 30. April 1961 wütete rund um die winzige Basis gerade ein Blizzard, als sich Leonid Rogozov, ein 27-jähriger sowjetischer Arzt, mit zusammengebissenen Zähnen auf eine Operation vorbereitete. Die Umstände konnte man nur als herausfordernd bezeichnen – gelinde gesagt. Bauchoperationen sind immer schwierig, mit großem Risiko für gefährliche Komplikationen. Und die Umstände hier waren alles andere als gut. Rogozovs OP-Ausstattung war behelfsmäßig, er hatte nur wenige Instrumente und der Zustand seines Patienten verschlechterte sich rapide. Aber alle diese Probleme waren harmlos im Vergleich zu dem größten Hindernis: Er selbst war der Patient.

Rogozov war drei Monate zuvor mit der sechsten sowjetischen Expedition in die Antarktis gekommen, um eine dritte Basis einzurichten, die Nowolasarewskaja-Forschungsstation. Am 29. April, als die Herbstnächte rasch länger wurden und ein wütender Sturm unablässig tobte, fühlte Rogozov sich auf einmal krank. Er wachte morgens lethargisch auf und wurde den Tag über immer schwächer. Er litt an immer stärker werdender Übelkeit. Ein anfangs schwacher Schmerz in seinem Oberbauch verstärkte sich und verschob sich in die rechte untere Bauchregion. Dann bekam er Fieber. Die Diagnose lag auf der Hand: Er hatte eine akute Blinddarmentzündung. Ohne Behandlung würde die Entzündung die Blinddarmwand schwächen und anschwellen lassen, bis es schließlich zum katastrophalen Durchbruch kommen und sein Bauchraum mit Fäkalien und Eiter überschwemmt würde. Wenn Toxine ins Blut gelangten, war ein qualvoller Tod unausweichlich.

Rogozov nahm Medikamente gegen die Infektion, aber am nächsten Tag verschlechterte sich sein Zustand. Das Fieber stieg rasant an und er musste sich ständig übergeben. Auch die Schmerzen wurden immer schlimmer und Rogozov war klar, dass alles auf einen bevorstehenden fatalen Blinddarmdurchbruch hindeutete. »Eine sofortige Operation zur Rettung des

Patienten war unvermeidlich«, schrieb Rogozov später. »Die einzige Lösung war, mich selbst zu operieren.«

Der Doktor konnte nicht davon ausgehen, dass dieses heldenhafte Unterfangen glücken würde. Wenn er Fehler machte, würde er zweifellos sterben. Um die Operation ausführen zu können, konnte er sich lediglich auf lokale Anästhesie und seine durch die Notwendigkeit bestärkte Willenskraft verlassen. Er rief die anderen Stationsbewohner zusammen und eröffnete ihnen seinen Plan. Zwei Atmosphärenforscher sollten für das Sterilisieren der Instrumente zuständig sein. Ein Fahrer sollte während der Operation neben dem Arzt stehen und einen Spiegel so halten, dass er in seinen Bauchraum hineinsehen konnte. Ein Meteorologe sollte mit den Bauchhaken den Schnitt offenhalten. Rogozov zeigte den anderen, wie sie ihm Medikamente spritzen konnten, falls er das Bewusstsein verlor, und wie sie ihn notfalls künstlich beatmen konnten.

Die Operation begann um zehn Uhr abends. Rogozov, bekleidet mit Chirurgenkittel und -Mundschutz, lag in der Schräge auf dem OP-Tisch, die Beine leicht nach links angewinkelt, so dass sein Gewicht hauptsächlich auf seiner linken Hüfte ruhte. Zuerst injizierte er eine Novocainlösung, ein Lokalanästhetikum, in seinen Bauch direkt über dem entzündeten Blinddarm. Als das Schmerzmittel wirkte, ließ er sich von einem seiner Assistenten ein Skalpell geben und setzte einen etwa 13 Zentimeter langen Schnitt. Mit dem Tastsinn arbeitend schnitt er durch Haut, Muskel- und Fettgewebe. Als er zu der schwierigen Aufgabe kam, das Bauchfell freizulegen, das die inneren Organe umgibt, benutzte er den Spiegel. Nach einer halben Stunde fühlte er sich schwach und schwindlig und musste eine Pause einlegen. Dann machte er sich wieder ans Werk, lokalisierte den daumenförmigen Wurmfortsatz des Blinddarms und stellte fest, dass er bereits auf einer Länge von 2,5 Zentimetern perforiert war. Er schnitt ihn heraus, benetzte die Umgebung der Operationsstelle mit antibiotischer Lösung und vernähte die Wunde wieder. Die gesamte OP hatte fast zwei Stunden gedauert. Rogozovs Willenskraft hatte ihn durchhalten lassen. Er lebte.

Direkt danach war sein Zustand ziemlich schlecht, aber er erholte sich rasch. Nach fünf Tagen war seine Körpertemperatur wieder normal und die Entzündung in seinem Bauchraum abgeklungen. Eine Woche nach der OP zog er die Fäden und noch eine Woche später fing er wieder an zu arbeiten. Ein Foto nach seiner Genesung zeigt ihn gesund und munter und mit einem Lächeln im Gesicht auf einer Schneebank neben einem Pinguin.

Der menschliche Wille kann ungeheuerliche Hürden überwinden, wie Leonid Rogozovs erfolgreiche Selbstoperation zeigt. Aber ehe wir untersuchen, wie Willenskraft funktioniert, müssen wir erst eine Definition dafür finden. Je genauer man hinsieht, desto eigenartiger erscheint sie nämlich. Warum muss der Verstand überhaupt gegen sich selbst ankämpfen? Sollte ein Organismus nicht fähig sein, einfach zu tun, was er will oder was nötig ist?

Die Antwort liegt in der Tatsache, dass das Gehirn aus einer Reihe von Modulen mit unterschiedlicher Funktion besteht, die alle zur gleichen Zeit parallel arbeiten, obwohl wir die Welt so wahrnehmen, als verfügten wir über ein einheitliches Bewusstsein. Jedes dieser Module dient einem eigenen Zweck und verfolgt eigene Ziele. Die Module konkurrieren entweder miteinander oder sie kooperieren, aber letztendlich produzieren sie doch gemeinsam eine mentale Erfahrung, die einheitlich und lückenlos zu sein scheint.

Die Notwendigkeit für Willenskraft entsteht aus der Art, wie die Module organisiert sind. Matthew Lieberman, ein Psychologe an der University of California in Los Angeles hat eine wissenschaftliche Klassifizierung der Denkaktivität vorgeschlagen, aus der das Problem besonders klar hervorgeht. Er unterteilt das gesamte Denken in zwei Typen: Den ersten nennt er das X-System, nach dem »x« im englischen Wort *reflexive* (reflexiv). Diese automatischen Prozesse laufen mühelos und gänzlich unbewusst ab. Manche davon sind instinktgesteuert, wie das Atmen oder das Fühlen von Angst, andere sind angelernt, wie das Zubinden unserer Schuhe. Ein Schlüsselmerkmal der X-System-Prozesse ist, dass sie reibungslos funktionieren und wir auch mehrere davon gleichzeitig ausführen können. Manche Autofahrer kauen Kaugummi, telefonieren mit ihrem Handy und wechseln gleichzeitig die Spur – und trotzdem sind sie noch aufmerksam genug, um die Scheinwerfer des Polizeiwagens in ihrem Rückspiegel zu bemerken. Ihre X-System-Prozesse verlangen keine bewusste Anstrengung oder Willenskraft.

Ergänzt wird das X-System durch eine Reihe von Fähigkeiten, die Lieberman das C-System nennt, nach dem »c« im englischen Wort *reflective* (»reflektierend«). Das C-System besteht aus dem Teil des Gehirns, das mit reflektierendem Bewusstsein befasst ist. Sein wichtigster Bereich ist der präfrontale Cortex. Verglichen mit dem X-System ist das C-System flexibel. Seine Arbeit ist es abzuwägen, zu planen, etwas herauszufinden. Es kann in die Zukunft sehen und das Ergebnis von Verhaltensweisen voraussagen, die in der Gegenwart ablaufen. Während das X-System mühelos sein Repertoire abspult und reflexartig auf die Umgebung reagiert, überwacht das C-System, was es tut, hält die Augen offen, ob es irgendwo Ärger gibt und eilt zu Hilfe, wenn die Dinge aus dem Ruder zu laufen drohen.

Das C-System ist die Krönung der menschlichen Evolution. Es sind die Gedankensysteme, die uns zu empfindungsfähigen Wesen machen. Wir könnten keine Verfassung schreiben, keine Mona Lisa malen und auch nicht auf dem Mond landen ohne das C-System. Aber es hat auch seine Schattenseiten. Es ist langsam – ja sogar ausgesprochen lethargisch, am Standard des X-Systems gemessen. Es dauert mindestens eine halbe Sekunde, bis Ereignisse der Außenwelt im Bewusstsein aufscheinen. Alles, was schneller passieren muss, wie z. B. das richtige Schwingen des Schlägers, um einen Baseball zu treffen, kann nur vom X-System ausgeführt werden.

Außerdem kann das C-System immer nur eine kleine Informationsmenge auf einmal verarbeiten. Obwohl es Zugriff auf das gesamte deklarative Gedächtnis hat (das ist der Teil unseres Gedächtnisses, der persönliche Fakten und Ereignisse und unser gesamtes Weltwissen speichert), kann es nur das verarbeiten, was im Arbeits- oder auch Kurzzeitgedächtnis gespeichert ist – das sind so um die sieben Dinge. Im Unterschied dazu hat das X-System Zugang zu den unbewussten Gefühlserinnerungen, die von der Amygdala gespeichert wurden, und kann viele Daten auf einmal verarbeiten. Das X-System ist sehr erfahren beim Identifizieren von Mustern innerhalb breiter Informationsbahnen. Wenn wir über die Lösung eines Rätsels nicht mehr nachdenken und sie uns später aus heiterem Himmel plötzlich einfällt, ist das ein Ergebnis der eifrigen Arbeit des X-Systems im Verborgenen.

Vor allem aber erfordert das C-System Anstrengung, die Verausgabung mentaler Energie. Wenn wir unser C-System eine Zeit lang heftig beansprucht haben, sind wir erschöpft. Haben wir eine Stunde lang über einem schwierigen mathematischen Problem gebrütet, bei einem Bewerbungsgespräch Fragen beantwortet oder ein kompliziertes Autobahngewirr befahren, fühlen wir uns völlig ausgepowert. Wenn wir die Wahl haben, etwas auf die Art des X-Systems oder die des C-Systems zu erledigen, wählen die meisten von uns ohne Zögern den ersteren, automatischen Weg – was nichts anderes besagt, als dass wir Gewohnheitstiere sind. Und tatsächlich gehen Psychologen davon aus, dass die meisten Tätigkeiten, die wir während eines durchschnittlichen Tages ausführen, automatisch ablaufen.

Das bringt uns zurück auf das Thema Willenskraft. Gemäß Liebermans Modell versucht das C-System bei der Ausübung von Willenskraft ganz einfach, sich über einen starken und tief verinnerlichten X-System-Prozess gewaltsam hinwegzusetzen. Lieberman hat vor allem eine Gehirnregion, den ventrolateralen präfrontalen Cortex (VLPFC), als das Herz des C-Systems ausgemacht, da dieser Bereich eine zentrale Rolle bei allen möglichen Arten von Selbstregulierung spielt. Gehirnscanstudien zeigen, dass der VLPFC aktiviert wird, wenn Menschen beim Glücksspiel ihre Risikofreude zügeln, wenn sie auf kleine unmittelbare Belohnungen zugunsten größerer Vorteile später verzichten und wenn sie sich selbst davon abhalten, Gewohnheitshandlungen auszuführen. »Das Ganze ist ein wenig wie ein Supermarkt für die verschiedensten Arten von hemmenden Prozessen«, meint Lieberman.

Die Rolle dieser Gehirnregion beim Kontrollieren von Angst und anderen negativen Emotionen wurde von Kevin Ochsner, einem Neurowissenschaftler der Columbia University, in einem Experiment demonstriert. Testpersonen wurden in ein Gerät für funktionale Magnetresonanz-Tomographie (fMRT) gesteckt und mussten sich irritierende oder angstmachende Bilder ansehen. Dabei wurden sie gebeten, die Bilder entweder ganz passiv zu betrachten oder bewusst zu versuchen, sie weniger negativ zu sehen. Ochsner fand heraus, dass im ersten Fall eine bemerkbare Aktivierung der Amygdala zu erkennen war. Versuchten die Testpersonen aber, ihre negativen Gefühle zu unterdrücken, wurde der VLPFC stimuliert und die Amygdala dagegen deaktiviert. Je stärker der VLPFC dabei stimuliert wurde, desto weniger aktiv war die Amgydala. Das C-System blockierte also im Endeffekt das X-System. Die Willenskraft unterdrückte die Angst.

Diese Art von Gefühlskontrolle ist mühsam. Roy Baumeister, ein Psychologe an der Florida State University, hat die Hypothese aufgestellt, dass Selbstkontrolle von einer bestimmten Ressource abhängt, einer Art psychischem Treibstoff, den wir nach und nach aufbrauchen, während wir darum kämpfen, unser Verhalten, unsere Gedanken und unsere Gefühle zu kontrollieren. Wenn man Testpersonen in einer Versuchsanordnung bittet, Handlungen von Selbstkontrolle auszuführen, ist ihre Leistung bei der zweiten vermindert. Werden sie zum Beispiel gebeten, immer wieder einen Handgriff zu drücken, bis es schließlich zu schmerzhaft wird, um fortzufahren, geben sie schneller auf, wenn man sie vorher gebeten hatte, eine emotionale Reaktion zu unterdrücken wie beim Betrachten der Bilder in der Studie von Ochsner. »Die exakte Natur dieser angenommenen Ressource ist uns unbekannt«, schreibt Bauman. Aber sie agiert ziemlich ähnlich wie die Willenskraft und hört sich ganz danach an.
Lieberman meint dazu: »Wir glauben, dass das, worüber er spricht, der rechte VLPFC ist.«

Unsere Gefühle zu kontrollieren wird schwieriger, wenn wir müde werden. Und es wird schwieriger, je größer unsere Angst wird. Sue Yellowtail erlebte dieses Phänomen am eigenen Leib, als ihr der Puma nachstellte. Als das Tier noch relativ weit weg war, konnte sie ihren Impuls wegzulaufen unterdrücken. Aber als er nahe genug war, um sie anzuspringen, konnte Sue sich nicht länger zurückhalten. Sie geriet in Panik und fing an zu rennen. Wie wir gesehen haben, aktiviert die Amygdala bei extremer Angst den Locus caeruleus, der große Mengen von Noradrenalin in den präfrontalen Cortex ausschüttet. Dieser erhöhte Noradrenalinspiegel stimuliert den α1-Rezeptor, der daraufhin versucht, den ganzen lateralen präfrontalen Cortex zu deaktivieren. Im Wesentlichen setzt das Angstsystem damit die Denkprozesse außer Kraft, die es normalerweise unter Kontrolle halten. Lieberman schreibt: »Wenn die Bedrohung unmittelbar ist und der Erregungsgrad hoch, entzieht unser Gehirn dem C-System die Entscheidungsgewalt und legt sie in die Hände des X-Systems.«

Wir alle haben eine Belastungsgrenze, hinter der die willentliche und bewusste Kontrolle unseres Verhalten den *Four F's* (englisch *fight, freeze, flight or fright*, also: Kampf, Erstarrung, Flucht oder Schreckstarre) weicht. Unglücklicherweise können die meisten von uns vor Eintreten dieser Tatsache kaum ermessen, wie wenig verhandelbar dieser Effekt ist. Wir sind so daran gewöhnt, unseren Weg in der Welt unter der Führung unseres komplexen und raffinierten C-Systems zu finden, dass wir gern annehmen, es stünde uns immer zur Verfügung. Es ist deshalb schockierend, wie wenig Geisteskraft uns noch bleibt, wenn wir plötzlich von Noradrenalin überschwemmt werden.

Die Unfähigkeit, die kognitiven Einschränkungen bei extremer Angst vorherzusehen, kann tragische Konsequenzen haben. Arbeiter, die tagtäglich die Aufzüge in den oberen Stockwerken von Wolkenkratzern benutzen, schenken dem Probefeueralarm meist wenig Aufmerksamkeit, weil sie davon ausgehen, dass sie im Fall eines Feuers einfach den Notausgangzeichen folgen und mir nichts, dir nichts einen Fluchtweg finden werden. Viele Flugpassagiere ignorieren die Sicherheitsanweisungen beim Start, weil sie glauben, dass sie die gedruckten Flugsicherheitshinweise in der Tasche vor ihnen auch noch verstehen können, wenn es hart auf hart kommt. Solche Zuversicht ist jedoch völlig unangebracht. Die Wahrscheinlichkeit, dass sie in einem brennenden, rauchgefüllten Gehäuse noch über so viel Geisteskraft verfügen, um irgendetwas zu denken, geht gegen Null. Umgekehrt hat die amerikanische Flugsicherheitsbehörde herausgefunden, dass Passagiere, die sich die Zeit genommen und die Flugsicherheitshinweise gründlich gelesen haben, bei einem Unglück mit größerer Wahrscheinlichkeit unverletzt und lebend davonkommen. Indem sie ihr C-System vor Ausbruch der Krise verwenden, um sich zu überlegen, was im Notfall zu tun ist, können sie dann auch das Notwendige tun, ohne inmitten von Rauch und Geschrei auf logisches Denken angewiesen zu sein.

Aber auch ohne ein Unglück kann das Versagen der Selbstkontrolle tödlich sein. Das gilt für jede Aktivität, die in einer potenziell gefährlichen Umgebung nach eigenständigem Handeln verlangt. Nehmen Sie zum Beispiel das Gerätetauchen. Die Umgebung unter Wasser an sich erzeugt schon Stress. Nimmt man dann noch das eigenartige Gefühl der Schwerelosigkeit hinzu, die Kälte des Wassers, die Bewegungseinschränkung durch den Taucheranzug und das Tauchgerät und die schlechte Sicht, dann wiegt die psychologische Last noch schwerer. Einer der Hauptnebeneffekte von Stress ist schnelles Atmen. In Panik reißt ein nach Luft ringender Mensch instinktiv alles von sich, was seinen Mund verstopft. Unglücklicherweise ist das beim Gerätetauchen der Atemregler, der die Luftversorgung sichert. So kann eine Situation, die für sich genommen nur leicht stressig oder beängstigend wäre, schnell zu einem fatalen Panikausbruch führen. Sportpsychologe William Morgan, der zehn Jahre lang an der University of Wisconsin Panik bei Gerätetauchern untersucht hat, stellte die These auf, dass bei 60 Prozent aller Todesfälle unter Wasser Panik eine Rolle spielt.

Eine besonders gefährliche Variante ist das Höhlentauchen. Wie wir in dem Kapitel über die Angst schon gesehen haben, kann das Gefühl, gefangen zu sein, uns sehr belasten. Das ist schon schlimm genug, wenn man sich 30 Meter unter der Wasseroberfläche befindet, viel schlimmer aber noch, wenn man sich in einer langen, dunklen Höhle aufhält, von der rettenden Wasseroberfläche durch massives Felsgestein abgeschnitten. Was das Ganze noch schlimmer macht: Der Boden von Unterwasserhöhlen ist oft bedeckt von feinem Schlick, der aufgewirbelt die Sicht vernebelt und jede Orientierung unmöglich macht, ähnlich der räumlichen Desorientierung, die für Piloten tödlich sein kann. Wenn Sie mit Gerät in einer Höhle tauchen, kann der leiseste Anflug von Angst sich blitzschnell zu einer Katastrophe auswachsen, aus der es dann kein Entrinnen mehr gibt.

Am Ostersonntag 1992 bereitete sich der 26-jährige australische Speläologe Rolf Adams darauf vor, in die Jackson Blue Spring zu steigen. Das ist ein langer, tiefer See im Nordwesten Floridas, dessen kristallklares Wasser ein kompliziertes Höhlensystem bedeckt. Adams, eigentlich ein Experte in der Erforschung von Trockenhöhlen, hatte sich für eine Expedition unter Leitung des Höhlenforschers Bill Stone angemeldet, die zum Grund des Sistema Huautla führen sollte, einem wasserdurchfluteten Höhlenlabyrinth unter den Bergen der Sierra Mazateca in der Nähe der Stadt Oaxaca in Mexiko. Es war der letzte Tag eines fünfwöchigen Vorbereitungscamps. Am nächsten Tag stand die Abreise nach Mexiko an und Adam wollte noch so viel wie möglich trainieren.

In Begleitung von Jim Smith, einem erfahrenen Höhlentaucher, ging Adams ins Wasser und paddelte mit seinen Flossen zum »Hole in the Wall«, einem Höhleneingang in einer schüsselartigen Vertiefung am Grund des Sees. Als die Männer den Eingangsschlitz passiert hatten, wich der helle Sonnenschein trübem Licht. Sie schwammen senkrecht hinab in übernatürliche Stille, vorbei an steinernen Wänden, die mit den Scheiben lang gestorbener Sanddollars (einer stachellosen Seeigelart) wie mit Pockennarben übersät waren. 18 Meter weiter unten war es fast vollständig dunkel. Sie ließen den Strahl ihrer Unterwasserlampen über die Höhlenwände gleiten und fanden schließlich das Ende einer an der Wand befestigten Leine, die bis zum Höhlenboden hinunterführte.

Adams und Smith folgten dieser Leine und durchschwammen eine Reihe enger Passagen und düsterer Kammern. Blinde weiße Lurche huschten vorbei und verschwanden wieder in tintenschwarzer Dunkelheit. Ein Aal, aufgescheucht durch den Lampenstrahl, schlängelte sich davon.
Nachdem sie 600 Meter in die Höhle geschwommen waren, drehten die Männer wieder um. Als sie noch 300 Meter vom Höhleneingang entfernt waren, sah sich Smith nach seinem Buddy um und entdeckte ihn oben unter dem Dach der Höhle, wo er seinen ersten Atemregler gegen den Ersatzregler austauschte. Nachdem er damit fertig war, signalisierte Adams, dass alles in Ordnung sei. Smith drehte wieder um und schwamm Richtung Ausgang. Sekunden später wurde er von Adams eingeholt, der panisch gestikulierte: Er hatte keine Luft mehr. Ruhig übergab ihm Adams seinen Atemregler und griff nach seinem eigenen Ersatzregler. Abgelenkt durch diesen Austausch verloren die Männer an Auftrieb und sanken zum Höhlenboden. Durch ihre Bewegungen wirbelten sie das feine Sediment auf, das sich über Jahre dort abgelagert hatte, und das Wasser um sie wurde trüb. Eilig bemühten sich die beiden, wieder Auftrieb zu gewinnen, und schwebten bis zur Höhlendecke hoch. Da fiel Adam der Atemregler aus dem Mund, er entfernte sich von Smith und das trübe Wasser verschluckte ihn.
Smith gelang es, sich wieder Richtung Höhlenausgang zu orientieren, um sich in Sicherheit zu bringen. Er schaffte es kaum noch bis nach oben, da er fast keine Luft mehr in der Atemflasche hatte. Als Adams Leiche später geborgen wurde, stellte man fest, dass seine Ausrüstung völlig in Ordnung war und auch in seiner Atemflasche noch genügend Luft gewesen wäre. Nicht seine Lungen hatten versagt, sondern sein Kopf – Unerfahrenheit und Stress, verstärkt durch Orientierungsverlust, Klaustrophobie und sensorische Deprivation (das Fehlen jeglicher Sinneseindrücke von außen) hatten ihn umgebracht.

Panik ist unter Gerätetauchern weit verbreitet. Eine Studie von Morgan ergab, dass über die Hälfte von ihnen schon mindestens einmal Panik oder eine Vorstufe davon erlebt hatten. Die Anfälligkeit eines Höhlentauchers für Ängste und Panik ist so groß, dass sogar Veteranen mit Nerven wie Drahtseilen davon befallen werden können. Und tatsächlich fand Morgan heraus, dass auch erfahrenste Taucher erleben mussten, wie sie ohne ersichtlichen Grund in Panik gerieten. Ein bemerkenswerter Fall war der Mann, der Adams Leiche barg, Sheck Exley. Tragischerweise wurde Exley zwei Jahre später am Boden einer anderen tiefen Unterwasserhöhle selbst tot aufgefunden – trotz seiner 29 Jahre Taucherfahrung und seines Rufs als einer der erfahrensten und kenntnisreichsten Höhlentaucher der Welt.

Wahrscheinlich kann jeder beim Höhlentauchen seiner Panik zum Opfer fallen. Aber nach dem Studium zahlreicher Todesfälle kam Morgan zu dem Schluss, dass ein bestimmter Persönlichkeitstyp besonders gefährdet ist. In einer Studie aus dem Jahr 2004 verfolgte er den Lernfortschritt von 42 Studenten im Laufe eines viermonatigen Anfängerkurses im Scuba-Tauchen und fand heraus, dass diejenigen, die auf einer psychologischen Messskala zur *trait anxiety* (Ängstlichkeit als Wesenseigenschaft) weit oben rangierten, die also grundsätzlich ängstlich veranlagt waren, mit viel größerer Wahrscheinlichkeit Panikattacken erlitten. Morgan konnte sogar mit einer Treffersicherheit von 83 Prozent vorhersagen, ob ein Tauchanfänger während des Kurses panisch werden würde oder nicht.

Die Erkenntnis, dass ängstliche Menschen leichter in Panik geraten, kommt nicht gerade unerwartet, aber es ist doch interessant, welche Empfehlung Morgan diesen Tauchern gab. Er kam zu dem Schluss, dass keine wie auch immer geartete Therapie ihnen helfen könnte, ihre Angst so weit zu überwinden, dass sie unter Wasser sicher waren. Wenn diese Taucher sich bei aufkommender Panik wieder beruhigen, also ihre Gefühle willentlich kontrollieren wollen, lösen sie stattdessen wahrscheinlich einen Zustand aus, der mit dem Begriff »entspannungsinduzierte Angst« bezeichnet wird. Je stärker sie sich bemühen, ihre Ängste zu unterdrücken, desto schneller geraten sie in Panik. Wie bei Menschen, die unter Panikattacken leiden, reicht die bloße Tatsache, dass sie sich ihrer Angst und der damit einhergehenden körperlichen Reaktion bewusst werden, schon aus, um ihr sympathisches Nervensystem außer Kontrolle geraten zu lassen. Deshalb ist laut Morgan die beste Option für grundsätzlich eher ängstliche Menschen, schlicht und einfach auf das Tauchen zu verzichten.

Entspannungsinduzierte Ängstlichkeit ist eine Unterklasse der paradoxen Effekte, die Daniel M. Wegner untersucht hat. Wie Sie sich vielleicht erinnern, treten paradoxe Effekte dann auf, wenn unser Verstand ein Ziel zu erreichen versucht und stattdessen das bloße Gegenteil erzielt. Das ist wie bei diesen alten Leuten, die meinen, sie träten auf die Bremse, und stattdessen treten sie aufs Gas und landen in einem Schaufenster.

Paradoxe Effekte mögen sonderbar klingen, aber sie sind gar nicht so selten. Bei Versuchen der Selbstkontrolle treten sie zumindest recht häufig auf. Menschen, die ständig Diäten machen und doch zunehmen, oder solche, die vor lauter Sorge, dass sie nachts nicht schlafen können, dann tatsächlich wachliegen, bilden hier nur die Spitze des Eisbergs.

Versuche, Angst durch Willenskraft zu unterdrücken, scheinen besonders anfällig für den gegenteiligen Effekt zu sein. Genauso wie der Versuch, nicht an einen weißen Bären zu denken, die Vorstellung davon mir nichts, dir nichts in unseren Gedanken auftauchen lässt, lässt der Versuch, uns von etwas abzulenken, vor dem wir Angst haben, die Angst nur urplötzlich irgendwo anders auftauchen.

Es ist sogar möglich, bei jemand anderem paradoxen Stress hervorzurufen. Die deutsche Psychologin Sonja Rohrmann leitete

eine Studie, in der die Teilnehmer gebeten wurden, vor einer großen Gruppe von Menschen zu sprechen. Die Testpersonen, die mit Geräten verdrahtet wurden, die ihre physiologische Reaktion maßen, waren in drei Gruppen unterteilt und wurden gebeten, vor ihrer Ansprache noch ein paar Minuten zu warten. Die erste Gruppe ließ man in Ruhe warten, während die zweite darüber informiert wurde, dass ihre Herzfrequenz hoch sei. Der dritten wurde gesagt, dass ihre Herzfrequenz niedrig sei. Die Teilnehmer dieser Gruppe (die man also fälschlicherweise darüber informiert hatte, dass sie keine Anzeichen von Stress zeigten) wurden durch diese (erfundene) Nachricht nicht ruhiger. Im Gegenteil: Von den drei Gruppen waren bei ihnen Herzfrequenz, Blutdruck und Cortisolwert am höchsten. Wenn man versuchte, sie zu beruhigen, wurden sie nur noch angespannter. Die Wissenschaftler fanden zwar keine eindeutige Erklärung für dieses Phänomen, aber es ist doch wahrscheinlich, dass der Widerspruch zwischen dem, was man ihnen sagte, und ihrem eigenen Körpererleben sie noch nervöser machte.
Was können wir daraus lernen? Sich selbst vorzumachen, dass alles in bester Ordnung ist, während die Alarmglocken unseres X-Systems laut schrillen, ist als Strategie nicht nur fruchtlos, sondern es kann unsere Lage sogar noch verschlimmern.

Willenskraft, so scheint es, ist nicht sehr effektiv bei der Bekämpfung extremer Angst. Das Ganze hat zu viele Kehrseiten. Wie aber können wir dann ein Phänomen wie das von Rogozov erklären? Wie konnte er die Kraft seines Verstandes nutzen, eingeschränkt wie er in dieser Situation war, und trotz Schmerz und Gefahr bestehen?
Wir werden das niemals sicher wissen. Rogozov kann einfach nur einer unter Millionen gewesen sein, ein Ausnahmemensch, der zufällig eine außerordentliche Willenskraft verliehen bekommen hatte und die Gelegenheit erhielt, sie auch tatsächlich

anzuwenden. Aber da ist auch noch eine andere Möglichkeit: Vielleicht hat sich Rogozov ja auf mehr verlassen als nur auf seine Willenskraft, um die OP durchzustehen. Wenn es um den Kampf gegen die Angst geht, gibt es nämlich mehrere Wege, die zum Ziel führen. Während es sinnlos sein kann, das X-System frontal anzugreifen, gibt es doch Möglichkeiten, seine Schwächen zu umgehen, Vorteil aus seinen blinden Flecken zu ziehen und seine Stärken gezielt zu nutzen. Vielleicht konnte Rogozov eine solche Strategie zu seinem Vorteil anwenden.

Wir alle können uns dasselbe Ziel setzen. Wenn wir verstehen, wie Angst im Gehirn erzeugt wird, können wir intelligentere Strategien entwickeln und die Schwierigkeiten umgehen, mit denen wir rechnen müssten, wenn wir uns einfach Hals über Kopf mit ihr herumschlagen. Einerseits können wir diese Einsichten natürlich nutzen, um uns vorzubereiten. Und andererseits können wir, wenn uns die Angst dann tatsächlich im Griff hat, unsere mentalen Ressourcen optimal nutzen. Denn wenn wir schlau sind, brauchen wir nicht stark zu sein.

Sich wappnen

In diesem dichten Qualm kann man ein paar Meter weit sehen, aber was ich erkennen kann, ist schlimm genug. Das Deck hat sich nach oben gewölbt und Bruchteile von Tischen und Stühlen liegen kreuz und quer zwischen zerbrochenen Stahlträgern. Kurze Lichtblitze erhellen den zerfetzten Körper eines Toten, der von einer bis zur Decke reichenden Schuttpyramide herabhängt. Von überall her kommen die Schreie eingeklemmter und verwundeter Männer, ihr Stöhnen wechselt mit dem Ächzen von berstendem Metall ab. Vornübergebeugt und auf Knien kämpfe ich mit dem Gewicht der Bahre und manövriere mich mühsam unter einer abgestürzten Zwischendecke durch. Unser Schiff ist gerade von einer feindlichen Rakete getroffen worden, und meine Teamkameraden und ich sollen so viele Verunglückte wie möglich aus der Aufprallzone bergen.

Der Verletzte klingt nicht gut. Er ringt nach Luft, versucht verzweifelt, seine rauchgeschädigten Lungen mit Sauerstoff zu versorgen. »Aaah, aah, oh!« Wegen der schweißtreibenden Flammschutzhaube, die meine Nase und meinen Mund bedeckt, kann auch ich kaum Luft bekommen, und durch das beschlagene Plexiglasschild meines Schutzhelms kann ich fast nichts erkennen. Hoffentlich kann mein Team eine Ausstiegsluke finden – eine, hinter der kein Feuer tobt. Wir müssen diesen Kerl hier rausschaffen, ohne ihn dabei umzubringen und ohne dabei selbst draufzugehen.

Schließlich finden wir uns in einem Gang wieder, der frei von Schutt ist, und halten an, um durchzuzählen. Unsere Armmuskeln brennen von der schweren Last. Vier Bahrenträger und zwei zusätzliche Männer macht insgesamt sechs. Wo sind die anderen Teammitglieder? In diesem Moment taucht unser Unteroffizier aus dem Rauch auf. »Was?«, brüllt er los. »Ihr habt euch von den anderen getrennt? Ich glaub es nicht! Wartet hier!« Dann stürmt er los, um die fehlenden Männer zu suchen. Wir andern starren auf den Boden, völlig erschöpft. Teamkameraden unter den miserablen Sichtbedingungen bei einem Feuer an Bord allein zurückzulassen kommt ihrem Todesurteil gleich. Wir haben es vermasselt und zwar ganz gewaltig.

Es gibt also zwar gewaltigen Ärger, aber keine echte Gefahr. Meine Teamkollegen und ich kämpfen uns nämlich durch eine 12-Stunden-Schicht an Bord der USS *Trayer*, dem originalgroßen Nachbau eines Lenkwaffenzerstörers der Arleigh-Burke-Klasse. Das 83-Millionen-Dollar-Schiff erhebt sich auf einem 340 Kubikmeter fassenden Wasserbecken in einem Gebäude des Recruit Training Command (der Rekrutenausbildungsstätte der Navy) in Illinois, etwa 45 Kilometer nördlich von Chicago. Eröffnet im Jahr 2007 nach zehn Jahren Planung und Bau, ist es der realistischste und technisch ausgefeilteste Schiffssimulator der Welt.

Offiziell angelegt als voll ausgestattetes Schiff, wird die *Trayer* scherzhaft »das glückloseste Schiff der Navy« genannt. Fünf Tage die Woche muss es mehrfache feindliche Raketenangriffe über sich ergehen lassen, die Tote, Verwundete und die Gefahr des Sinkens mit sich bringen. Obwohl das Geschehen inszeniert ist, für die Rekruten, die gerade ihr achtwöchiges Basistraining hinter sich gebracht haben, steht doch eine ganze Menge auf dem Spiel. Die *Trayer* ist ihre Feuertaufe und gleichzeitig die Abschlussprüfung. Nur sie steht noch zwischen ihnen und dem Recht, sich »Matrose« zu nennen.

Die Navy hat mir gestattet, als eingebetteter Journalist an einem Simulationslauf teilzunehmen und die Innenwelt ihrer neuen Ausbildungsstätte zu erleben. Ich bin nur ein paar Minuten vor der geplanten Anfangszeit um 20 Uhr 45 Uhr angekommen, tausche blitzschnell meine Zivilklamotten gegen einen blauen Navy-Overall und ordne mich in eine 250 Mann starke Rekrutenreihe ein, die vor einem hangarartigen Gebäude an-

getreten ist. Ein Offizier hält eine Rede über Ehre, Tapferkeit und Verpflichtung. Die Rekruten brüllen begeistert, die Türen schwingen auf und wir marschieren hinein.
Auf einmal befinden wir uns auf einer Landungsbrücke und über uns erhebt sich die *Trayer*. Obwohl wir im Gebäudeinnern sind, bläst eine sanfte Brise, die den typischen Geruch von Seetang mit sich bringt. Über unseren Köpfen kreischen Möwen, und zwischen der Landungsbrücke und dem Schiffsrumpf schwappen Wellen. Nacheinander gehen wir in Teams die Gangway hinauf und steigen dann in den Bauch des Schiffes hinab.
Die Übungsnacht beginnt ruhig, mit Übungen zum Überwachen von Messgeräten, Ausguck-Halten und Taue-Aufrollen. Etwa alle 45 Minuten kehren wir in den »Wohnraum« unserer Crew zurück, um auf die Toilette zu gehen und uns Videos über die Geschichte der US-Navy anzusehen. Dann, spät nachts, als die Unteroffiziere einzelne Rekruten schon immer wieder zusammenstauchen müssen, weil sie eindösen, passiert es: WOMM!
Riesensubwoofer, die im Boden eingebaut sind, lassen alles erdröhnen und wir zittern vor Schreck. Die Lichter gehen kurz aus und ein Unteroffizier brüllt: »Bereitmachen für Einschlag!« Wir zischen zu den Seitenwänden des Raums und lehnen uns dagegen, dann rasen wir zu unseren Kampfanzügen, um sie anzulegen: feuerfeste Hauben, Helm mit Gesichtsschutzschild, lange Handschuhe. Aus dem Lautsprecher bellt es: »Hauptunterkünfte«. Die nächsten vier Stunden rasen wir von einem haarsträubenden Szenario zum nächsten, fliehen dabei unter anderem aus einer rauchgefüllten Abteilung durch eine Notluke und hieven 15 Kilo schwere Behälter mit 5-Zoll-Waffenmunition aus einem Raum, der sich langsam mit Wasser füllt.
Irgendwann um Sonnenaufgang herum, während die Schlacht um uns weitertobt, schnallen wir uns Sauerstoffflaschen um

und setzen Atemschutzmasken und noch schwerere Kapuzen auf, um ein Feuer in einer der beschädigten Schiffsabteilungen zu bekämpfen. Flammen lodern in einem propangespeisten Inferno, und unser Team plagt sich mit einem Hochdruck-Feuerlöschschlauch ab. Der Mann vorn schwenkt den Strahl aus der Spritzdüse wieder und wieder über das Feuer, von Zeit zu Zeit ertönt aus einem verborgenen Lautsprecher das Geräusch einer kleinen Explosion, das ein von der Hitze gesprengtes Fass symbolisieren soll, oder wir erhalten unfreiwillig eine Dusche.

Während langsam der Morgen anbricht, verlangt uns die Katastrophe immer noch mehr ab. Die jungen und noch unerfahrenen Rekruten bemühen sich krampfhaft alles anzuwenden, was sie in ihrer zweimonatigen Marineausbildung gelernt haben. Unser Versagen in der Bergungsübung stellt einen Tiefpunkt dar. Nachdem wir es geschafft haben, den stöhnenden Dummy ins Krankenrevier zu schaffen, fallen die Ausbilder über uns her. »Da, schaut, er ist tot!«, sagt ein Unteroffizier, während er die Klettbänder der Bahre aufreißt und uns demonstriert, dass wir sie völlig falsch angebracht haben: »Ihr habt ihn umgebracht!«

Der Tod unseres verwundeten Kameraden ist so demoralisierend, unsere Erschöpfung so total, dass die Tatsache, dass der Tote aus Plastik ist, uns kaum trösten kann. Und genau das ist der Punkt. Obwohl die Gefahr nur simuliert ist, sind unsere Gefühle überaus real.

Die *Trayer* ist nur ein Teil einer massiven und noch andauernden Anstrengung des US-Militärs, hochrealistische Trainingssimulatoren für jede Abteilung der Streitkräfte bereitzustellen, von lebensgroßen Wüstenstädten, wo Bodentruppen den Stadtkampf trainieren können, bis hin zu elektronischen Simulatoren, die die Bedienungseigenschaften von Überschallkampfflugzeugen und Raketen-U-Booten nachahmen. Bei den Streitkräften ist

Leistungsfähigkeit unter Stress mehr als in jedem anderen Bereich des modernen Lebens absolut unabdingbar. Sie entscheidet nicht nur über Leben und Tod, sondern auch über Sieg oder Niederlage. Und damit obliegt es der Militärführung, jeden Soldaten, Matrosen und Piloten nicht nur auf seine zukünftigen Aufgaben vorzubereiten, sondern auch auf das Geheimnis des Funktionierens in der sonderbaren Parallelwelt extremer Angst. Wenn sie zum ersten Mal einer wirklichen Gefahr ausgesetzt sind, sollen sie sich nicht fühlen, als wäre es das erste Mal.

Wir Zivilpersonen müssen vielleicht nicht so häufig wie Mitglieder der Streitkräfte Krisen auf Leben und Tod durchstehen, aber dennoch müssen wir mit Angst umgehen und verfügen über denselben mentalen Apparat hinter unserer Stirn. Deshalb stellt sich für uns alle dieselbe Frage: Wie können wir unsere Leistung unter Stress optimieren und unsere Angst daran hindern, gemeinsam mit uns durchzubrennen?

In diesem und dem nächsten Kapitel werden wir uns einige der Techniken ansehen, die entwickelt wurden, um bei extremer Angst zu bestehen. Einige Strategien sind Jahrtausende alt, andere sind erst in letzter Zeit entworfen worden. Alle zusammen können als geistiges Rüstzeug gegen Panik und Angst im Allgemeinen dienen.

Gewöhnung

Das wirkungsvollste Hilfsmittel im Umgang mit Angst ist so einfach, dass beinahe jedes Tier in irgendeiner Form davon Gebrauch macht. Der psychologische Fachbegriff dafür lautet »Habituation«, aber das dahintersteckende Konzept ist denkbar simpel: Man gewöhnt sich an alles. Explosionen und Zerstörung sind schockierend, wenn man sie das erste Mal erlebt, hat man aber erst einmal genügend Zeit in einem Simulator wie der *Trayer* verbracht, sind sie schon bald ein alter Hut.

Die Fähigkeit, sich an etwas zu gewöhnen, ist essenziell für jedes Nervensystem. Tiere halten ständig nach Gutem Ausschau und versuchen, den schlechten Dingen aus dem Weg zu gehen. Alles andere muss ignoriert werden, sonst würden ihre neuronalen Schaltkreise ständig mit überflüssiger Information überflutet werden. Deswegen sind Tiere vor allem auf Neues eingestimmt. Neuartige Dinge werden betrachtet, beschnüffelt, berührt, betastet. Sind sie nach einer gewissen Zeit vertraut geworden, werden sie ignoriert. Sogar die Nacktkiemer (meeresbewohnende Nacktschnecken), die über ein primitives Nervensystem, aber über kein Gehirn verfügen, gewöhnen sich an Dinge. Stupst man mit einem Finger ihre fedrigen Kiemen oder die Mundöffnungen an, ziehen sie sich gewöhnlich sofort zurück, berührt man sie aber lange genug, lassen sie schließlich ihre Anhänge furchtlos weiter im Wasser treiben.

Menschen können sich natürlich an eine weit größere Bandbreite von Empfindungen gewöhnen, wohl oder übel. Wir lernen Unangenehmes auszuhalten, büßen aber auch die überschwängliche Begeisterung über etwas Angenehmes ein, wenn es nicht mehr neu ist. Das erste Mal, wenn wir teure Schokolade schmecken, geraten unsere Geschmacksknospen in Verzückung, essen wir sie aber dann täglich, wird es zur Selbstverständlichkeit. Wir lieben es, ein neues Hemd zu tragen, aber bei jedem Tragen wird das Vergnügen ein bisschen geringer. Wenn Sie gern wirklich laut Musik hören, drehen Sie die Anlage so laut, bis die Ohren schmerzen, dann aber gewöhnen Sie sich an den Geräuschpegel und drehen noch lauter. Irgendwann wackeln dann die Wände und Ihre Nachbarn rufen die Polizei, aber für Sie hört es sich genauso wie am Anfang an.

An Angst gewöhnen wir uns auf eine etwas andere Weise, nämlich durch einen Prozess, den man Extinktion (Auslöschung) nennt. Das Erinnerungssystem der Amygdala bewahrt angstmachende Assoziationen für immer. Wenn Sie beispielsweise von einem weißen Hund gebissen wurden, wird Ihre Amygdala das niemals vergessen. Aber dieses Erinnern kann durch eine positive oder neutrale Assoziation überlagert werden. Kaufen Sie sich später einen freundlichen weißen Hund und verbinden ihn Tag für Tag mit harmlosem Spaß, wird mit der Zeit ihre Angst vor weißen Hunden von einer unterdrückenden Reaktion überlagert, die vom medialen präfrontralen Cortex hergestellt wird. Ihre Amygdala vergisst zwar nicht, dass weiße Hunde gefährlich sind, aber Sie haben die neue Erinnerung darübergelegt wie einen Linoleumboden über eine Falltür. Die alte Angstassoziation bleibt bestehen und unterbewusst in der Amygdala verschlüsselt. Unter Stress kann sich die vergrabene Furcht spontan wieder erheben.

Trotz dieses Nachteils ist Gewöhnung eines der wirkungsvollsten Instrumente, um sich auf Angst vorzubereiten. Wenn Sie sich selbst einer angsteinflößenden Sache aussetzen, und dabei keinen Schaden erleiden, können Ihr präfrontaler Cortex und Ihr Hippocampus die Angstassoziation der Amygdala überschreiben. Im Wesentlichen verändert Ihr C-System also die Reaktion des X-Systems. Gewöhnung ist lange ein grundlegender Bestandteil des militärischen Trainings gewesen. Bereits sechzig Jahre vor der Hi-Tech-Simulation von Lärm, Rauch und Blutvergießen auf der USS *Trayer* hat die US-Army Rekruten in ein *»mental conditioning chamber«* (einen Raum zur mentalen Konditionierung) gesteckt, in dem sie Aufnahmen von Schreien und berstendem Metall anhören mussten, während man ihnen Sand und Wasser ins Gesicht schleuderte und den Gestank eines verwesenden Pferdekadavers über sie hinwegwabern ließ.

Die Tradition geht aber noch viel weiter zurück, vermutlich zu den ersten Anfängen militärischen Trainings. »Es ist von immenser Wichtigkeit, dass kein Soldat, was auch immer sein Rang sein mag, bis zum Krieg warten muss, um den Gesichtspunkten des aktiven Dienstes ausgesetzt zu werden, die ihn erstaunen und verwirren, wenn er das erste Mal auf sie trifft«, schrieb Carl von Clausewitz, der große Militärtheoretiker des 19. Jahrhunderts. »Wenn er ihnen auch nur ein einziges Mal vorher begegnet ist, werden sie ihm schon annähernd vertraut sein.«

Einen Menschen einfach nur dem Objekt seiner Angst auszusetzen reicht für eine richtige Gewöhnung jedoch nicht aus. Am wirkungsvollsten ist es, den Stimulus häufig und kontinuierlich zu erleben. Wie wir gesehen haben, ist das X-System ein langsamer Lerner, so dass die Gewöhnung an intensive Angst viel Zeit benötigen kann. Der Schlüssel liegt in der Wiederholung. Die Bewohner von London, die während des Luftkriegs über England regelmäßige Bombardierungen durch die Deutschen erlebten, wurden immer gleichgültiger. Sie gewöhnten sich an das Heulen der Fliegeralarmsirenen, an das Ritual, die Luftbunker aufzusuchen, das polternde Grollen ferner Explosionen. Der Terror der Zerstörung aus der Luft, von dem Theoretiker vor dem Krieg behauptet hatten, dass er eine ganze Bevölkerung rasch zur Unterwerfung zwingen würde, wurde stattdessen zu einem banalen Bestandteil des Alltags. Wird man dagegen der Angst nur selten oder unregelmäßig ausgesetzt, führt das unter Umständen überhaupt nicht zur Gewöhnung, sondern eher zum Gegenteil: einer zusätzlichen Sensibilisierung. Die Reaktion auf einen Stimulus wird dann nicht schwächer, sondern stärker. Briten, die außerhalb der großen Städte wohnten und deswegen nur sporadisch den Kriegsgefahren ausgesetzt waren, ließen sich durch die Angriffe der Deutschen weit mehr einschüchtern.

Derselbe Effekt führt zur Verstärkung von Ängsten und Phobien. Leute, die sich zum Beispiel vor Spinnen fürchten, nehmen verständlicherweise einige Umstände auf sich, um ihnen nicht zu begegnen. Sind sie dann doch einmal mit einer Spinne konfrontiert, fängt ihr Herz an zu rasen, ihnen wird flau im Magen und was es noch an unangenehmen Auswirkungen einer Panikattacke gibt. Ihre Angst wird so noch geschürt: Spinnen sind *wirklich* gefährlich. Um diesen Verstärkungseffekt zu umgehen, behandeln Therapeuten Phobien dadurch, dass sie ihre Patienten ihren Ängsten regelmäßig aussetzen. Zuerst wird ein Arachnophobiker zum Beispiel aufgefordert, an eine Spinne zu denken, dann soll er sich ein Foto von einer Spinne ansehen und sich schließlich einer Spinne in einem Glasterrarium nähern. Bei jedem Schritt wird dem Patienten ermöglicht, sich an diese Stufe der Konfrontation zu gewöhnen, bevor die Intensität gesteigert wird. Dadurch ist sichergestellt, dass der Stress niemals so weit anwächst, dass er einen Panikanfall erleidet und die Phobie dadurch wieder verstärkt wird. Diese Therapie hat eine der höchsten Erfolgsraten bei psychotherapeutischen Behandlungen überhaupt, mit fast hundertprozentiger Wahrscheinlichkeit auf endgültige Heilung der Patienten.

Die Gewöhnung an Angst hat aber auch eine düstere Seite. Der Psychologe Thomas Joiner an der Florida State University argumentiert, dass Gewöhnung ein entscheidender Schritt für Selbstmörder ist, bevor sie sich endgültig das Leben nehmen. Die Angst vor dem Tod ist so mächtig und angeboren, dass es fast unmöglich ist, sie schon beim ersten Versuch zu überwinden. Aus diesem Grund sind die meisten Selbstmörder sozusagen altgediente Veteranen mit mehreren vorausgehenden Selbstmordversuchen. Nach jedem Versuch wird das Ganze ein wenig einfacher, und sie kommen ihrem Ziel wieder einen Schritt näher. Bei manchen Menschen, so betont Joiner, ist gar nicht so viel Gewöhnung erforderlich, weil sie bereits in ihrem Berufsleben ständig mit Gewalt und Blutvergießen konfrontiert sind. Und genau das ist seiner Meinung nach der Grund, warum die Suizidraten bei Polizisten und Feuerwehrleuten weit über dem Durchschnitt liegen.

Training

Wenn wir mit extremer Angst konfrontiert sind, schaltet unser C-System ab und unser automatisches X-System übernimmt. Wenn das X-System mit der Situation nicht zurechtkommt, kann das katastrophale Auswirkungen haben. Aber es kann auch die optimale Lösung sein, nämlich dann, wenn seine automatischen Prozesse zur aktuellen Herausforderung optimal passen. Die Männer und Frauen, die ihre militärische Laufbahn an Bord der USS *Trayer* beginnen, erwerben ihre Fähigkeit, im Schlachtgetümmel die geforderte Leistung zu bringen, durch endlosen Drill, wie das die Streitkräfte auf der ganzen Welt schon seit Jahrhunderten so getan haben. Für Soldaten ist es am besten anzunehmen, dass das C-System kollabieren wird, und deshalb das X-System so zu trainieren, dass es weiß, was zu tun ist. Wird eine Fähigkeit so ausdauernd geübt, bis sie völlig automatisiert abläuft, nennt man das *overlearning* (Überlernen). Die so erlernten Fähigkeiten sind auch noch gegen die blindeste Panik fast resistent. Vegetius, ein römischer Schriftsteller des 5. Jahrhunderts n. Chr., schrieb: »Wenige Männer sind von Geburt an mutig, viele werden es durch Übung und die Kraft der Disziplin.«

Vegetius schrieb zu einer Zeit, als das weströmische Reich dem Zusammenbruch nahe war. Sein Werk *De Re Militari*, war ein Versuch, die Lektionen aus der Blütezeit des römischen Militärs zusammenzustellen und zu strukturieren, in der Hoffnung, dass durch ihre Anwendung sein Land wieder zu seiner vergangenen Größe zurückfinden würde. Vegetius glaubte, dass die Essenz dieser Größe die Schulung war, der sich seine Vorfahren unablässig gewidmet hatten. »Die Römer schuldeten die Eroberung der Welt nichts anderem als dem kontinuierlichen militärischen Training«, schrieb er. »Sie begriffen vollkommen, wie wichtig es war, sich selbst durch beständige Übung abzuhärten. Eine Handvoll gegen den Krieg abgehärtete Soldaten erlangt den sicheren Sieg, während vielzählige Armeen aus ungeübten und undisziplinierten Truppen nichts als Massen von Männern sind, die ins Gemetzel geworfen werden.«

Diese Sichtweise, die auf nichts anderem als gesundem Menschenverstand beruht, machte Vegetius bei militärischen Machthabern für mehr als tausend Jahre sehr populär und noch heute werden seine Prinzipien weitreichend angewandt. »Je mehr du im Training schwitzt, desto weniger blutest du im Krieg«, sagt Rob Smithee, ein Offizier, der früher ein Special-Operations-Trainingsprogramm des US-Militärs leitete. »Der einzige Grund, warum sie dich im Gleichschritt marschieren lassen, der einzige Grund, warum sie dich anbrüllen und so fertig machen, bis du heulst und tobst und schreist, ist: Wenn es dann soweit ist und sie dich rausschicken aus dem Schützengraben, mitten ins Maschinengewehrfeuer, gibt es eine automatische Reaktion, kein Nachdenken.«

Wenn sich die militärischen Ausbilder auch zweitausend Jahre lang einig waren, dass die Automatisierung der Fähigkeiten eines Soldaten der sicherste Weg ist, ihn unter extremem Stress leistungsfähig zu halten, wurde eine damit verbundene Frage doch immer heiß diskutiert: Ist es besser, bis zur Perfektion zu trainieren, bevor man versucht, die geübten Fähigkeiten unter Stress anzuwenden, oder sollte man von Anfang an unter extremem Stress trainieren, der dem Stress ähnelt, unter dem die Fähigkeiten tatsächlich angewendet werden müssen? Also in anderen Worten: Ist es besser, in Angst und Schrecken oder in Ruhe zu trainieren?

Mehrere Studien zu dieser Frage stützen die Schlussfolgerung, dass die Trainierenden zunächst Perfektion erreichen sollten, *bevor* der Faktor Stress der Lernumgebung hinzugefügt wird. Wird bei einem Lernenden die Cortisolausschüttung in Gang gesetzt, ehe eine Aufgabe voll automatisiert worden ist, erhält man schlechte Ergebnisse, da ein hoher Stresspegel das C-

System außer Kraft setzt, ehe die Fähigkeit in das X-System transferiert werden kann. Eine Studie mit Fallschirmspringern ergab zum Beispiel, dass Neulinge während des freien Falls große Schwierigkeiten hatten, Wortlisten zu memorieren. In ihrer Veröffentlichung zitieren die Forscher einen weisen Ausspruch von einem der Fallschirmlehrer: »Egal, wie intelligent du am Boden bist«, meinte er, »sobald du das erste Mal aus einem Flugzeug fällst, bist du dumm.«

»Bewegungsabläufe, Strategien, Taktiken, überhaupt alle Aspekte von Leistung müssen zuerst mit niedrigem Stresslevel erlernt werden«, sagt auch Marc Taylor, ein Psychologe am Naval Health Research Center (einem medizinischen Forschungszentrum der US-Navy) in San Diego. »Das bedeutet, dass man zuerst vom totalen Neuling zum Fortgeschrittenen auf mittlerem Niveau werden muss. Ein Navy-Soldat muss unter stressfreien Bedingungen lernen, wie man einen Knoten bindet, bevor er wissen kann, wie man ihn in zwölf Metern Tiefe in 15 Grad kaltem Wasser bindet. Ehe der Kicker eines Footballteams unter hohem Stress den spielentscheidenden Punkt durch ein 45-Yard-Goal erzielen kann, muss er das vorher üben, wenn keiner zusieht.«

Hat der Soldat oder der Kicker diese Fähigkeiten erst einmal gelernt, kann das Ausführen unter realistischen Stressbedingungen allerdings doppelten Auftrieb verleihen und die Vorteile von Training und Gewöhnung zusammenführen. Die Australier Gucciardi und Dimmock haben die Mechanismen des *choking* eingehend untersucht und herausgefunden, dass Golfer, die das Putten vor Zuschauern geübt hatten, wesentlich besser als andere abschnitten, wenn man sie einem stressigen Wettbewerb aussetzte, bei dem eine hohe Geldsumme zu gewinnen war. Sie hatten also tatsächlich nicht nur ihre Technik beim Putten verfeinert, sondern sich auch an den Stress des Spielens vor Zuschauern gewöhnt.

Erfahrung in dem, was man tut, führt zu Selbstvertrauen, und das ist für sich genommen schon ein starkes Schutzschild gegen die Angst. Psychologen verwenden den Begriff »Selbstwirksamkeit«, um den geistigen Zustand von Menschen zu beschreiben, die sich selbst als kompetent beurteilen und bereit sind, jede Herausforderung anzunehmen. Studien haben gezeigt, dass dieses Vertrauen in die eigenen Fähigkeiten zu größerem Erfolg in Krisensituationen führt, auch wenn die Fähigkeiten selbst dadurch nicht unmittelbar verbessert werden. »Die Tapferkeit eines Soldaten wird durch seine Kenntnisse in seiner Profession erhöht«, schrieb Vegetius, »und er wartet nur auf eine Gelegenheit, um das auszuführen, was ihm seiner Überzeugung nach perfekt beigebracht wurde.«

Erfolg bringt Selbstvertrauen und vertreibt die Angst. Wir haben uns weiter oben mit einem hormonalen Phänomen beschäftigt, das man den »Sieger-Effekt« nennt. Dabei erleben die Gewinner bei einem Wettkampf oder Spiel einen Testosteronschub, der ihnen zu höherer Aggressivität und größerem Selbstvertrauen verhilft. Siegen führt also zu Siegen. Aus diesem Grund empfiehlt Vegetius militärischen Befehlshabern, diesen Effekt zu nutzen, um den Kampfesmut demoralisierter oder unerprobter Truppen zu steigern:

»Ohne Zweifel gibt es einige mit einer ängstlicheren Veranlagung, die durch den bloßen Anblick des Feindes in Verwirrung geraten«, schrieb er. »Um ihre Ängstlichkeit zu vermindern, solltet ihr, ehe ihr zur tatsächlichen Schlacht schreitet, eure Armee des Öfteren in sicheren Umständen in Kampfaufstellung zusammenziehen, so dass eure Mannen sich an den Anblick und die Erscheinung des Feindes gewöhnen. Wann immer sich Gelegenheit bietet, sollten sie gegen diesen losgeschickt werden und sich anstrengen, ihn in die Flucht zu schlagen oder einige seiner Mannen zu töten. So werden sie vertraut mit seinen Gebräuchen, Waffen und Pferden. Denn das, womit wir uns einmal vertraut gemacht haben, kann uns keinen Schrecken mehr einjagen.«

Sich wappnen

Training und Gewöhnung sind beide nachweisbar effektiv, teilen aber auch eine Schwäche: Sie sind spezifisch. Wir können uns an eine bestimmte Angst gewöhnen, eine bestimmte Fähigkeit trainieren. Wir wissen aber nie, auf welche Art von Schwierigkeiten wir in der realen Welt stoßen werden. Glücklicherweise konnten Studien zeigen, dass wir üben können, gegen Stress ganz allgemein resistenter zu werden. Wir können uns also an Angst ganz generell gewöhnen.

Erster Schritt: Üben. In einer bahnbrechenden Studie über menschlichen Mut hat der kanadische Psychologe Stanley Rachman Dutzende von Bombenentschärfungsexperten der britischen Armee interviewt, Mitglieder einer Eliteeinheit, die über zehn Jahre lang in Nordirland ein tödliches Katz-und-Maus-Spiel mit den Bombenlegern der Irischen Republikanischen Armee (IRA) auf sich genommen haben. Ihre Arbeit war der Inbegriff eines Berufs, der spezielle Fähigkeiten und große Geduld unter gefährlichsten Umständen verlangt. Während der Entschärfung von mehr als 30 000 Sprengkörpern wurden siebzehn der Experten getötet. Rachman wollte wissen, was die tapfersten dieser Männer von ihren Kollegen unterschied, und analysierte die verschiedenen psychologischen Tests, die mit den Männern im Laufe ihres Dienstes durchgeführt worden waren. »Zu unserem Erstaunen sind wir auf eine Eigenschaft gestoßen, die die Experten, die Tapferkeitsorden erhalten hatten, von den anderen unterschied«, schreibt er. »Die ausgezeichneten Männer waren, was ihre allgemeine psychische Gesundheit und Körperfitness anbetraf, zwar nur leicht, aber doch signifikant überlegen.«

Dass der Unterschied in der Fitness der Männer gering war, mag der Tatsache geschuldet sein, dass die Bombenentschärfungsexperten im Vergleich zur Restbevölkerung generell sehr gut in Form waren. Ein noch schlagkräftigerer Beweis, dass körperliche Fitness die Widerstandsfähigkeit gegen Angst erhöht, stammt aus einer Studie aus dem Jahr 2008 von Lilly Mujica-Parodi und Marc Taylor. Sie untersuchten die hormonelle und kognitive Reaktion von Fallschirmsprungneulingen auf ihren ersten Sprung. Je weniger Körperfett die Springer hatten, desto weniger gestresst waren sie, was die Forscher anhand der Cortisolkonzentration in ihrem Blut nachweisen konnten. Die durchtrainierten Teilnehmer schnitten auch bei kognitiven Tests besser ab, die sie direkt vor dem Sprung durchführten. »Fitness führt nicht nur zu physiologischer Stressresilienz«, sagt Mujica-Parodi, »sondern auch zu kognitiver Resilienz. Diese Menschen waren tatsächlich fähig, ihre Denkfunktionen trotz eines Stressors aufrechtzuerhalten«. Was im Klartext heißt, dass wir alle dumm werden, wenn wir aus einem Flugzeug springen, aber manche von uns noch dümmer als andere.

Wenn man sich körperlich fit hält, hat man unter anderem auch den Vorteil, dass die Willenskraft dabei trainiert wird. Wie Muraven und Baumeister demonstrierten, funktioniert die Fähigkeit des Gehirns zur Selbstregulierung in vielerlei Hinsicht wie ein Muskel, und wie ein Muskel kann sie auch im Laufe der Zeit aufgebaut werden. Wenn das Modell dieser beiden Wissenschaftler korrekt ist, dann hilft jeder entschiedene Versuch, mit Hilfe des C-Systems Kontrolle über das X-System auszuüben, die Kraftreserven des Gehirns für Selbstkontrolle aufzubauen. Wie die meisten von uns wahrscheinlich bestätigen können, erfordert es eine ganze Menge Willenskraft, regelmäßig körperlich zu trainieren. Sich selbst an einem regnerischen Morgen zum Joggen aus dem Haus zu prügeln, kann also beim Aufbau von zwei unterschiedlichen

Muskelarten helfen: den einen in Ihren Beinen und den anderen in Ihrem rechten VLPFC.

Sport ist nicht der einzige Weg, um Ihre Fähigkeiten zur Selbstregulation anzukurbeln. Es ist möglich, sich »ein Gefühl der Selbstwirksamkeit durch erfolgreiche Ausübung von Selbstkontrolle über die eigene Einstellung, Ernährung oder Stimmung« anzueignen, schreiben Muraven und Baumeister. »Unsere Fähigkeit zur Selbstkontrolle wird sogar dann verbessert, wenn wir bei einer Aufgabe zur Selbstkontrolle scheitern.«

Ein allgemeines Programm zur Steigerung Ihres Muts würde dann also der Sorge für Ihr generelles Wohlbefinden nahekommen. Sie müssten regelmäßig körperlich trainieren, kognitive Kontrolle darüber ausüben, was Sie essen, und ganz generell Ihre impulsiven Tendenzen in Zaum halten. Wenn Sie wirklich heißblütig sind, sollten Sie sich von rohen Eiern ernähren, unter kalten Wasserfällen duschen oder einen mit Steinen beladenen Schlitten mit den Zähnen hinter sich herziehen. Alles natürlich ganz freiwillig.

Am wichtigsten aber wäre, dass Sie sich selbst nicht das Leben schwer machen, wenn Sie hin und wieder Ihre Diätvorgaben über den Haufen werfen oder am Morgen lang schlafen, denn nach Muraven und Baumeister würden Sie sogar dann Willenskraft aufbauen, wenn Sie es versuchen und scheitern. Dabei ist entscheidend, sich davon nicht aus der Ruhe bringen zu lassen. Alle Arten von Stress sind kumulativ, sei es nun physischer oder emotionaler Stress, und es ist die Summe, die festlegt, wie gut Ihre Leistung ist. Wenn Sie ausgeruht sind, sich immer gut ernährt und ganz allgemein ein ausgewogenes Leben geführt haben, können Sie auch besser mit Angst umgehen, wenn die Lage heikel wird.

Umgekehrt muss Ihr Cortisolpegel gar nicht mehr sehr weit ansteigen, ehe das Hormon Ihren Blutkreislauf überschwemmt, wenn Sie Ärger mit Ihrer Frau/Ihrem Mann haben, Angst vor dem Gerichtsvollzieher haben müssen und zwanzig Stunden am Tag arbeiten. Denken Sie an den Fall von Cindy Jacobs zurück, die eine lebensverändernde Panikattacke erlitt, nachdem sie sich zu große familiäre Verantwortung aufgebürdet hatte, und an den von Laurence Olivier, dessen vierzig Jahre andauernde Bühnenkarriere beinahe beendet gewesen wäre, als ein Zusammentreffen von privater und beruflicher Krise seine Bühnenangst erstmals auslöste. Halten Sie also Ihr tägliches Leben soweit wie möglich frei von Stress und Ängsten, und bringen Sie Ihr sympathisches Nervensystem lediglich durch körperliches Training auf Touren.

Sie können Ihren Stresspegel z. B. schon dadurch vermindern, dass Sie an einem kalten Tag einen warmen Mantel anziehen. Physische Stressfaktoren wie Lärm, Hunger, Hitze und Kälte fordern vor allem in Situationen mit hoher Anspannung großen Tribut. William Morgan, der bereits erwähnte Psychologe der University of Wisconsin, dessen Spezialität die Erforschung von Tauchunfällen ist, fand heraus, dass Taucher, die ohne Tauchanzug in kaltem Wasser schwammen, signifikant häufiger in Panik gerieten.

Wappnen Sie sich also selbst gegen Gefahr, und folgen Sie dem Rat aus dem alten amerikanischen Song »Button up your overcoat«: Mantel gut zuknöpfen und spätestens um drei Uhr nachmittags ab ins Bett!

Auf den Kontrollverlust gefasst sein

Sie haben alles getan, um sich selbst gegen den Ansturm von Angst zu wappnen. Sie haben trainiert, Sie haben sich an Angstmachendes gewöhnt, Sie haben Ihr Körperfett bis auf ein Prozent reduziert und sich dazu gebracht, jeden Abend ganz früh in einem besonders gemütlichen Schlafambiente zu Bett zu gehen. Jetzt drohen Chaos und Disaster, und Sie sind erholt und fit. Alle Systeme in Bereitschaft. Aber es gibt noch etwas zu tun: Denken Sie!

Ganz egal, wie sehr Sie Ihr C-System gestärkt haben, irgendwann wird unvermeidlich ein Punkt kommen, ab dem die Angst zu intensiv wird und die Amygdala den frontalen Cortex lahmlegt. Sie werden dumm. Wenn es also irgendetwas gibt, an das Sie in der heraufziehenden Krise denken müssen, ist es *jetzt* an der Zeit darüber nachzudenken, ehe Sie die Fähigkeit zum Planen, Nachdenken und Abwägen verlieren.

Man kann gar nicht genug betonen, wie anders der Verstand arbeitet, wenn er plötzlich durch extreme Angst gestresst wird. Ich musste das am eigenen Leib erfahren, als ich Flugstunden in einem Segelflugclub in Upstate New York nahm. Ich war auf den vorderen Sitz des Trainingflugzeugs, einer Schweizer SGS 2-33, geklettert. Mein Lehrer saß direkt hinter mir. Das Schleppflugzeug, eine Piper Pawnee, wie sie als Streuflugzeug in der Landwirtschaft eingesetzt wird, war vor uns auf die Startbahn gebogen und ein Helfer hatte das Schleppseil eingeklinkt. Sobald ich bereit war, sollte ich dem Helfer ein Zeichen geben, der wiederum dem Piloten der Pawnee das Zeichen zum Start gab, mit uns im Schlepptau. Bei einer Höhe von etwa 1000 Metern würde ich den Knopf zum Ausklinken des Seils betätigen und von da ab frei segeln.

Mein Lehrer aber hatte ohne mein Wissen vorher mit dem Pawnee-Piloten ausgemacht, einen sogenannten »low rope break« zu simulieren, einen Seilriss in niedriger Höhe. Dies ist eine Notfallübung, bei der ein besonders gefährlicher Vorfall beim Segelflug nachgeahmt wird: der Verlust der Zugkraft des Schleppflugzeugs in sehr niedriger Höhe. Schon das Trainingsmanöver ist potenziell halsbrecherisch, weil dem Piloten wenig Zeit zum Reagieren bleibt und die Fehlertoleranz sehr gering ist. Damit die Übung einen Sinn hat, musste sie für mich, den Flugschüler, natürlich überraschend kommen.

Das Schleppseil war eingeklinkt; wir waren bereit zum Losfliegen. Ich gab das Signal und die Pawnee beschleunigte. Wir folgten, nahmen Geschwindigkeit auf und glitten schon bald in einer Höhe von 1,50 Metern über dem Gras dahin. Dann, auf einmal, verringerte sich der Abstand des Segelflugzeugs zur Pawnee. Das Schleppflugzeug wurde langsamer. Motorprobleme? Ich besaß genug Geistesgegenwart, um den Segler zur Seite zu lenken und den Ausklinkknopf zu ziehen. Zu meinem Erstaunen nahm der Segler Höhe auf. Obwohl uns keine Kraft mehr durch die Luft zog, stiegen wir höher und höher über dem Flugfeld – dessen Ende rasend schnell näher kam. Wenn ich nicht ganz rasch irgendetwas tat, würden wir unvermeidlich mit der Baumreihe dahinter kollidieren.

Die Lösung lag eigentlich auf der Hand, wie ich später bei ruhiger Überlegung feststellte. Zu meiner Linken befand sich ein Griff, den ich ziehen konnte, um die Luftbremsen zu betätigen, ein Paar metallener Klappen, die an beiden Flügeln ausfahren, um Widerstand zu erzeugen. Da war ich also nun, schon über der zweiten Hälfte der Startbahn, zu schnell und zu hoch und der Platz ging mir aus. Ganz klar, ich hätte die Luftbremse ausfahren müssen. Aber es kam mir überhaupt nicht in den Sinn. Ich saß einfach tatenlos da, völlig perplex, bis mein Lehrer »Bremsklappen!« schrie und zur Sicherheit selbst den Hebel zog. Innerhalb von Sekunden waren wir wieder sicher am Boden.

Wenn wir großem Stress ausgesetzt sind, schrumpft unser Arbeitsgedächtnis und unser Wahrnehmungsfokus verengt sich. Nur mit Hilfe von einfachen Faustregeln, die von Psychologen Heuristiken genannt werden, können wir noch sinnvolle Entscheidungen treffen. Ein gutes Beispiel dafür ist: »Schieß erst, wenn du das Weiß in ihren Augen siehst!« Die perfekte Instruktion für einen unerfahrenen amerikanischen Kolonial-Milizionär, der gleich einer Kolonne altgedienter Soldaten der britischen Armee gegenübertreten soll, die den Bunker Hill hinaufmarschieren. Keine komplizierte Erkenntnis oder scharfsinnige Beurteilung ist erforderlich, sondern nur eine simple binäre Ja-Nein-Entscheidung: Wenn du das Weiß in ihren Augen nicht sehen kannst, schieß nicht! Wenn du das Weiß in ihren Augen sehen kannst, schieß! Der Rest ist amerikanische Geschichte.

Während meines ersten erfolglosen Seilrissmanövers hatte ich keine Heuristik. Als ich mit meinem Lehrer zu einem neuen Versuch startete, war ich gewappnet. »Wenn dir über der Startbahn der Platz ausgeht, dann fahr die Luftbremse aus!« Wieder klinkte mein Lehrer das Seil aus und wieder trieb der Segler nach oben. Dieses Mal aber musste ich nicht nachdenken. Ich zog den Hebel für die Bremsklappen. Nichts leichter als das.

Manche Situationen aber sind zu kompliziert, um mit Hilfe einer Heuristik bewältigt zu werden – wenn man beispielsweise mit einem komplizierten Ausrüstungsgegenstand umgehen muss. In diesen Fällen ist eine stärkere mentale Stütze erforderlich.

Mitte der 1930er-Jahre entwickelte Boeing für das Air Corps der US-Army einen neuen, damals hochmodernen Bomber, das Modell 299. Das Flugzeug war ein technologisches Wunder, da es fünfmal so viele Bomben doppelt so weit transportieren konnte wie seine Vorgängermodelle. Aber seine Handhabung erwies sich als so komplex, dass es beinahe unmöglich war, es zu fliegen. Viele einzelne Handlungsschritte mussten in exakt der richtigen Reihenfolge ausgeführt werden, sonst drohte eine Katastrophe. Das war schon unter optimalen Bedingungen schwierig genug, aber in einer hochbelasteten Situation nahezu unmöglich. Beim allerersten Demonstrationsflug vor hochrangigen Militärs dröhnte Modell 299 die Startbahn entlang und stieg 300 Fuß in die Luft. Dann riss die Strömung ab und es crashte. Wie man feststellte, war der Pilot so mit der Kontrolle der vier Motoren, des einfahrbaren Fahrwerks, der Landeklappen und der Einstellpropeller beschäftigt, dass er vergaß, die Verriegelung von Höhen- und Seitenruder zu lösen. Eine Zeitung kommentierte damals, das Modell 299 wäre »zu viel Flugzeug, um von einem Menschen geflogen zu werden«.

Die Army kaufte ein paar Modelle zum Testen, und einige Piloten in diesem Programm beratschlagten, wie das Flugzeug sicher geflogen werden könnte. Sie legten eine Idee vor, die so simpel war, wie das Problem komplex. Sie nannten es eine »Checkliste«. Anstatt jede Aufgabe aus dem Gedächtnis zu bewältigen, würde die Flugzeugcrew eine gedruckte Instruktionsliste haben, an die sie sich sklavisch halten sollten. Mit dieser Gedächtnisstütze in der Hand konnte eine Crew Hunderte komplizierter Arbeitsschritte sogar unter dem Stress eines Bombenlaufs unter Flakbeschuss ausführen. Es funktionierte. Die Army kaufte letztendlich 13000 der weiterentwickelten B-17-Typen, die zum Rückgrat des Luftkampfes gegen Nazideutschland wurden. Und die Checkliste wurde zu einem unverzichtbaren Hilfsmittel in jedem Flugzeug, vom einfachsten Trainingsflugzeug bis hin zu hochentwickelten Jets.

Checklisten sind heute auch außerhalb der Luftfahrt verbreitet. Intensivmediziner nutzen sie für komplizierte medizinische Handlungsabläufe genauso wie Scuba-Taucher zur Vermeidung der Tauchkrankheit.

Sich realistisch damit auseinanderzusetzen, wie unser Verstand funktionieren wird, wenn er sich im Griff der Angst befindet, heißt auch, zu akzeptieren, dass wir nicht so ruhig und cool sein werden, wie wir es gern wären, und dann zu planen, wie wir unsere Defizite ausgleichen können. So können wir ein Desaster vermeiden – und die Angst vielleicht sogar zu unserem Vorteil nutzen.

Im Winter 1781 war eine kleine amerikanische Streitmacht unter dem Kommando von Brigadegeneral Daniel Morgan in South Carolina auf der Flucht. Sie sollte von der sogenannten

Britischen Legion, eine Eliteabteilung der Briten, ausgelöscht werden, als Vorbereitung für einen Großangriff, der die letzten kolonialen Streitkräfte im Süden zerstören, die Revolution endgültig niederschlagen und damit den Amerikanischen Unabhängigkeitskrieg beenden sollte.

Morgan wusste, dass seine Männer den hartgesottenen und altgedienten Soldaten der britischen Streitmacht unterlegen waren. Sie waren zum Großteil Milizionäre und Bauern, die sich freiwillig gemeldet und neben ihren Jagdgewehren nur eine äußerst rudimentäre oder gar keine militärische Ausbildung hatten. In der Vergangenheit hatten solche Truppen die deutliche Tendenz gezeigt, auf dem Absatz umzukehren und zu fliehen, manchmal noch vor dem eigentlichen Feindkontakt. Aber anstatt angesichts ihrer Nutzlosigkeit zu verzweifeln, beschloss Morgan, einen Schlachtplan rund um ihren Mangel an Selbstkontrolle zu entwerfen.

Nachdem die vorderen Truppen der britischen Streitmacht nur noch ein paar Kilometer entfernt waren, rief er seine Offiziere zusammen und legte ihnen seinen Plan dar. Der Ort, an dem er sich den Briten entgegenstellen wollte, nannte sich »the Cowpen«, eine Wiese mit einem Hügel an der einen Seite und einem Fluss als Begrenzung auf der anderen. Morgans Plan war es, den harten Kern seiner Streitmacht, die kontinentalen Soldaten, auf dem Hügel zu stationieren. Sie waren die einzigen Männer, bei denen er wirklich darauf zählen konnte, dass sie dem Ansturm der Briten standhalten würden. Vor sie platzierte er zwei Linien von Milizionären. Die erste Linie, die am weitesten vorn stand, bestand aus außerordentlich guten Schützen. Das waren Naturburschen, die ihre Schießkünste in der Wildnis der Neuen Welt trainiert hatten. Morgan ordnete an, dass sie zweimal auf die Briten feuern, dabei vor allem auf die Offiziere zielen und sich dann wieder hinter den Hügel zurückzuziehen sollten. Der zweiten Linie befahl er, dreimal zu feuern, sich dann zurückzuziehen und mit der ersten Linie zusammenzuschließen. Die Kontinentalsoldaten würden dann stehen bleiben, um es mit dem aufzunehmen, was von der britischen Armee noch übrig war. Während die Hauptschlacht tobte, wollte Morgan eine Kavallerietruppe ausschicken, die er bis dahin hinter dem Hügel versteckt hielt, und die Briten von der Flanke her angreifen. Dann sollten auch die Milizionäre wieder aus ihrem Versteck herauskommen und sich am Kampf beteiligen.

Morgan berücksichtigte also, dass die Selbstkontrolle seiner Milizionäre in Gefahr zwar nicht völlig verloren gehen, aber doch deutlich reduziert sein würde, und befahl ihnen deswegen, nur ein paar Schüsse auf die anstürmenden Briten abzugeben. Schließlich war es besser, wenn sie sich geordnet zurückzogen und später wieder in den Kampf zurückkehrten, als sie blinder Panik preiszugeben, die auf die ganze Armee übergreifen konnte. Im Übrigen würde der Fluss hinter dem Schlachtfeld sie davon abhalten, zu weit fortzulaufen.

Als die Briten am nächsten Morgen anmarschierten, hatten sich die Kolonialtruppen bereits in Schlachtformation aufgestellt. Während die britischen Berufssoldaten vorrückten, feuerte der zusammengewürfelte Haufen seine zwei Salven auf sie ab. Fünfzehn der angreifenden Männer fielen, und die Front der Briten wankte. Während sie sich neu gruppierte und weiter vorpreschte, gab die Linie der Amerikaner ihre Position auf. Dahinter wartete schon die zweite Frontlinie. Als die Briten angriffen, feuerten diese Männer ihre Salven ab und zogen sich dann ebenfalls zurück.

Die große Gefahr bei Morgans Plan war, dass die vorgetäuschte Schlappe sich in eine tatsächliche verwandeln würde. Und einen Augenblick lang schien das auch wahrscheinlich: Die britischen Soldaten bejubelten den einbrechenden Widerstand der Amerikaner. Hinten in der dritten Linie hörten die erfahrenen Kolonialsoldaten, die nicht sehen konnten, was da vorn an der Front genau vor sich ging, die Hurraschreie ihrer Feinde, und kamen zu dem Schluss, dass die Schlacht verloren war. Sie machten kehrt und zogen sich den Hügel hinauf zurück, bis Morgan und ihr Kommandant Oberstleutnant John Eager Howard die Kontrolle zurückerlangten, ihnen die Kehrtwende befahlen und sie wieder abwärts gegen die Briten führten.

Die Angreifer, die schon geglaubt hatten, dass die Schlacht gewonnen und der bewaffnete Pöbel geflüchtet war, mussten nun hügelan gegen erbitterten Widerstand marschieren. Zu ihrem Unglück befahl Morgan jetzt auch noch seinen Reservetruppen von beiden Flanken her anzugreifen, so dass von links eine Kavallerietruppe heranpreschte und die neu gruppierten Milizionäre sich von rechts näherten. Dermaßen in die Zange genommen, verfielen die Briten in Panik. Durch den Schock brachen viele von ihnen einfach zusammen. Der britische Kommandeur konnte nur mit knapper Not zu Pferd entkommen, zusammen mit einer kleinen Minderheit seiner Männer. Die Britische Legion, die Crème de la Crème der Truppen des Königs in Nordamerika, war als Streitmacht völlig zerstört. Die Endphase des Kriegs war eingeläutet und noch im Sommer desselben Jahres sollte er in Yorktown beendet werden.

Zweihundertsiebenundzwanzig Jahre danach bringen die Amerikaner an Bord der USS *Trayer* ihre Schlacht zu Ende. Irgendwann in der Morgendämmerung meldet sich der Kapitän über die Sprechanlage zurück: Das feindliche Schiff, das uns angegriffen hat, ist gekapert worden, der Schaden an unserem Schiff konnte eingedämmt werden. Wir dürfen wieder wegtreten. Erleichterung macht sich breit.

Nachdem die Rekruten wieder von der USS *Trayer* heruntermarschiert sind, bekomme ich eine Spezialführung durch das Schiff, die den realen Rekruten vorenthalten bleibt. Scott Barnes, ein ziviler Dienstleister, der die Aktionen hinter der

Bühne überwacht, weiht mich in die Bühnentechnik ein, die das Ganze so realistisch wirken lässt. Von einem zentralen Kontrollzentrum aus, das wie das Kommandodeck des Raumschiffs *Enterprise* wirkt, können seine Angestellten jedes Detail der Simulation überblicken. Im Bereich mit den Massen an Verwundeten, stoßen »Rauchmaschinen« einen Sprühnebel aus Glycerol aus, der zwar täuschend echt wirkt, aber keinen Lungenschaden verursacht. Stroboskope imitieren das Flackern von Feuer, das durch Kabeldefekte ausgelöst wird. Heizkissen in einer Stahltür erzeugen die hohen Temperaturen eines tobenden Feuers auf der anderen Seite. Duftmaschinen erhitzen elektrisch essenzielle Öle, um den Geruch brennender Kabel zu erzeugen. In der Brust des Dummys versteckte Lautsprecher geben Stöhnlaute von sich. Einige der Firmen, die an der Schaffung der Simulation beteiligt waren, haben schon für Disney gearbeitet. Wie Barnes so schön sagt: »Die DNA der *Trayer* kommt aus Themenparks.«

Das abenteuerliche Ambiente der USS *Trayer* wurde nicht so sehr als Übungsumgebung geschaffen, sondern als eine Gelegenheit für Militärmatrosen, sich an den Anblick und die Geräusche einer modernen Seeschlacht zu gewöhnen. So wissen sie, dass sie damit umgehen können, wenn sie mit einer solchen Katastrophe tatsächlich einmal konfrontiert werden. Ein entscheidender Impuls für den Bau der *Trayer* war der Kampf um die Rettung der USS *Cole* im Oktober 2000. Der Zerstörer der Arleigh-Burke-Klasse hatte im Hafen der jemenitischen Stadt Aden angedockt und nahm gerade Treibstoff auf, als zwei al-Qaida-Terroristen in einem mit Sprengstoff beladenen Schlauchboot das Schiff rammten und eine massive Explosion auslösten. Sie riss ein riesiges Loch in den Rumpf. 17 Matrosen wurden getötet, 39 verwundet. Es waren keine Schiffe der Navy oder andere Kräfte des US-Militärs in der Nähe, die Hilfe hätten leisten können. Über Stunden kämpfte die Crew des angeschlagenen Zerstörers allein gegen das einströmende Wasser und die Feuer an Bord. Das Schiff wäre beinahe verloren gewesen, und die Crew schuftete drei Tage lang rund um die Uhr, bis sein Zustand endlich stabilisiert war. »Du kannst dir nicht vorstellen, unter welchen Bedingungen sie jetzt da leben und trotzdem noch 24 Stunden am Tag kämpfen, um ihr Schiff zu retten und die Leichen der Eingeschlossenen zu bergen«, schrieb ein Matrose, der den Kampf aus nächster Nähe beobachtet hatte, in einer E-Mail an einen Freund zu Hause. »Wie diese Leute noch immer funktionieren können, übersteigt meine Auffassungsgabe.«

So grausam das Blutbad auch war, es war nicht das erste Mal, dass die Crew mit einer solchen Situation konfrontiert war, oder zumindest einer ähnlichen. »Die Matrosen an Bord der Cole hatten einen Gefechtsschaden-Simulator einer früheren Generation besucht«, sagt Dr. Mike Belanger, der Chefpsychologe der Einheit. »Sie sagen, dass dieser Umstand das Schiff gerettet hat.«

Durchhalten

Wenn Sie sich plötzlich in einer Krise auf Leben und Tod wiederfinden und eine Entscheidung treffen müssen, die Ihnen entweder das Leben rettet oder es beendet – würden Sie sich dann richtig entscheiden?

Für viele Leute im australischen Bundesstaat Victoria war diese Frage im Februar und März 2009 nicht rhetorischer Natur. Ganze fünf Wochen lang fegten katastrophale Buschbrände über das Land, während die Hitze und Dürre Rekordausmaße annahmen. Offizielle Politik war, dass sich die Hausbesitzer bei einer Gefährdung ihres Viertels entscheiden mussten: entweder bleiben und um ihre Häuser kämpfen oder rechtzeitig fliehen. Sie wurden ausdrücklich angewiesen, auf keinen Fall zu warten, bis die Flammen nahegekommen waren. Vor einem heranbrausenden Busch- oder Waldbrand zu fliehen, ist nämlich der sicherste Weg, darin umzukommen.

Rational gedacht war es durchaus sinnvoll, die Bevölkerung vor diese Wahl zu stellen. Nach der Katastrophe aber wurde das politische Vorgehen lautstark diskutiert. Kann man von Menschen erwarten, rational zu handeln, fragten sich die Kritiker, wenn sie von über 600 °C heißen, haushohen Feuerwänden umgeben sind?

Die meisten Menschen waren noch nie einer tödlichen Gefahr ausgeliefert und können daher auch gar nicht wissen, wie sie auf die Erfahrung extremer Angst reagieren würden. Wenn man sein Leben geborgen im Kokon der Gesellschaft verbringt, muss man sich normalerweise keine Gedanken über solche Dinge machen. Aber manchmal kann die Gefahr mit erstaunlicher Geschwindigkeit über uns Ahnungslose hereinbrechen, wie Tausende von Australiern gezwungenermaßen erlebt haben.

Wenn die tödliche Gefahr bereits droht, ist es für jede mentale Vorbereitung zu spät. Zu spät, den Verstand durch Gewöhnung oder Training oder eine der anderen vorher besprochenen Techniken gegen die Gefahr zu wappnen. Aber trotzdem ist noch nicht alles verloren. Obwohl unsere Fähigkeit zu logischem Nachdenken und Abwägen vielleicht dramatisch verschlechtert ist, stehen uns doch ein paar einfache Strategien zur Verfügung, die uns beim Bekämpfen unserer Panik helfen können.

Jedem im Großraum Melbourne war klar, dass der 7. Februar, ein Samstag, brutal werden würde. Den ganzen Sommer über herrschte im Süden schon eine Affenhitze, und in jener Woche war es an drei Tagen hintereinander über 43 °C heiß gewesen. An diesem Tag sollte das Thermometer laut Wetterbericht noch höher klettern. Es wehte ein starker Wind und durch die lange Dürre war die Vegetation ausgetrocknet, so dass die Brandgefahr hoch wie nie war.

In Glenburn, einer ländlichen Kommune außerhalb von Melbourne, hörten sich Ian Thomas, ein Professor der Victoria University, und seine Frau Bronwen an diesem Samstag den Wetterbericht im Radio an. Als Ingenieur war Thomas darauf spezialisiert, die Brandrisiken von Gebäuden zu berechnen, so dass er gesunden Respekt vor den Gefahren eines Buschbrands hatte. Sein Haus und Garten waren auf allen Seiten von Bäumen umgeben. Vor dem Haus zog sich der Eukalyptuswald des Kinglake National Parks den Berg hinauf. In jedem Sommer wurden Buschbrände hier zu einer ganz realen und immer wiederkehrenden Gefahr.

An diesem speziellen Samstag hatte Thomas besonders gründlich überprüft, ob die Sprinkleranlage auf seinem Dach einwandfrei arbeitete und ob die Wasserfässer, die er überall auf dem Grundstück platziert hatte, alle gefüllt waren. »Eine Warnung durch den Wetterbericht war eigentlich gar nicht nötig«, meint er, »denn wenn man im Garten herumging, war das Gras unter den Füßen dürr, und wenn man in den Busch

ging, raschelten die Blätter. Es war nicht zu übersehen, dass alles extrem trocken war.«

Wie sich herausstellte, lag der Wetterbericht sogar noch daneben. Die Temperatur kletterte an diesem Nachmittag in der Gegend von Melbourne nicht auf die vorhergesagten 44 °C, sondern auf über 46 °C, die höchste Temperatur, die in Melbourne seit Beginn der Temperaturaufzeichnung vor 150 Jahren jemals gemessen wurde. Die Regierung erließ einen »total fire ban« (ein striktes Feuerverbot), was bedeutete, dass nicht nur das Entzünden von Feuern, sondern auch das Betreiben jeglicher Elektrogeräte verboten war, die Funken verursachen können, wie das z. B. bei einer Flex der Fall ist. Aber alle Sicherheitsvorkehrungen der Welt waren natürlich absurd, wenn ein einziger Funken irgendwo in Hunderten von Quadratkilometern knochentrockenem Busch schon zu einer Katastrophe führen konnte. Und es sollte auch nicht lange dauern: Etwa um 11 Uhr vormittags fegte ein starker Wind eine Stromleitung zu Boden, die über einer Weide vierzig Kilometer nordwestlich von Glenburn verlief. Bereits ein paar Stunden später raste eine Feuerwand Richtung Osten.

Thomas ließ sich durch die Radioberichte über das Feuer nicht aus der Ruhe bringen. Seinen bisherigen Erfahrungen nach war der Brandherd zu weit entfernt, um ihnen gefährlich zu werden. Ein paar Jahre zuvor war im Nationalpark ein Feuer ausgebrochen und hatte eine Woche lang gewütet, ohne dass es ihnen näher als 800 Meter gekommen war.

Etwa um vier Uhr nachmittags kühlte es plötzlich ab. Der wilde und trockene Nordwind drehte um 180 Grad und verwandelte sich in eine kühlere Brise von der See her. Innerhalb von Minuten fiel das Thermometer auf milde 30 °C. »Wir fingen gerade an, uns zu entspannen«, sagt Thomas, »da die Lage irgendwie ziemlich gut aussah. Es war nichts Schlimmes passiert, und es sah auch nicht so aus, als würde es noch ein größeres Problem

geben.« Kurz danach fiel der Strom aus. Eine Viertelstunde später ging er wieder an, um kurz darauf erneut auszufallen.
Nicht gemeldet hatte der Wetterbericht, dass der Buschbrand sich bereits bis zur Stadt Kinglake ausgebreitet hatte, die nur 15 Kilometer vom Haus der Thomas' entfernt war. Die kühlere Brise hatte die Flammen zu neuer Intensität angefacht und trieb das Feuer mit rasender Geschwindigkeit Richtung Glenburn.
Eine erste Ahnung, dass irgendetwas nicht stimmen konnte, bekamen Ian und Bronwen, als das Auto eines in der Nähe wohnenden Ehepaars in ihre Einfahrt bog. Sie berichteten, dass ihr Sohn ihnen gerade telefonisch mitgeteilt hatte, dass das Feuer in ihre Richtung steuerte. Während die vier sich noch unterhielten, wurde der Wind, der aus Süden blies, auf einmal dunkel von Rauch. Asche und glühende Teilchen fielen vom Himmel.
»Gerade noch hatten wir keine besondere Angst und auf einmal war da ein Feuer in unmittelbarer Nachbarschaft«, erinnert sich Thomas. Der Zeitpunkt der Entscheidung – gehen oder bleiben – war schneller gekommen, als es vorauszusehen war. Die Nachbarn entschlossen sich zur Evakuierung, das Ehepaar Thomas dagegen wollte bleiben und sein Haus verteidigen. »Meiner Meinung nach war es dumm von ihnen, in dieser Situation noch loszufahren«, meint Thomas. »Sie wussten ja nicht, was sie auf der Fahrt erwarten würde.«
Aber ihre eigene Situation war kaum besser. Ohne Strom und mit dem Feuer direkt vor der Haustür war das Paar von der Welt abgeschnitten und völlig auf sich allein gestellt. Zu diesem Zeitpunkt wussten sie allerdings noch nicht, dass der Buschbrand, der auf sie zuraste, sich bereits zum tödlichsten Großfeuer in der Geschichte Australiens entwickelt hatte.
Das Drehen des Windes zwei Stunden zuvor hatte die Feuerwand nach Nordosten umgelenkt, in Richtung des Ortes Kinglake. Die Kombination aus Wind, steilem Gelände und den zundertrockenen, stark ölhaltigen Eukalyptusbäumen ergab die

tödlichste Art von Waldbrand überhaupt. Wenn das Feuer einen Baum bis zu seinem Flammpunkt erhitzt, vermischen sich die ätherischen Gase im Baum mit dem Sauerstoff in der Luft und verursachen eine Verpuffung, die sofort den ganzen Baum in Flammen aufgehen lässt. Durch die freigesetzte Energie entsteht ein gewaltiger Luftstrudel, der das Feuer mit frischem Sauerstoff versorgt, von außen kalte Luft ansaugt und sie in einem gewaltigen imaginären Schlot, der bis in die Stratosphäre reichen kann, nach oben speit. Das Feuer breitete sich auf dem Höhenrücken in Richtung Kinglake mit Geschwindigkeiten um die 130 Stundenkilometer aus.

Am schwersten getroffen wurde eine kleine Siedlung an der Pine Ridge Road. Sie befindet sich auf einem dreieckigen Stück Land, das auf zwei Seiten von steilen Hügeln begrenzt wird. Das führte nun dazu, dass der Ort aus zwei Richtungen gleichzeitig vom Feuer angegriffen wurde. Die ahnungslosen Bewohner wurden ohne Vorwarnung überrollt und hatten keine Zeit, über verschiedene Rettungsmöglichkeiten nachzudenken.

Der Servicetechniker Rob Richings beschloss zu fliehen, als die Fenster seines Hauses in der Hitze zu bersten anfingen. »Das ist zwar gegen die Bestimmungen, aber das hier war kein normales Buschfeuer«, sagte er später einem Reporter. Es gelang ihm, durch die Flammen zu fahren und sich in Sicherheit zu bringen. Viele andere hatten weniger Glück. Behindert durch dichten Rauch fuhren sie mit ihren Autos auf der überfüllten Straße ineinander. Die Flammen ließen Reifen schmelzen, Benzintanks explodieren. In einem Auto starben sechs Menschen gleichzeitig, als es von den Flammen erfasst wurde.

Dazubleiben war ein genauso großes Risiko. Tina Wilson, eine andere Anwohnerin, beschloss zu bleiben und ging mit ihren drei Kindern in das Haus von Paul und Karen Roland, die mit ihren zwei Töchtern dort ausharren wollten. »Das Haus hat Sprinkler auf dem Dach, und uns wird nichts passieren«, sagte

Tina ihrem Lebensgefährten am Telefon. »Ich rufe bald wieder an.« Kurz danach rief Karen Roland ihre Schwester an. »Es ist zu spät!«, schrie sie über das Brüllen des Feuers hinweg. »Wir sitzen in der Falle!« Alle acht kamen in dem brennenden Haus um.

Innerhalb von 30 Minuten war der Feuersturm über die Siedlung gebraust und wieder verschwunden. Als das Feuer dem Waldrand beim Grundstück des Ehepaars Thomas immer näher rückte, waren ihm bereits 70 Menschen zum Opfer gefallen.

Zwei Minuten, nachdem die Nachbarn bei ihrem Versuch, aus Glenburn zu entkommen, die Einfahrt wieder verlassen hatten, riefen sie vom Auto aus an, um zu berichten, dass die Weide entlang der Straße in Flammen stand. Ian Thomas ging nach draußen. Der Himmel über den Bäumen war glühend orange. Hier und dort entfachte herabfallendes brennendes Holz neue Einzelfeuer. Jetzt blieb nur noch wenig Zeit. Er konnte das Brausen der herannahenden Feuerwand bereits hören. Auf der anderen Seite der Straße ging eine Baumreihe explosionsartig in Flammen auf. Das Feuer sprang über die Straße, ein Baum setzte den nächsten in Brand.

Thomas hatte sich darauf verlassen, dass sein Sprinklersystem Haus und Garten vor dem Feuer schützen würde, aber die Pumpe war elektrisch betrieben und es gab keinen Strom mehr. Für genau diesen Notfall hielt er einen benzinbetriebenen Generator bereit, den er jetzt anwarf. Schon nach ein paar Minuten fing die Maschine an zu husten und starb ab. Thomas versuchte vergeblich, sie wieder in Gang zu bringen. Seine erste Verteidigungslinie war damit hinfällig. Er und seine Frau würden das Feuer wohl oder übel von Hand bekämpfen müssen, mit Wassereimern.

Der Rauch wurde so dicht, dass man kaum einen Meter weit sehen konnte. Thomas machte sich Sorgen, dass er inmitten der Dunkelheit und dem ohrenbetäubenden Brausen der Flammen den Kontakt zu seiner Frau verlieren könnte. »Das Ganze war wie ein Dampfzug, der auf einen zubraust«, sagt er. Bald war das Haus auf allen Seiten von Feuer umzingelt und die Flammen krochen wie eine herannahende Flut über den Rasen auf sie zu. Von einem Haus in der Nähe war wie Artilleriefeuer die Explosion eines Propangastanks zu hören.

»Ich wusste nicht, wie die Sache sich entwickeln würde«, sagt Thomas. »Es war klar, dass wir uns in einer gefährlichen Lage befanden. Sollte das Haus Feuer fangen, waren wir in echten Schwierigkeiten.«

Aber Thomas und seine Frau standen zu ihrer Entscheidung. Sie konnten nicht wissen, ob sie richtig oder falsch war. Sie konnten jetzt nur noch versuchen, sich selbst so gut wie möglich zu schützen.

Die Lage einschätzen

Um mit einer Krise umgehen zu können, muss man sie als Erstes akzeptieren. Das mag banal klingen, aber Studien über Katastrophen haben ergeben, dass viele Menschen sogar angesichts offensichtlicher Gefahr eine Verleugnungsstrategie praktizieren. Die Besucher von Nachtclubs hören nicht auf zu tanzen und bestellen noch eine Runde Drinks, obwohl schon Rauch durch die Räume zieht, Passagiere von sinkenden Fähren bleiben einfach sitzen und rauchen Zigarren, während die Schlagseite des Schiffs immer bedrohlicher wird. Diese Verleugnungshaltung wird von einem mentalen Phänomen verursacht, das man *normalcy bias* nennt (das heißt, das man eine Situation fälschlicherweise als normal einschätzt). Psychologen sagen, dass Menschen, die niemals eine verheerende Katastrophe erlebt haben, sich nur schwer vorstellen können, dass sie genau jetzt einer solchen gegenüberstehen könnten.

Dieses Problem hatte das Ehepaar Thomas nicht. Als Brandspezialist von Beruf war sich Ian der Gefahren eines Großfeuers allzu bewusst, und er wusste, dass in ihrer Gegend höchste Waldbrandgefahr bestand. Und auch wenn die tatsächliche Ankunft des Feuers ihn dann überraschte, verschwendete er nicht eine Sekunde, sondern akzeptierte die Situation so, wie sie war. Einige andere Anwohner der Pine Ridge Road in Kinglake erkannten diese Dringlichkeit nicht und waren deshalb auch schlechter darauf vorbereitet, sich zu retten.

Wenn wir also einmal davon ausgehen, dass jemand sich einer Krise stellt, verursacht ihr Anfang wahrscheinlich die meiste Angst, weil zu diesem Zeitpunkt das volle Ausmaß der Gefahr nicht zu ermessen ist. Wie wir gesehen haben, ist die Erwartungsangst oft schlimmer als die Erfahrung selbst. Künstler, die sich vor jeder Vorstellung übergeben müssen, übergeben sich nie auf der Bühne. Ich persönlich finde, dass der furchterregendste Teil am Fallschirmspringen der Augenblick ist, ehe man sich von der Tür abstößt. Laut dem Psychologen Seymour Epstein an der University of Massachusetts in Amherst teilen übrigens die meisten Fallschirmsprung-Neulinge diese Erfahrung.

Epstein führte eine Studie durch, in denen Erstspringer mit Herzfrequenzmonitoren ausgestattet wurden, die ihre Pulsrate maßen, während das Flugzeug bis zur Absprunghöhe stieg. Er fand dabei heraus, dass die Herzfrequenz immer höher wurde, bis zu dem Moment, bevor sie sprangen. Sobald sie gesprungen waren, fiel sie aber schlagartig wieder ab. Der stressigste Teil der ganzen Erfahrung war also die Erwartung unmittelbar vorher. Verglichen damit kam der freie Fall dann als Erleichterung: Die Springer wussten endlich konkret, auf was sie sich eingelassen hatten.

Prinzipiell erzeugt Ungewissheit an sich schon Stress. Bei Labortieren löst ein elektrischer Schock weniger Stress aus, wenn sie vorher durch einen Alarmton gewarnt werden. Bei Menschen erhöht die Ungewissheit angesichts von Gefahr den Stress um ein Vielfaches, weil sie den Betroffenen zwingt, eine große

Bandbreite möglicher Auswirkungen zu durchdenken und die jeweils denkbaren Handlungsstrategien abzuwägen. Das kann auch zur Erwartung von Worst-Case-Szenarien führen, die uns daran hindern, sinnvolle Lösungsansätze zu entwickeln. Deswegen ist es für die Bekämpfung der Angst entscheidend, sich möglichst früh möglichst viel Information über die anstehende Bedrohung zu beschaffen.

Wenn wir uns zum ersten Mal in einer lebensbedrohlichen Situation befinden, ist eine der größten Unwägbarkeiten, was in unserem Kopf passieren wird. Das vertraute Muster automatischer und gewohnter Reaktionen, die uns wie ein wichtiger Teil unserer Persönlichkeit vorkommen, wird völlig über den Haufen geworfen. Schon einmal in Todesgefahr gewesen zu sein, kann uns außerordentlich helfen, ein Gefühl dafür zu entwickeln, wie unser Verstand reagieren wird und ob wir dem Druck standhalten können.

Als Dave Boons Auto auf einer Landstraße in der Nähe von Denver von einer Lawine der Stärke 4 (in einer fünfstufigen Skala) getroffen wurde, profitierte er davon, dass er sich zwei Jahre zuvor in einer zwar ganz anderen, aber ebenfalls lebensbedrohlichen Situation befunden hatte. Beim Wildwasser-Rafting wurde sein Schlauchboot durch eine Stromschnelle unter einen überhängenden Felsen gedrückt.

»Die Ruderdollen auf beiden Seiten meines Bootes wurden weggerissen und es presste mich platt ins Boot. Von meiner linken Kniescheibe wurde die Haut abgeschürft und mein Helm total zerkratzt«, erzählt er. »Ich versuchte, mich mit dem Boot unter dem Fels wieder herauszudrehen, aber es ging nicht. Ich steckte unter der Felswand fest und wäre unweigerlich irgendwann unter Wasser gedrückt worden. Ich sagte mir: ›Das ist gar nicht gut.‹ Und als ich immer platter und platter gedrückt wurde und es mir die Kniescheibe und den Helm zerkratzte, sagte ich mir: ›Das ist ganz und gar nicht gut.‹«

Boon geriet nicht in Panik, und der Sog der Strömung befreite ihn schließlich. Zwei Jahre später, als er sich im Innern der Lawine immer wieder überschlug, war ihm klar, dass er auch hier nicht in Panik verfallen würde. Er wusste, wie sein Verstand arbeiten würde. Und dieses Wissen beruhigte ihn außerordentlich.

Handeln

Solange wir nicht wissen, was eigentlich los ist, können wir nichts tun. Und wenn wir nichts tun können, sind wir hilflos. Das ist für sich genommen schon ein stressiger Zustand. Zahlreiche Experimente haben gezeigt, dass ein Mangel an Kontrolle in belastenden Situationen zur Ausschüttung des Stresshormons Cortisol führt. Labortiere, die sich vor einem Elektroschock nicht schützen können, stehen unter starkem Stress. Der Teil des Gehirns, mit dem ein Tier erkennt, ob es Kontrolle besitzt oder nicht, ist der ventromediale präfrontale Cortex (vmPFC). Wenn dieser zu dem Schluss kommt, dass der Stressor unkontrollierbar ist, aktiviert er eine Abfolge von Reaktionen, die sehr denen einer schweren klinischen Depression ähneln. Depressive Menschen haben selten die Fähigkeit, eigenständige Entscheidungen zu treffen und sie auch auszuführen.

Im Gegensatz dazu vermindert ein Gefühl der Kontrolle die subjektive Stressempfindung. In Laborexperimenten werden Testpersonen durch elektrische Schocks weniger beeinträchtigt, wenn sie glauben, sie einigermaßen kontrollieren zu können. Je mehr Kontrolle ein Mensch über eine Situation hat, desto weniger Angst ruft diese im Allgemeinen bei ihm hervor.

Wenn das Gefühl, dass Sie etwas dagegen tun *könnten*, schon eine große Stresslinderung bewirkt, ist tatsächliches Handeln natürlich noch viel beruhigender. Sind Sie mit einer sinnvollen

Tätigkeit beschäftigt, können Sie leichter damit aufhören, an die Angst in Ihnen zu denken und sind stattdessen in der Lage, sich auf äußere Dinge zu konzentrieren, wie z. B. das Verbessern Ihrer Lage. Militärpsychologen fanden im Ersten Weltkrieg heraus, dass Soldaten mit großer Wahrscheinlichkeit unter dem Druck zusammenbrachen und psychologische Störungen entwickelten, wenn sie Bombardierungen über sich ergehen lassen mussten, ohne selbst aktiv werden zu können, z. B. durch einen Gegenangriff.

Manche Leute neigen schon von Natur aus stärker zu einer aktiven Haltung in Krisen. So zeigen Optimisten, die grundsätzlich mit einem positiven Ergebnis rechnen, und extrovertierte Menschen durchgehend mehr Initiative. Genauso wie Menschen, die glauben, den Ausgang jeder Situation, in die sie geraten, selbst bestimmen zu können, eine Eigenschaft, die Psychologen als *»internal locus of control«* (»internale Kontrollüberzeugung«) bezeichnen. Ein verwandtes Konzept ist das der *self-efficacy* (Selbstwirksamkeit). Man versteht darunter den Glauben daran, dass man fähig ist, eine gegebene Aufgabe zu meistern. Leute mit diesen Charakterzügen nehmen Gelegenheiten zur Veränderung ihrer Lage wahr und nutzen sie zu ihrem Vorteil. Folglich kommen sie auch besser mit Stress zurecht. Anstatt beim Anblick eines Glases zu denken, dass es halb voll ist, fragen sie: »Wo ist der Wasserhahn?«

Das Team um Matthew Lieberman an der University of California in Los Angeles führte 2008 eine Studie durch, die ergab, dass Menschen mit solch aktiven Charakterzügen (die er als »psychosoziale Ressourcen« bezeichnet) im Vergleich zu anderen einen niedrigeren Cortisolwert im Blut hatten, wenn sie vor einer Gruppe von Menschen eine Präsentation durchführen sollten. Ließ man sie im Gehirn-Scanner Bilder von angsteinflößenden Gesichtern ansehen, zeigten sie ebenfalls eine starke Aktivität des rechten ventrolateralen präfrontalen

Cortex (VLPFC), des Gehirnteils, der eine zentrale Rolle für die Selbstkontrolle spielt. Und das korrelierte wiederum mit einer relativ schwachen Aktivität der Amygdala.

Diesen Menschentyp hätte man gerne um sich, wenn es hart auf hart kommt. So hielt 1967 in Alaska ein tobender Wintersturm den Kletterer Art Davison und zwei Kameraden in einer Eishöhle unter dem Gipfel eines Bergs namens Denali gefangen. Die Tage vergingen und die Männer, die in ihrem kleinen Loch zur Bewegungslosigkeit verdammt waren, litten immer mehr an Unterkühlung und Nahrungsmangel. Sie hielten sich aufrecht, indem sie ausgefeilte Pläne für die einzige Sache entwarfen, die sie kontrollieren konnten, nämlich ihre mageren Essensvorräte. Als alle Nahrung aufgebraucht war, wollten sie schon verzweifeln, als ihnen einfiel, womit sie sich als Nächstes beschäftigen konnten. Einer von ihnen hatte sich nämlich daran erinnert, dass in der Nähe ein Brennstoffvorrat versteckt sein musste, und sie überlegten, wie sie ihn auffinden könnten. So knüpften sie eine armselige Hoffnung an die andere und schafften es, sechs Tage lang zu überleben. Dann schwang das Wetter um und sie konnten endlich wieder absteigen.

Bindung

Fast jeder wird leichter ein Opfer der Angst, wenn er allein ist. Wir sind soziale Lebewesen. Die Gemeinschaft mit Freunden, Verwandten und Bekannten bietet uns ein unersetzbares Hilfsnetz, das die Auswirkungen von Angst und natürlich auch jeder anderen Art von Stress lindert.

Menschen, die in Gefahr sind, suchen instinktiv soziale Unterstützung, ein Phänomen, das im Englischen mit dem Begriff *milling* (»umherlaufen«) bezeichnet wird. Dabei scharen sich die Menschen in Grüppchen zusammen, um zu plaudern, Informationen auszutauschen und einen Konsens darüber herzustellen, was vor sich geht und wie sie damit umgehen sollen. Unglücklicherweise kann es dann aber bereits zu spät sein.

An einem Frühlingsabend im Jahr 1977 besuchten 1360 Zuschauer eine Comedy-Vorstellung im Beverly Hills Supper Club in der Nähe von Cincinnati in Ohio. Das Hauptprogramm sollte gerade beginnen, als ein Hilfskellner in den Raum platzte und auf die Bühne rannte. Er nahm einem der Comedians das Mikrofon aus der Hand und verkündete den Zuschauern, dass ein Feuer ausgebrochen sei und sie den Club sofort verlassen sollten. Einige der Gäste verstanden sofort und bewegten sich zu den Ausgängen. Andere nahmen an, dass das Ganze Teil der Vorstellung war, denn mal ehrlich, wie oft kommt es schon vor, dass ein Gebäude brennt? Wieder andere zeigten typisches *milling*-Verhalten. Sie plauderten, spekulierten, diskutierten und bestellten noch etwas zum Trinken. Nach und nach füllte sich der Raum mit Rauch und zwei Minuten nach der Warnung des Hilfskellners explodierte er in einem Feuerball. Die übriggebliebenen Gäste gerieten in Panik. Viele konnten fliehen, andere nicht. Letztendlich barg die Feuerwehr 134 Leichen aus dem Lokal. Einige saßen noch immer aufrecht an ihren Tischen, von denen aus sie die Show verfolgt hatten.

Bei diesem Brand in Beverly Hills wurde das *milling* zu einem tödlichen Verhängnis. Aber soziale Bindungen können genauso Leben retten, vor allem im Krieg. Gegenseitiges Vertrauen und Freundschaft hält Militäreinheiten in Situationen aufrecht, die jeden Einzelnen zum Nervenbündel reduzieren würden. Die Härte des Kampfs kann einander völlig fremde Personen in ein »Häuflein Brüder« verwandeln, wie Shakespeare es formuliert hat. William Manchester schrieb in seinen Memoiren über den Pazifikkrieg von 1937 bis 1945: »Diese Männer an der Front waren meine Familie, mein Zuhause. Sie waren mir näher, als ich sagen kann, näher als mir jemals ein Freund gewesen ist oder sein wird.«

Bedenkt man, wie sehr soziale Bindungen Männer zum Kämpfen motivieren können, erscheint es sehr interessant, dass das US-Militär Homosexuelle so lange ausgeschlossen hat, mit der Begründung, sie würden den Zusammenhalt innerhalb der Einheit gefährden. Plutarch, römischer Geschichtsschreiber im 2. Jahrhundert n. Chr., war gegensätzlicher Meinung und merkte an, dass »ein Band geschmiedet durch Freundschaft, die auf Liebe gründet, niemals zerrissen werden kann und unbesiegbar ist«. Als Beweis für diese Behauptung zitierte er das Beispiel der Heiligen Schar von Theben, einer berühmten Einheit, die aus 150 homosexuellen Paaren bestand. Die gesamte Truppe kämpfte 338 v. Chr. bis zum Tode, anstatt sich den angreifenden Armeen von Philipp von Mazedonien, dem Vater Alexanders des Großen, zu unterwerfen. Als Philipp nach seinem Sieg das Schlachtfeld besichtigte, war er laut Plutarch so gerührt von dem grausigen Beleg für ihre Tapferkeit und ihren Zusammenhalt, dass er in Tränen ausbrach und erklärte: »Verdammt sei, wer diese Männer bezichtigt, irgendetwas Gemeines getan oder hingenommen zu haben.« Auf dem Gräberfeld errichtete er ein Denkmal, das noch heute zu sehen ist.

Die Homosexualität der Heiligen Schar hat also ganz offensichtlich den Rest der thebanischen Armee nicht demoralisiert. Im Gegenteil: Als Eliteeinheit wurde sie häufig in kleinere, über die Frontlinie verstreute Abteilungen aufgeteilt, um die Zuversicht der restlichen Armee zu stärken. Denn schon vor langer Zeit haben die Militärbefehlshaber verstanden, dass die sichtbare Zurschaustellung von Heldenmut die Standhaftigkeit der anderen Soldaten fördern kann. In einer Studie an Veteranen, die kurz nach dem Ende des Spanischen Bürgerkriegs durchgeführt wurde, sagte die große Mehrheit, dass sie »besser kämpften, nachdem sie beobachtet hatten, wie andere Männer in einer gefährlichen Situation ruhig geblieben waren«. Tapferkeit ist übrigens besonders ansteckend, wenn sie von einer Führungsperson demonstriert wird.

Aber genauso ansteckend wie Mut ist auch Furcht. Ohne Führung oder ein Training für Stresssituationen kann eine Menschenmenge leicht in Panik geraten. Bei Nachtklubbränden wie dem in Beverly Hills schwenkt das anfängliche von Passivität und *milling* geprägte Verhalten oft ganz plötzlich in ansteckende Angst um, so dass die Gäste die Notausgänge verstopfen und keiner mehr herauskommt. Genau das geschah auch am 20. Februar 2003: Fast 500 Menschen drängten sich damals im Station Nightclub, einem Rock'n Roll-Schuppen auf Rhode Island, um die Band Great White zu hören. Kurz nach Beginn der ersten Nummer setzte ein Feuerwerk, das der Bühnentechniker der Band gezündet hatte, die schallisolierende Styroporbeschichtung an der Bühnenrückwand in Brand. Innerhalb von Sekunden breiteten sich die Flammen vom Boden bis zur Decke aus. Die Band hörte zu spielen auf. Der Leadsänger sagte: »Wow, das ist nicht gut.« Einen Moment lang tauschten die Gäste sich untereinander aus, weil keiner genau wusste, was los war. Dann ging der Feueralarm los und die Menschenmenge drängte in Richtung Vordereingang. Vor lauter Schreck machten die meisten von ihnen einen weit verbreiteten Fehler: Da sie sich nicht bewusst eingeprägt hatten, wo die Notausgänge waren, strömten alle mit der Menge zum Hauptausgang hin, durch den sie auch hereingekommen waren. In weniger als einer Minute verstopfte ein Knäuel aus Menschen die Tür, die meisten halb drinnen, halb draußen, schon fast in Sicherheit, aber doch eingequetscht. Als sie von dickem schwarzem Rauch eingehüllt wurden, erstickten sie qualvoll. Letztendlich barg man 31 Leichen vom Eingang und aus dem Bereich direkt dahinter. An den restlichen drei Eingängen des Gebäudes wurde niemand gefunden.

Wie verbreitet sich nun die Angst von einem Menschen zum anderen? Als soziale Wesen sind wir darauf ausgelegt, die Gefühle der anderen aufzunehmen. Empathie ist ein fundamentaler Bestandteil unserer Natur. Neurowissenschaftler haben eine spezifische anatomische Eigenheit unseres Gehirns ausgemacht, sogenannte Spiegelneuronen, die feuern, ob wir nun jemand anderen bei einer Handlung beobachten oder diese selbst ausführen. Man könnte sagen, dass wir über unsere Vorstellung das durchleben, was andere durchleben. Wenn wir jemanden sehen, der sich schämt, schämen wir uns selbst. Wenn wir einen Verletzten sehen, wird uns übel. Das Gesicht einer verängstigten Person jagt uns selbst Angst ein.

Vielleicht gibt es sogar eine direktere Verbindung zwischen der Angst eines Menschen und der eines anderen. Als ich im Rahmen des Experiments von Lilliane Mujica-Parodi von der Stony Brook University aus dem Flugzeug sprang, trug ich genauso wie die anderen Springer Gaze-Pads am Körper, die meinen Schweiß aufnehmen sollten. Später bat Frau Mujica-Parodi andere freiwillige Versuchspersonen, einen Extrakt aus unserem Schweiß einzuatmen, während sie im Gehirnscanner lagen. Wie zu erwarten, zeigten ihre Gehirne eine verstärkte Aktivität in der Amygdala, obwohl die Testpersonen keinen Geruch bewusst wahrgenommen hatten. Menschen scheinen in Stresssituationen Pheromone abzusondern, die ein Alarmsignal für andere Menschen in ihrer Umgebung darstellen, meint Frau Mujica-Parodi.

Und was können Sie daraus lernen? Passen Sie auf, mit wem Sie sich in Gefahrensituationen begeben! Sowohl Panik als auch Mut sind äußerst ansteckend.

Die Macht der Gefühle nutzen

Wenn der Körper sich in einem Zustand hoher Erregung befindet, kann das C-System sich gegenüber dem X-System nicht mehr durchsetzen. Aber ein X-System-Prozess kann sich gegenüber einem anderen behaupten. Besonders Gefühle von Wut und Hass können über Angstgefühle triumphieren. »In einem Kampf ist Wut so gut wie Mut«, sagt ein walisisches Sprichwort.

Militärbefehlshaber nutzen schon seit langem die Macht der Wut, um ihre Truppen aufzustacheln und ihre Angst zum Schweigen zu bringen. Immer wieder werden Armeen in Ansprachen an die Gräueltaten und Grausamkeiten der Feinde erinnert und vielleicht sogar vor den sexuellen Schandtaten gewarnt, die sie gern an den Frauen der Soldaten ausüben würden. Während des Zweiten Weltkriegs wurden die *»Nips«*, wie die Amerikaner die Japaner damals nannten, in der amerikanischen Kriegspropaganda als brutale, blutdürstige Barbaren dargestellt, die sowohl affengleich als auch teuflisch clever waren. Als der Krieg vorbei war und die Japaner treue Verbündete der Vereinigten Staaten wurden, veränderte die Regierung kurzerhand den Blickwinkel und betonte auf einmal die weniger angstmachenden Aspekte des japanischen Nationalcharakters. Plötzlich waren die Japaner nicht mehr affenartig, sondern ein fleißiges, höfliches Volk mit einer brennenden Leidenschaft für Baseball.

Wir können zwar vielleicht unseren eigenen Verstand nicht mit Propaganda bombardieren, aber im täglichen Leben unser Gefühl der Entrüstung für uns arbeiten lassen. »Wut gibt Ihnen ein Gefühl von Macht«, sagt Monique Mitchell Turner, eine Psychologin an der University of Maryland in College Park. »Wenn wir uns für eine schwierige Begegnung rüsten, ist es oft nützlicher, den eigenen Groll ein wenig zu schüren anstatt zu vergeben und zu vergessen.«

Stanley Rachman berichtet vom Fall eines Agoraphobikers, einem äußerst versierten Ingenieur, der auf einmal Panikattacken bekam, die sich zu einer Agoraphobie auswuchsen. Er war so gelähmt vor Angst, dass er das Haus nicht mehr ohne Begleitung seiner Frau verlassen konnte. Eine Ausnahme von dieser extremen Abhängigkeit war nur in dem seltenen Fall möglich, wenn er sehr ärgerlich auf seine Frau war. Dann stellte er fest, dass er das Haus nach Gutdünken verlassen und gehen konnte, wohin er nur wollte. Nach ein paar Stunden aber verrauchte seine Wut und die Angst kam zurück, so dass er sich gezwungen sah, schnellstens nach Hause zurückzukehren.

Wenn es der Situation angemessen ist, kann Schreien eine wirkungsvolle Methode sein, um in Rage zu kommen. Unsere Stimme übt einen ungeheuren psychologischen Effekt aus, und zwar genauso auf uns selbst wie auf andere. Vor unserer Zeit war es selbstverständlich, dass die Männer mit lautem Gebrüll, Gegröle und Gesang in die Schlacht zogen, und zwar sowohl um ihren eigenen Mut zu stärken als auch um den Gegner einzuschüchtern. »Das Kriegsgebrüll sollte nicht eher begonnen werden, als bis die beiden Armeen aufeinandertreffen«, empfahl der römische Militärschriftsteller Vegetius. »Die Wirkung auf den Feind ist wesentlich heftiger, wenn er im selben Augenblick sowohl vom Schrecken des Lärms als auch von den Spitzen der Waffen getroffen wird.«

Während des Amerikanischen Bürgerkriegs waren die konföderierten Soldaten für ihren markerschütternden »Rebellenschrei« bekannt. Nachdem dieser Krieg vor der Erfindung der Aufnahmetechnik stattfand, hat es einige Debatten gegeben, wie genau er geklungen hat. Ein Zeitgenosse beschrieb ihn als »durchdringendes, schnarrendes und gellendes Gelärme, das meilenweit und wegen seiner Lautstärke bis zum Himmel zu hören war – eine Lautäußerung, wie sie bislang niemals aus den Kehlen gesunder Männer gekommen war, sondern nur von Männern, die nicht einmal das Brodeln einer imaginären Hölle aufgehalten hätte, solange ihr Schrei anhielt.«

Während das *Geräusch* des Schreiens eine starke psychologische Wirkung zeigt, kann das Strömen des Atems in die Lungen und wieder heraus eine genauso wichtige Rolle dabei spielen, die Emotionen unter Kontrolle zu halten. Atmen gehört zu den wenigen Prozessen, die sowohl von den automatischen als auch von den bewussten Teilen des Gehirns kontrolliert werden und stellt eine Art Verbindung zwischen diesen dar. Jede Einatmung aktiviert das sympathische Nervensystem leicht, jede Ausatmung den Parasympathikus. Eine Studie, die von indischen Wissenschaftlern durchgeführt wurde, ergab, dass Studenten, die über drei Monate hinweg täglich eine Stunde lang eine Yoga-Atemtechnik namens *pranayama* praktizierten, eine verminderte Herzfrequenz in Ruhe aufwiesen – was der Beweis für eine gesteigerte Parasympathikus-Aktivität ist und damit für einen geringeren allgemeinen Stresspegel.

Wem Yoga zu abgefahren erscheint, der sollte wissen, dass die meisten Spezialeinheiten und Sondereinsatzkommandos bei Polizei und Militär ebenfalls bestimmte Atemtechniken üben, als Teil einer umfassenden Strategie zur physiologischen Kontrolle, die im Englischen *Tactical Arousal Control Techniques* (Taktiken zur Erregungskontrolle) genannt werden. Taktisches Atmen, bei dem immer bis vier gezählt wird, wird so lange geübt, bis es automatisiert ist: durch die Nase einatmen und dabei bis vier zählen, den Atem anhalten und bis vier zählen, durch den Mund ausatmen und bis vier zählen, Atem anhalten und bis vier zählen. Sandra Glendinning, eine Polizeioffizierin in Vancouver, benutzt diese auch *»combat breathing«* genannte Atemtechnik, um dem Adrenalinstoß zu begegnen, den sie bei Verfolgungsjagden spürt. »Ich weiß, dass mein Adrenalinwert dann in die Höhe schießt, und ehe das meine Handlungsfähigkeit beeinträchtigen kann, atme ich mehrere Male langsam und tief ein und versuche dabei, meine Lungen jeweils vollständig zu füllen bzw. zu leeren«, sagt sie. »Ich mache das so lange, bis ich meinen Adrenalinspiegel wieder unter Kontrolle habe und eine fast gespenstische Ruhe über mich kommt, die mir erlaubt, mich voll auf die aktuelle Aufgabe zu konzentrieren.«

Aber Achtung: Die Verbindung zwischen dem C-System und dem X-System durch den Atem funktioniert in beide Richtungen. Wir haben bereits gesehen, wie unbewusstes schnelles Atmen zu Hyperventilation und Panik führen kann – und wie bei manchen Leuten willentliche Versuche, gegen die Angst anzukämpfen, zu entspannungsinduzierter Angst führen können.

Perspektivenwechsel

Eigentlich kann ein Alligator Ihnen keine Angst einjagen. Ein schlitterndes Auto kann Ihnen keine Angst einjagen. Das Einzige, was Ihnen Angst einjagen kann, ist, wie Ihr Verstand diese Dinge interpretiert. Angst ist ein Phänomen, das seinen Sitz ausschließlich in Ihrem Gehirn hat.

Unglücklicherweise liegt diese Interpretation außerhalb der Kontrolle Ihres bewussten Denkens. Sie wird ganz mühelos und schnell von X-System-Prozessen ausgeführt, die ablaufen, ehe Sie sich überhaupt bewusst werden, um was es geht. Ehe das X-System überhaupt feststellen kann, was Sache ist, hat die Amygdala bereits entschieden, ob es sich lohnt, sich zu fürchten, oder nicht. Die Identifizierung durch das X-System geschieht so rasch und so im Verborgenen, dass wir meinen, die Sache selbst wäre zum Gruseln.

Aber das ist nicht so. Und diese Tatsache öffnet der effektivsten Methode der Angstkontrolle überhaupt die Tür: der Neubewertung. Dabei benutzt man das C-System, um die Art und Weise zu modifizieren, wie das Gehirn eine potenzielle Bedrohung verschlüsselt. »Verändere die Interpretation und du veränderst deine darunterliegende Reaktion darauf«, sagt der Psychologe Matthew Lieberman. Neubewertung ist ein natürlicher und instinktiver Prozess, der in uns allen abläuft. »Wenn

Sie auf einem Foto jemanden sehen, der blutüberströmt und wie verprügelt aussieht, und sich denken: ›Oh, das ist einfach nur eine Special-Effect-Szene aus Hollywood, kein reales Geschehen‹, dann stresst Sie der Anblick auch nicht weiter«, erklärt er. Manche Leute sind im Neubewerten besser als andere. Studien haben gezeigt, dass Personen, die Ereignisse eher als Herausforderung denn als Bedrohung empfinden, generell besser mit ihren Gefühlen zurechtkommen, mehr positive Gefühle entwickeln und zuversichtlicher sind. Marc Taylor hat eine Studie durchgeführt, bei der amerikanische Soldaten einem hyperrealistischen Kampftraining ausgesetzt wurden. Er fand heraus, dass Testpersonen, die sich auf eine positive Neubewertung einließen, um mit ihrer Situation zurechtzukommen, geringere Werte an Stresshormon im Blut hatten als andere.

Vergleichen Sie dieses äußerst nutzbringende positive Denken mit der negativen Bewertung von Leuten, die an Sozialängsten leiden. Rufen Sie sich die Nacht im Jahr 1964 ins Gedächtnis, als Sir Laurence Olivier sich darauf vorbereitete, für die Premiere von Ibsens *Baumeister Solness* auf die Bühne zu gehen. Als er die Angst in sich rumoren fühlte, malte er sich im Geist schon die fürchterlichen Konsequenzen eines Kontrollverlusts auf der Bühne aus. Das Publikum würde ihn auslachen, seine Freunde würden sich von ihm abwenden, die Kritiker ihn verreißen. Er würde nie mehr auf die Bühne zurückkehren können: »Es hätte einen skandalumwobenen sofortigen Rückzug von der Bühne bedeutet.« In Wahrheit machte er weiter, pflichtbewusst wie immer, aber seine lebhafte Vorstellung von der möglichen Katastrophe verfolgte ihn noch fünf Jahre.

Wie wir gesehen haben, ist kognitive Verhaltenstherapie ein wirkungsvolles Instrument zur Überwindung von Angststörungen und Sozialängsten wie z. B. der Bühnenangst. Den Patienten wird beigebracht, unrealistisch negative Gedanken zu erkennen und die Situation willentlich in einem positiven

Licht neu zu beurteilen. Olivier z. B. hätte sich in Erinnerung rufen können, dass sein Publikum ihn liebte, dass er schon so viele Vorstellungen erfolgreich hinter sich gebracht hatte, und dass die Erde sich weiter drehen würde, selbst wenn er einen Blackout erlitt. Mit der Zeit wird eine solche Denkweise dann zur zweiten Natur – und genauso gründlich vom X-System automatisiert, wie es vorher die negativen Gedanken waren.

Dank der Gehirnscan-Technologie der funktionellen Magnetresonanztomographie (fMRT) kann man heute sogar mitverfolgen, wie eine Neubewertung im Gehirn stattfindet. Vielleicht erinnern Sie sich an das Experiment, das der Neurowissenschaftler Kevin Ochsner von der Columbia University durchgeführt hat. Er ließ Testpersonen, während sie im Gehirnscanner lagen, emotional aufwühlende Bilder betrachten. Dann bat er sie, ihre Gefühle zu kontrollieren, indem sie auf eine Art und Weise über die Bilder dachten, die ihre Reaktion abschwächen würde. Wie zu erwarten, aktivierten diese willentlichen Versuche der Neubewertung einen Bereich des präfrontalen Cortex, der mit Selbstkontrolle in Zusammenhang gebracht wird, während die Amygdala deaktiviert wurde.

Der Mechanismus der emotionalen Selbstkontrolle kann wirken, ohne dass wir uns dessen überhaupt bewusst sind. Lieberman führte eine Folgestudie zu der von Ochsner durch, in der er Testpersonen im Gehirnscanner Bilder von Gesichtern, die starke Gefühle ausdrücken, ansehen ließ. Ebenfalls zu sehen waren je zwei Schilder mit Bezeichnungen für diese Ausdrücke (wütend, verängstigt, glücklich, überrascht), aus denen die Testpersonen die passende auswählen sollten. Lieberman fand heraus, dass das spontane Nennen der Emotion ohne jegliche bewusste Anstrengung des Betrachtenden schon ausreichte, um den rechten ventrolateralen präfrontralen Cortex zu aktivieren und die Aktivität in der Amygdala zu reduzieren.

Die Grundannahme ist, dass allein das Sprechen über eine negative Emotion schon ausreicht, um ihre destruktive Kraft zu unterminieren. Für Menschen, die eine Psychotherapie hinter sich haben, ist das keine Überraschung. Man hat in Studien herausgefunden, dass das Sprechen oder Schreiben über traumatische Erlebnisse eine Reihe von positiven Auswirkungen auf die Gesundheit hat, wie z. B. eine Stärkung des Immunsystems. Dabei muss man noch nicht einmal zu einem professionellen Therapeuten gehen. Jeder, der in einer Krise seine Gefühle in den Griff kriegen will, kann sich einfach jemanden suchen, mit dem er sie teilen kann (oder notfalls auch sich selbst laut davon erzählen), um die Kontrolle über sein X-System wenigstens teilweise wieder zurückzubekommen.

Während aktives Reflektieren Ihres mentalen Zustands positiv zu sein scheint, ist zielloses Herumgrübeln über Ihre Misere kontraproduktiv, ja sogar schädlich für Ihre mentale Gesundheit, vor allem, wenn Sie sich auf Gedankengänge vom Typ »was wäre gewesen, wenn« versteifen. Studien haben gezeigt, dass übertriebenes Gedankenwälzen unter anderem zu einem generellen Pessimismus und einer Schwächung der Motivation führt.

Eine andere ineffektive Herangehensweise ist der Versuch, die eigenen Emotionen zu unterdrücken, anstatt sie durch eine Neubewertung zu verändern. »Bei der Unterdrückung geht es ja nicht darum, die Emotionen selbst zu verändern, sondern vielmehr ihre Erscheinungsweise«, meint Lieberman. »Es ist der Ansatz des Gute-Miene-zum-bösen-Spiel-Machens, wie wenn Sie z. B. sagen: ›Ich werde meinem Chef nicht zeigen, wie sauer ich bin, und auch nicht meiner Ex-Freundin, wie traurig mich unsere Trennung macht. Ich tu lieber so, als wäre nichts.‹ Unterdrückung kann zwar verhindern, dass die anderen die eigene Emotion wahrnehmen, aber es ist eine fürchterliche Strategie, um diese Emotion abzuschwächen. Wenn es überhaupt eine Wirkung hat, verstärkt es sie sogar eher.«

Als das Feuer auf das Haus des Ehepaars Thomas zuraste, mussten die beiden keine Angst unterdrücken. Sie waren einfach zu beschäftigt mit Handeln. Da die Pumpen nicht funktionierten, mussten sie das Feuer von Hand bekämpfen und schleppten kübelweise Wasser aus den Notfallzisternen am Haus dorthin, wo die Gefahr gerade am größten war.

Mit Beginn dieses Kampfes fielen die beiden in dieselbe Kategorie wie die Fallschirmsprung-Neulinge in der Studie von Seymour Epstein: Sie hatten zu wenig Informationen und nur ein vages Gefühl davon, wie es sein würde, ihr Haus zu verteidigen. Ian Thomas sagt, dass dieses frühe Stadium der schrecklichste Teil des Feuers war. »Wir wussten einfach nicht, was da vor sich ging und was noch geschehen würde«, sagt er.

Dreißig Meter Rasenfläche umgaben das Haus und bildeten eine Feuerschneise. Als die Flammen schließlich übers Gras leckten, kippten Ian and Bronwen kübelweise Wasser aus, um sie nicht zu nahe kommen zu lassen. Zwei große Pinien standen vor dem Haus und eine weitere im Garten hinter dem Haus. Wenn das Feuer eine von ihnen erfasste, wäre es aus. Keine Chance mehr, das Haus zu retten, und wenn das Haus brannte, hatten auch sie selbst keine Zuflucht mehr vor dem Feuer.

Das Feuer brauste durch die umstehenden Bäume, bis es ihr Grundstück in allen Himmelsrichtungen umgab. Die beiden kämpften Seite an Seite, außer das Feuer rückte plötzlich irgendwo so nahe, dass einer schnell dorthin laufen musste. Der Rasen war von Pflanzinseln durchsetzt, und während das Ehepaar weiterkämpfte, ging eine nach der anderen in einer Flammensäule auf. »Wenn sie einmal Feuer gefasst hatten, brannten sie im Nu in einem fürchterlichen Feuerwirbel ab«, sagt Thomas.

Vom Feuer geschwächte Bäume stürzten um. Mit einem Ächzen erzitterte ein riesiger Eukalyptusbaum und krachte in die Einfahrt, so dass die beiden keine Fluchtmöglichkeit mehr hatten. Das Feuer kroch noch immer auf sie zu, hinter der Flammenfront vergrößerte sich das rauchende Meer aus verkohlter Vegetation von Minute zu Minute. Die beiden liefen auf und ab, kontrollierten ständig die verwundbarsten Punkte und schleppten hektisch Wassereimer herbei, um jedem neuen Ansturm zu begegnen.

Dauernd aktiv zu sein hielt ihre Angst in Grenzen. »Wir hatten zwar Angst, aber wir konzentrierten uns einfach auf das, was zu tun war«, meint Thomas. Während so die Zeit verging, wurde der Stress durch die zunehmenden Informationen über das Feuer vermindert. »Je länger es dauerte, desto mehr gewöhnten wir uns auch irgendwie daran, weil wir das Gefühl hatten, dass wir schon ein Stück weit erfolgreich waren und gute Chancen hatten, es auch weiterhin zu sein.«

Ungefähr um 2 Uhr 30 nachts stabilisierte sich die Situation langsam. Das Feuer war bis auf etwa viereinhalb Meter vorne an das Haus herangekrochen und bis auf einen Meter an die Gartenveranda, aber die Flammen in unmittelbarer Nachbarschaft waren jetzt erloschen und der Teppich aus verbranntem Gras formte eine Schutzbarriere. Überall um sie herum leuchteten glühende Holzteile und kleine Restfeuer im verkohlten Wald. Ian, dem vor lauter Hitze übel und schwindlig war, konnte sich kaum mehr auf den Beinen halten. Erschöpft brachen er und seine Frau zusammen und fielen für drei Stunden in unruhigen Schlaf. Die Jalousien ließen sie offen, um ein Wiederaufflackern des Feuers rechtzeitig bemerken zu können.

Aber der Kampf war noch nicht zu Ende. Bei Tagesanbruch wurde der Wind stärker und setzte erneut glühendes Holz in Brand. Inseln von bisher unversehrter Vegetation gingen feuerwerksgleich in Flammen auf. Thomas wankte aus dem Haus, um die bedrohlichsten neuen Feuerherde zu löschen, war aber völlig erschöpft von dem nächtlichen Kampf und seinem Hitzeschlag. Er konnte keinen Schluck Wasser trinken, ohne sich anschließend zu übergeben. Irgendwann verloschen aber auch die neuen Brandherde wieder und das Ehepaar kam langsam zur Ruhe. Bis auf das Haus lag das gesamte Grundstück in Asche. Aber sie hatten überlebt.

Die Katastrophe vom 7. Februar 2009 ließ jedes vorangegangene Buschfeuer in Victoria winzig erscheinen. Aber das sollte erst der Anfang sein. Einen Monat später wütete das Feuer um Kinglake noch immer. Ein einziger Funke auf einer entlegenen Bergweide hatte schließlich zur Verwüstung eines ganzen Landstrichs geführt. Der Brand in Victoria forderte insgesamt 210 Menschenleben, zerstörte mehr als 2000 Häuser und machte über 4000 Quadratkilometer Landschaft zu Asche.

Die Menschen in Victoria fragten sich nach dem Brand, ob die »Bleiben-oder-Gehen«-Politik für das übergroße Ausmaß an Todesfällen verantwortlich war. Manche Leute forderten, diese Politik durch Zwangsevakuierung zu ersetzen.

Ian Thomas ist nicht dieser Meinung. »Ich glaube, dass diese Politik die richtige ist«, sagt er. »Das Ganze ist weit komplizierter, als die meisten Menschen glauben. Bei Risikoanalysen versucht man unter anderem, an alle möglichen Umstände zu denken, die sich einstellen können. Wenn man Angst hat, steht man unter Stress, und das macht es schwierig, rationale Entscheidungen zu treffen. Aber letzten Endes haben die meisten Menschen einen sehr starken Überlebenswillen und finden somit auch Möglichkeiten, mit einer solchen Situation fertig zu werden.«

Meisterschaft

Erinnern Sie sich noch an den Kunstflugpiloten Neil Williams aus der Einleitung, der ein Materialversagen an seinem Flugzeug nur dank seiner unglaublichen Geisteskraft überlebte? Bedenkt man die natürlichen Reaktionen des menschlichen Zentralnervensystems auf unmittelbare Gefahr, müsste eine solche Heldentat eigentlich unmöglich sein. Seine kognitiven Fähigkeiten hätten von seinem angsterfüllten X-System völlig lahmgelegt werden müssen. Also wie hat er es dann getan? Wie kam es, dass er dieser Situation gewachsen war?
In den dazwischenliegenden Kapiteln haben wir die Mechanismen der Angstreaktion eingehend betrachtet, aber noch immer sind wir des Rätsels Lösung nicht näher gekommen. Im Gegenteil: Williams' Kreativität angesichts extremer Gefahr kommt uns sogar noch erstaunlicher vor. Vielleicht war da noch irgendein anderer Faktor am Werk, irgendeine noch fehlende psychologische Eigenschaft. Wenn wir uns Williams' Geschichte noch einmal genauer ansehen, können wir vielleicht die Hinweise finden, die wir brauchen.

Fast zwölf Uhr mittags an einem sonnigen Junitag. Einzelne Wolken driften über den Flickenteppich aus Feldern im Südwesten Englands. Williams übt eine Figurenabfolge, die er bei den bevorstehenden Kunstflug-Weltmeisterschaften vorführen will. Heute sind auch zwei andere Männer aus seinem Flugteam auf dem Flugplatz und die drei wechseln sich mit zwei Kunstflugmaschinen vom Typ Zlin ab.
Williams hat die gesamte Abfolge bereits zweimal geflogen. Jetzt ist er gerade in der Mitte des dritten Durchgangs. Er hat die höchste Stelle eines Loopings soeben durchflogen und rast dem Boden entgegen. Da zieht er den Steuerknüppel nach hinten, um vom Sturzflug wieder in den Horizontalflug zu gelangen,

wie ein Achterbahnwagen, der eine Talsohle der Bahn erreicht hat. Seine hohe Geschwindigkeit in Kombination mit der engen Kurve erzeugt eine mächtige Zentrifugal- oder *g*-Kraft, die ihn mit dem fünffachen Gewicht der Schwerkraft in seinen Sitz presst. Er spannt seine Bauchmuskeln kräftig an, um zu verhindern, dass das Blut völlig aus seinem Kopf weicht und er ohnmächtig wird.

Die *g*-Kraft wirkt nicht nur auf Williams, sondern auf die gesamte Maschine, so dass ihre Konstruktion mit dem Fünffachen ihres Normalgewichts belastet ist, insgesamt sind das so um die 4500 Kilo. Normalerweise wäre das kein Problem: Das Flugzeug ist darauf ausgelegt, das Sechsfache seines Eigengewichts bzw. 6 g auszuhalten. Aber die Maschine wurde sehr viel geflogen und das hat offensichtlich unsichtbare Schäden hinterlassen. Diese letzte Kunstflugfigur ist der Tropfen, der das Fass zum Überlaufen bringt. Gerade als das Flugzeug in den Horizontalflug zurückkehrt, bricht ein tragender Holm im linken Flügel.

Es gibt einen Ruck, ein lautes *Peng*. Das Flugzeug wackelt. Augenblicklich wird das Geräusch des Fahrtwinds über dem Flugzeugrumpf lauter und Williams wird gegen den Widerstand seiner Gurte zur Seite geworfen. Sofort nimmt er Gas weg, um die Beschleunigung und die aerodynamische Belastung auf das Flugzeug zu reduzieren. Dann klappt der linke Flügel hoch, während die Maschine herumrollt und in den Sturzflug geht.

Zu diesem Zeitpunkt hat Williams keine Ahnung, was da passiert. In seiner zwei Jahrzehnte langen Fliegerkarriere hat er noch nie von einer solchen Sache gehört. Er ist weit vom Flugplatz entfernt, verliert rasch an Höhe und kann das Flugzeug kaum mehr kontrollieren. Instinktiv zieht er den Steuerknüppel nach hinten, aber das lässt den Flügel nur noch weiter nach oben klappen. Es trennen ihn jetzt nur noch 300 Fuß (100 Meter) vom Boden, er verliert völlig die Kontrolle über das Flugzeug und befindet sich in einem steilen Spiralsturz. Bei der jetzigen Geschwindigkeit ist der Boden weniger als zwei Sekunden entfernt. Und doch durchläuft er mitten in diesem Chaos einen äußerst komplizierten Denkprozess.

Er erinnert sich daran (wie er später in einem Bericht schreiben wird), dass er einige Jahre zuvor von einem bulgarischen Piloten gehört hat, der in einer ähnlichen Zlin Kunstflugfiguren durchführte und bei dem der Flügel brach, als er gerade im Rückenflug war. Der Pilot verlor augenblicklich die Kontrolle über die Maschine, wurde dann aber wieder auf die richtige Seite gedreht und plötzlich klappte der Flügel wieder zurück in seine richtige Lage. Dieses Szenario war zwar ziemlich anders als die heikle Lage, in der Williams sich momentan befand, aber er konnte daraus doch ein Prinzip ableiten, das ihm vielleicht nützlich sein konnte: In einer Zlin mit gebrochenem Flügelholm kann eine Drehung um 180 Grad den Flügel wieder in die richtige Position bringen.

Dies ist ein erstaunlich komplizierter Gedankengang für einen Mann, der Angst und vielleicht nur noch ein paar Sekunden zu leben hat. Doch Williams will es ausprobieren. Er kämpft gegen die Tendenz der Maschine, nach links zu rollen, nicht länger an, sondern rollt sie stattdessen noch weiter nach links, bis er völlig auf dem Kopf steht. Dann drückt er den Steuerknüppel nach vorn und hebt die Nase über den Horizont. Dieses Manöver belastet ihn mit starken negativen g-Kräften, so dass er mit einem Vielfachen seines Normalgewichts kopfüber in den Gurten hängt. Blut strömt in seinen Kopf. Mit einem weiteren *Peng* klappt der linke Flügel zurück an seinen Platz.

Aber noch ist Williams nicht aus dem Schneider. Ganz im Gegenteil: Jetzt muss er fürchten, dass er eine Baumgruppe rammt. Aber nach ein paar Sekunden beginnt das Flugzeug zu steigen. Es gewinnt an Höhe und Williams hat zum ersten Mal das Gefühl, dass er es schaffen könnte. Dann stirbt der Motor ab:

Die nächste Katastrophe. Aber Williams sind schon öfters Motoren abgestorben. Er macht sich sofort an die Untersuchung des Problems und sieht, dass die Benzindruckanzeige auf Null steht. Das schränkt die Möglichkeiten ein. Dann checkt er den Benzinhahn. Er ist geschlossen. Er erkennt, dass er wohl versehentlich darangekommen ist und dreht ihn wieder auf. Der Motor erwacht zum Leben und bald steigt die Maschine wieder.
So weit, so gut. Er ist jetzt bei 1000 Fuß (etwa 300 Metern), einer einigermaßen sicheren Höhe. Aber jetzt stellt sich die nächste Frage: Wie landen? Er trägt keinen Fallschirm. Und er weiß, dass das Flugzeug rasch unkontrollierbar sein wird, wenn er versucht, es richtigherum zu fliegen. Bei einer Landung kopfüber würde er sofort getötet. Das Problem scheint unlösbar. Und was noch schlimmer ist: Er hat nur acht Minuten zum Nachdenken, dann wird der umgedrehte Tank kein Benzin mehr hergeben.
Kopfüber in 1000 Fuß Höhe, mit dem Bewusstsein, dass er in weniger als zehn Minuten vielleicht einen gewaltsamen Tod sterben wird, hat Williams auf einmal so viel Angst, dass er seine Knie gegen die Seiten des Cockpits drücken muss, damit sie nicht so sehr zittern. Und doch stellt er sich seiner misslichen Lage mit der akribischen Sorgfalt eines ehemaligen Testpiloten. Er wägt ab: Es gibt vier verschiedene Arten, auf den Boden zurückzukommen. Er kann versuchen, das Flugzeug umgekehrt auf einem See zu notwassern, versuchen, es umgekehrt in den Bäumen zu landen, um den Aufprall abzumildern, er kann verkehrtherum eine Bruchlandung auf dem Flugplatz versuchen oder auf dem Kopf Richtung Flugplatz fliegen und die Maschine dann in letzter Minute auf die richtige Seite drehen. Er kommt zu dem Schluss, dass die letzte Option ihm die beste Chance bietet zu überleben.
So oder so, das Ganze ist reine Spekulation. Das Manöver erfordert absolute Präzision und ein auf den Bruchteil einer Sekunde

genaues Timing. Er hat nur eine einzige Chance, es richtig zu machen. Aber anstatt zu verzweifeln, versucht Williams seine Optionen weiter einzugrenzen. Vor der Landung kann er das Flugzeug entweder nach links oder nach rechts rollen. Was ist ungefährlicher? Er führt ein kurzes Experiment durch, um festzustellen, in welche Richtung das Flugzeug sich leichter rollen lässt. Er rollt es leicht nach links und sofort fängt der Flügel wieder an hochzuklappen. Er steuert gegen, bis er wieder horizontal fliegt. Das Manöver scheint den Flügel noch mehr geschwächt zu haben. Es wäre idiotisch, noch länger herumzuexperimentieren. Er wird die Maschine nach rechts rollen.
Williams erreicht den Flugplatz und nähert sich der Landebahn in flachem Sinkflug. Er reduziert die Leistung auf Leerlauf und schwebt 30 Fuß über der Graslandebahn. Als die Geschwindigkeit unter 140 Stundenkilometer sinkt, rollt er das Flugzeug blitzschnell nach rechts. Als der rechte Flügel unter ihm durchschwenkt, hinterlässt er eine zehn Meter lange Furche in der Erde. Sobald die Zlin richtigherum liegt, klappt der linke Flügel wieder nach oben. Das Resultat ist eine Bruchlandung: Das Flugzeug schlägt auf dem Gras auf und schlittert noch über 60 Meter weit. Als es zum Stehen kommt, ist für einen Moment alles ruhig. Dann bahnt Williams sich einen Weg durch die klemmende Kabinenhaube und rennt 20 Meter weit, bevor er erleichtert zusammenbricht.

Jede einzelne dieser Herausforderungen – der wegklappende Flügel, der absterbende Motor, der Landeanflug auf dem Kopf – hätte ausgereicht, um einen normalen Piloten zu erledigen. Dass diese ganzen Gefahren zusammen Williams nicht umbringen konnten, übersteigt unser Verständnis dessen, was das menschliche Gehirn unter Druck leisten kann. Aber bevor wir es aufgeben, Williams' Meisterleistung verstehen zu wollen, sollten wir uns einmal ansehen, was zu seinem Vorteil gearbeitet hat.

Zuerst einmal war Williams natürlich außergewöhnlich gut vorbereitet. Seine Gewöhnung war perfekt, nicht nur was die normale Orientierung beim Kunstflug betraf, sondern auch in Bezug auf gefährliche Notfälle in der Luft. Im Laufe seiner mehrere tausend Flugstunden umfassenden Zeit als Flieger hatte er schon zahlreiche Beinahe-Unfälle erlebt, so hatte z. B. eine Vorführung bei einer Flugschau damit geendet, dass er vor einer Zuschauermenge abstürzte. Lebensgefährliche Situationen in einem Flugzeug durchzustehen war ihm also nicht unbekannt.

Daneben war er außerordentlich gut trainiert. Williams war bekanntermaßen absolut fanatisch in der Weiterentwicklung seines fliegerischen Könnens und erweiterte ständig sein Wissen über die Flugzeuge, die er gerade flog. Bei der Schilderung des Vorfalls mit der Zlin in seinem Buch *Aerobatics* schreibt er: »Dass ich noch lebe, verdanke ich allein der Tatsache, dass ich ein äußerst genaues Detailwissen über die Konstruktion genau dieses Flugzeugs besaß.«

Williams hatte sich Zeit seines Lebens gegen die Angst gewappnet, unablässig die Grenzen dessen erforscht, was ein Flugzeug leisten konnte, und so manches Mal waren seine Experimente schiefgelaufen. Als Flugschüler hatte er versucht, ohne seinen Fluglehrer einen Looping zu fliegen. Beim Durchfliegen des oberen Kreisbogens machte sich seine Unerfahrenheit bemerkbar: Das Flugzeug überzog und geriet ins Trudeln. Durch eine Kombination aus Glück und Nervenstärke gelang es ihm, die Kontrolle zurückzuerlangen, und er brachte sich und seine Maschine wohlbehalten zurück zur Erde, wie es auch sein Lehrer nicht besser geschafft hätte.

Aufgrund seiner Vertrautheit mit der Angst wusste Williams genau Bescheid, welchen mentalen Tribut sie fordern konnte. »Ein Pilot, der Angst hat, wird niemals so präzise und sicher fliegen können, wie er möchte«, schrieb er.

Williams war grundsätzlich optimistisch und zupackend – ein Prototyp für eine Persönlichkeit mit »internaler Kontrollüberzeugung«, also jemand, der fest davon überzeugt ist, jede Situation meistern zu können. Als der Flügel brach, gelang es ihm, seine Fassung sehr schnell wiederzuerlangen. Solange er noch über so viel Höhe und so viel Flugzeug verfügte, gab es ausreichend Handlungsmöglichkeiten für ihn. Seine erste Überlegung war, wie er das Auseinanderfallen des Flugzeugs aufhalten konnte, die zweite, wie er den Motor wieder zum Laufen bringen konnte, und die dritte, wie er wieder in eine sichere Höhe aufsteigen konnte. Als er endlich Zeit zum Durchatmen hatte, begann er die Situation abzuschätzen und nutzte seine analytische Fähigkeit, um auf den Zustand seines Flugzeugs zu schließen.

Kurz gesagt: Williams hatte ein ganz außergewöhnliches Talent, sich in Krisen zurechtzufinden. Aber diese Tatsache wirft noch immer kein Licht auf das zentrale Rätsel: Wie konnte er unter solch extremem Druck eine kreative Lösung entwickeln? Das X-System des Gehirns ist schnell, wie wir wissen, handelt aber reflexartig. Das C-System, das flexibel und kreativ denken kann, ist dagegen sehr langsam. Es hatte nicht die Zeit, die Situation bewusst zu reflektieren, seine Speicher gründlich nach einer Erklärung abzusuchen, warum der Flügel nach oben geklappt war, um aus dieser Erkenntnis dann eine plausible Lösung abzuleiten. Welches System auch immer also gerade verantwortlich war, als der Flügel brach – das C- oder das X-System –, es hätte sich für die hier anstehende Aufgabe als inadäquat erweisen müssen.

Es gibt ein Sprichwort in der Luftfahrt: Ein Pilot braucht entweder Geschwindigkeit, Höhe oder eine gute Idee. Auf 300 Fuß über dem Boden, in einem Flugzeug, das mit fast 240 Stundenkilometern nach unten raste, brauchte Williams eine Idee und zwar schnell.

Er hatte eine. Es ist nur nicht klar, woher er sie nahm.
Welchen Teil seines Gehirns hat Neil Williams also dafür benutzt?

Auf der Suche nach einer Antwort fahre ich nach Kissimmee in Florida, einer Stadt mit 60 000 Einwohnern, knapp 20 Kilometer südöstlich von Disneyworld gelegen. Kissimmee fügt sich nahtlos zwischen die Golfplätze, Angelseen und umzäunten Seniorensiedlungen ein, die über die Ebene von Zentralflorida verteilt sind. Aber es gibt auch etwas ganz Einzigartiges dort: Stallions 51, eine Einrichtung, die Flugtraining und Rundflüge in amerikanischen P-51 Mustang Jagdflugzeugen aus der Zeit des Zweiten Weltkriegs anbietet.
Der 58-jährige Besitzer Lee Lauderbeck ist ein Kunstflugpilot, der noch mehr Erfahrung hat als Williams zur Zeit seiner Crashlandung – nämlich allein 7000 Flugstunden in Mustangs und rund 19 000 Flugstunden insgesamt. Und was noch wichtiger ist: Als Fluglehrer kann er sehr gut erklären, wie und warum beim Fliegen etwas passiert. Wenn irgendjemand mir helfen kann zu verstehen, was mit Neil Williams damals geschah, dann ist es Lauderbeck.
Wir legen Fliegeranzüge und Helme an und klettern in die Mustang. Lauderbeck richtet uns auf der Startbahn aus und beschleunigt den riesigen, fast 1700 PS starken, von Rolls Royce gebauten Merlin-Motor. Aus den zwölf Zylindern ertönt ein kehliges Röhren und wir fangen an zu rollen. Wir nehmen Geschwindigkeit auf, das Heck geht hoch und dann heben wir von der Startbahn ab. Wir fliegen gleichmäßig weiter und brausen in einer Höhe von nur 25 Fuß über den Boden, während der Fluggeschwindigkeitsmesser über die 240-Stundenkilometer-Marke klettert. Dann zieht Lauderbeck den Knüppel hart nach hinten und die Nase schwingt hinauf in die blaue Weite des Himmels.

Bald rasen wir mit über 320 Stundenkilometern dahin, die sonnengefleckten Ebenen Floridas tief unter uns. »Okay«, sagt Lauderbeck, »du übernimmst.« Er hebt die Hände Richtung Kabinendach, so dass ich sehen kann, dass er den Steuerknüppel nicht mehr hält.

Ich fliege sanfte Kurven nach links und rechts, um ein Gefühl für das Flugzeug zu bekommen. Dann fordert Lauderbeck mich auf, die Nase ganz nach unten zu drücken und wir nehmen Geschwindigkeit auf, bis der Flugmesser 480 Stundenkilometer anzeigt. Er lässt mich den Knüppel ganz nach hinten ziehen und ich sinke schwer in meinen Sitz, als die Nase höher und höher steigt. Der Boden verschwindet, die Windschutzscheibe vor mir ist völlig ausgefüllt mit Blau. »Wir sind in der Vertikalen«, sagt er. »Gib ein bisschen mehr rechtes Seitenruder. Nur ein kleines bisschen. Und eine Idee mehr Höhenruder.« Jetzt erscheint wieder der Horizont, Himmel, Wolken und braune Erde, nur verkehrtherum. Sonderbar, ich *fühle* mich gar nicht »auf dem Kopf«, weil die Zentrifugalkraft der Erdanziehungskraft entgegenwirkt und mich in meinen Sitz drückt.

Der Horizont gleitet unter uns und jetzt blicken wir direkt auf den braun-grünen Flickenteppich von Zentralflorida. So einen Blick hatte Williams, ehe der Flügel seiner Maschine brach. Es ist ziemlich wie ganz oben in der Achterbahn, nur dass ich nicht das Gefühl habe zu fallen, weil die *g*-Kräfte mich in meinem Sitz halten, als säße ich flach auf dem Boden.

Jetzt, beim Übergang vom Sturzflug in den Horizontalflug, drückt die Schwerkraft mich mit meinem echten Gewicht nieder. Auf uns wirken 3 *g*, während wir das untere Ende des Loopings erreichen, ein bisschen mehr als die Hälfte des Gewichts, das den Flügel von Williams Zlin brechen ließ. Ich hatte so ein Gefühl nicht mehr seit dem letzten Mal, als mein Bruder auf mir saß, wahrscheinlich ungefähr in der achten Klasse. Unser Flügel bleibt ganz. Als wir endgültig die Horizontale erreichen, läuft ein Schauder durch das Flugzeug, als hätten wir einen Tritt in den Hintern bekommen. »Du hast deinen eigenen Luftschraubenstrahl getroffen«, meint Lauderbeck. Wir sind genau an dem Punkt wieder angekommen, wo wir den Looping begonnen haben. »Das hättest du gar nicht besser machen können.«

Lauderbeck dirigiert mich durch ein halbes Dutzend weitere Manöver: eine Fassrolle, eine gesteuerte Rolle, eine halbe Kubanische Acht. Ich weiß zwar so ungefähr, was ich tue, aber meine Detailkenntnis ist eher dürftig. Wenn etwas schiefgehen sollte, so viel ist klar, dann würde mir die Kontrolle entgleiten, so wie sie Neil Williams entglitt, als er als Teenager seinen ersten Looping vermasselte. Um ein sicherer und fähiger Kunstflugpilot zu werden, müsste ich Hunderte von Trainingsstunden absolvieren, damit die korrekte Handhabung der Bedienelemente in mein X-System eingebrannt würde. Ich müsste die Manöver überlernen, so wie Soldaten für Tausende von Jahren ihre militärischen Routinen überlernt haben.

Aber es gibt noch einen Grad von Kompetenz, der diese Art von gespeicherter Automatizität übersteigt. Nachdem Lauderbeck die Mustang ungefähr tausend Stunden geflogen hatte, zusätzlich zu den etwa zehntausend Flugstunden in verschiedenen Jets und Helikoptern, so erzählt er mir, hätte er auf einmal nicht mehr das Gefühl gehabt, dass er das Flugzeug fliegt, sondern eher, dass er es sozusagen anhat. »Man denkt überhaupt nicht mehr darüber nach, was zu tun ist«, sagt er. »Es passiert einfach. Als wäre das Flugzeug zu einer Verlängerung des eigenen Körpers geworden. Man fühlt sich eins mit ihm. So als würde man nicht in die Maschine einsteigen, sondern sie sich irgendwie umschnallen.«

Lauderbeck meint, dass er nicht wirklich erklären kann, was er tut oder wie er etwas tut, wenn er auf einer Flugschau ein schwieriges Manöver mit null Fehlertoleranz fliegt – wie zum Beispiel, wenn er die Maschine bei einer Flughöhe von 100 Fuß auf den Rücken rollt. »Was tue ich mit dem Seitenruder?«, sagt er. »Das passiert einfach. Welche Längsneigung brauche ich? Passiert einfach. Wie muss sich das Flugzeug anfühlen? Passiert einfach.«

Ab einem bestimmten Punkt, sagt er, waren sein Wissen über die Maschine und seine Vertrautheit mit ihren Flugeigenschaften so stark verflochten, dass er heute gar nicht mehr darüber nachdenken muss, was er tut. »Es hört sich ja ein bisschen Star-Wars-mäßig an«, gibt er zu, »aber du wirst einfach eins mit der Maschine.«

Und da ist es nun endlich, das Puzzlestück, das noch gefehlt hat: Expertise. Nach Tausenden von Stunden im Cockpit eines Flugzeugs haben Piloten wie Williams oder Lauderbeck über das routinemäßige Überlernen hinaus trainiert und bloße Fachkenntnis in ein tiefes Verständnis der Materie umgewandelt. Kurz gesagt, sie haben Meisterschaft erreicht.

Meisterschaft ist der höchste Leistungslevel, der durch eine Kombination aus Talent und (sehr wichtig!) harter Arbeit erzielt werden kann. Jahre- oder jahrzehntelanges theoretisches Lernen und Tausende von gesammelten Praxisstunden können einen Profi zu einem Niveau führen, in dem sein Verstehen einen tiefen, vorbewussten Zustand erreicht.

Zum Thema, was echte Experten von anderen Menschen unterscheidet, gibt es inzwischen umfangreiche Literatur. In einer grundlegenden Studie zu diesem Gebiet hat der Psychologe Adriaan de Groot Mitte der 1960er-Jahre gezeigt, dass Profi-Schachspieler fähig sind, schon bei ganz kurzer Betrachtung einer Spielsituation detaillierte Hintergrundinformationen über das Spiel mit einzubeziehen. De Groot zeigte Spielern kurz Schachbretter, auf denen Figuren wie mitten in einem Schachspiel arrangiert waren, und bat sie dann, die Stellung der Figuren auf einem anderen Brett nachzuvollziehen. Profispieler waren fähig, die Positionen von 91 Prozent der Figuren exakt wiederzugeben, während Anfänger höchstens auf 41 Prozent kamen.

De Groots Schlussfolgerung war, dass die Experten durch jahrelanges Spielen gelernt hatten, verschiedene Einzelinformationen zu sogenannten *chunks* (Brocken) zusammenzufassen. Ein Beispiel: Die Königin wird durch den Turm bedroht, der seinerseits durch einen Läufer bedroht, aber durch einen Bauern gedeckt wird – diese ganzen Informationen können z. B. ein einzelnes bekanntes *chunk* bilden. Bei den restlichen Figuren ist es genauso. Die Profis konnten anhand von ein paar dieser *chunks* mit einem Blick den Stand des gesamten Spiels erfassen. Dadurch konnten sie leicht ein Konzept von der Gesamtsituation auf dem Brett entwickeln und sie sich deshalb gut einprägen.

Chunking (also das Zusammenfassen einzelner Informationen zu größeren Einheiten) erlaubt es manchen Menschen, schier unglaubliche geistige Meisterleistungen zu vollbringen und mit scheinbar riesigen Informationsmengen zu jonglieren. In einem raffinierten Experiment bezahlten die Psychologen einen Studenten dafür, dass er sich Zahlenreihen einprägte, die immer länger wurden. Der Student übte das zwei Jahre lang eine Stunde täglich. Zum Schluss konnte er sich Reihen aus bis zu 80 Ziffern merken. Ohne Training können sich nur wenige Leute mehr als 10 Ziffern einprägen. Der Student benutzte dabei als Trick, mehrere Ziffern zu *chunks* zusammenzufassen und sie sich als Einheit zu merken. Aber sein generelles Gedächtnis war nicht besser als zu Anfang des Experiments. Bat man ihn, sich eine Wort- oder Buchstabenkette einzuprägen, fiel seine Leistung insgesamt durchschnittlich aus. Die Vorteile des *chunking* sind, so kam heraus, auf das spezifische Informationsset beschränkt, das gespeichert wurde.

Innerhalb einer Flut irrelevanter Daten Muster zu entdecken ist eine spezielle Fähigkeit des X-Systems. Das X-System eines

Profis häuft durch jahrelanges Üben langsam Daten über die in seinem Spezialgebiet vorkommenden Muster an, verbindet und speichert sie. Es kann sogar lernen, Muster zu erkennen, die der Verstand gar nicht bewusst wahrnimmt.

Der italienische Psychologe Cosimo Urgesi führte ein Experiment durch, mit dem er feststellen wollte, wie gut jemand vorhersagen konnte, ob ein Basketballspieler einen Korb werfen würde. Zu seinen Testpersonen gehörten professionelle Basketballer, Sportjournalisten, Trainer und Studenten, die noch niemals bei einem Basketballspiel zugesehen oder mitgespielt hatten. Er zeigte jedem von ihnen zwölf kurze Videoclips von Spielern, die gerade einen Korb werfen. Jeder Clip endete mit dem Ball mitten in der Luft. Dann sollten die Testpersonen vorhersagen, ob der Wurf erfolgreich sein würde. Das Ergebnis war, dass zwar alle Personen den Ausgang einigermaßen gut abschätzen konnten, wenn sie die Flugkurve des Balls schon hatten erkennen können, aber nur die Profispieler zu richtigen Voraussagen fähig waren, wenn der Ball erst weniger als eine Sekunde in der Luft gewesen war.

Als nächstes untersuchte Urgesis Team, welcher Teil des Gehirns für die Erkenntnis der Profispieler verantwortlich war. Während die Spieler die Videofilme betrachteten, behandelten die Forscher ihren Motorcortex, der für die Bewegungsplanung zuständig ist, mit einem technologischen Verfahren, das sich Transkranielle Magnetstimulation (TMS) nennt. Das Ergebnis war Folgendes: Wenn die Spieler Clips ansahen, bei denen sie vorhersagten, dass der Ball nicht treffen würde, wurde ein Bereich des Motorcortex aktiv, der mit dem kleinen Finger korrespondiert – genau genommen mit einem Muskel im kleinen Finger, der *Musculus abductor digiti minimi* (Kleinfingerspreizer) genannt wird. Obwohl sein Einfluss auf die Flugbahn des Balls vielleicht gering erscheinen mag, spielt er offensichtlich doch eine entscheidende Rolle beim Feintuning eines Wurfs. Während die Profispieler die Aktion auf Video ansahen, vollzogen sie unterbewusst innerhalb ihres Motorcortex die Bewegung nach und nutzten das Ergebnis, um vorherzusagen, ob der Wurf erfolgreich sein würde. Sie nahmen aber nicht bewusst wahr, dass sie das taten, sondern die Ergebnisse drangen einfach als eine Ahnung von Wissen in ihr Bewusstsein – eine Art Bauchgefühl, wie der Wurf ausgehen würde. Und letztendlich würden auch die Ergebnisse dieser Vorhersage dem großen Datenpool einverleibt werden, der das Expertenwissen dieser Profis ausmachte.

Die Gesamtheit dieser unbewussten Information ist in einer Unterregion des X-Systems verschlüsselt, die »prozedurales Gedächtnis« genannt wird. Wir sind auf diesen Gehirnbestandteil schon früher gestoßen, bei der Betrachtung, wie die Automatizität des Bewegungssystems durch *choking* gestört wird. Das prozedurale Gedächtnis verbirgt sich hinter unserer Fähigkeit, über das »Wie« im Gegensatz zum »Was« Bescheid zu wissen. Anders als das explizite oder deklarative Gedächtnis, auf das wir bewusst zugreifen können (z. B. wenn wir überlegen, wo wir unseren Schlüssel abgelegt haben), ist das prozedurale Gedächtnis die Domäne rein automatischer und unterbewusster Prozesse wie das Treffen eines Balls oder das Werfen eines Korbs. Wenn jemand immer mehr zum Experten in einer Sache wird, findet ein Prozess statt, den man »Wissenskompilierung« nennt. Die Fähigkeit wird zu einer automatischen Reaktion. Sie verlagert sich aus dem bewusst verfügbaren expliziten Gedächtnis in eine unsichtbare Fachkenntnis, die vom prozeduralen Gedächtnis zur Verfügung gestellt wird.

Nicht die gesamte im Gehirn eines Experten gespeicherte Information ist unzugänglich. Der japanische Wissenschaftler Giyoo Hatano trifft eine Unterscheidung zwischen »Routine-Expertise« und »adaptiver Expertise«, die durch einen eher reflektierenden Prozess des Problemlösens und Erörterns gebildet wird. Derartig erworbenes Wissen ist unserem bewussten Denken zugänglich, es sind die Dinge, worüber Experten sprechen können. Wie Lee Lauderbeck sagt, kann er zwar nicht genau erklären, wie er eine schwierige Figur genau fliegt, aber er kann einem alles über die Aerodynamik und die Technik des Flugzeugs erzählen, das er fliegt. Vertiefte Expertise umfasst also sowohl X-System- als auch C-System-Wissen.

Es gibt keinen schnellen oder leichten Weg, die riesigen Informationsmengen anzuhäufen, die in den Wissensspeicher eines Experten integriert sind. Der Psychologe Bill Chase, einer der führenden Forscher zum Phänomen des *chunking*, war der Meinung, dass jeder Mensch ein Schachgroßmeister werden könne, wenn er nur genügend trainieren würde – nämlich seiner Schätzung nach so um die zehntausend Stunden.

Nachdem er zuvor diese enorme Zeitinvestition geleistet hat, wird einem Profi das Geschenk einer blitzschnellen Abrufbarkeit seiner Fähigkeiten in der Spielsituation zuteil. Der Psychologe Neil Charness hat die Augenbewegungen von Profi- und fortgeschrittenen Schachspielern aufgenommen, wenn sie zum ersten Mal auf ein Schachbrett sahen, auf dem die Figuren wie mitten im Spiel aufgestellt waren. Innerhalb der ersten Sekunde verharrten die Blicke der Profis 80 Prozent der Zeit auf den taktisch relevanten Figuren, während das bei den nur fortgeschrittenen Spielern nur in 64 Prozent der Zeit der Fall war. Schon ehe die Profis wirklich wussten, was sie da sahen, wussten ihre Augen schon, wohin sie blicken mussten.

Wie alle gut einstudierten X-System-Prozesse nimmt die Leistung von Profis unter Druck im Allgemeinen nicht sehr ab. Dazu führte der Forschungspsychologe Gary Klein ebenfalls mit Profi- und fortgeschrittenen Schachspielern eine Studie durch. Er ließ die Spieler an sogenannten Blitzturnieren teilnehmen, bei denen ihnen nur durchschnittlich sechs Sekunden pro Zug erlaubt waren. Unter diesem Zeitdruck machten die

fortgeschrittenen Spieler zweimal so häufig fehlerhafte Züge, als wenn ihnen mehrere Minuten für jeden Zug zugestanden wurden – wohingegen die Profis tatsächlich etwas weniger Fehler machten.
Anschließend erforschte Klein, wie erfahrene Entscheidungsträger unter noch größerem Stress funktionieren. Er interviewte Feuerwehrhauptleute, die seit Jahren potenziell todbringende Brände bekämpften. Wenn sie z. B. mit der Frage konfrontiert waren, wie sie ein Team in ein brennendes Gebäude schicken konnten, wägten sie nicht bewusst das Für und Wider der verschiedenen Möglichkeiten ab, sondern glichen die Situation blitzschnell mit der ähnlichsten in ihrem Erfahrungsspeicher ab und trafen dementsprechend ihre Entscheidung. Der ganze Prozess geht so automatisch vor sich, dass einer der leitenden Feuerwehrmänner, mit denen Klein sprach, fest davon überzeugt war, er litte unter außersinnlichen Wahrnehmungen.
Wie Schach auf Großmeisterniveau verlangt auch die Profi-Feuerbekämpfung einen reichen Schatz an bereits gemachten Erfahrungen, die zu einem tiefen und intuitiven Verstehen verflochten sind. Und das braucht man auch, wenn man mit einem abstürzenden Flugzeug zurechtkommen will.

Am 17. Januar 2009 kollidierte eine Maschine der US-Airways, die sich nach ihrem Start vom Flughafen LaGuardia in New York noch im Steigflug befand, mit einem Schwarm Kanadagänse. Durch den Aufprall der Vögel wurden die empfindlichen Fanschaufeln der Triebwerke augenblicklich zerfetzt. Eine halbe Minute später rief Flugkapitän Chesley Sullenberger den Tower von LaGuardia: »Wir sind mit Vögeln zusammengestoßen. Wir haben den Schub in beiden Triebwerken verloren. Wir fliegen nach LaGuardia zurück.«
In gewisser Hinsicht befand sich Sullenberger in einer besseren Lage, als Williams es gewesen war. Er hatte noch immer die

Kontrolle über das Flugzeug, und mehrere Flughäfen lagen in der Nähe. Zusätzlich war Triebwerksversagen ein Szenario, für das er in Flugsimulatoren ganz speziell trainiert worden war. Aber in anderer Hinsicht war Sullenberger in einer weit schlechteren Lage. Er befand sich mit vollen Treibstoffbehältern über dem dicht bevölkerten Stadtgebiet von New York. Außer ihm waren noch 154 Menschen an Bord. Von dem, was er in den nächsten drei Minuten tun würde, hingen also viele Menschenleben ab.

Hört man Aufnahmen von Sullenbergers Funksprüchen in dieser Krisensituation an, ist besonders bemerkenswert, wie ruhig er war. Er klingt so, als wäre das Ereignis Routine für ihn, und wie jemand, der sich so ziemlich am unaufgeregten Ende der Yerkes-Dodson-Kurve befindet.

Schreiben Sie es der Expertise zu. Mit 57 Jahren hatte Sullenberger in einer mehr als 40 Jahre währenden Pilotenkarriere über 30 000 Flugstunden angesammelt. Er hatte Piloten geschult und Unfalluntersuchungen durchgeführt. Nebenbei leitete er ein Beratungsunternehmen, das auf Risk Management spezialisiert war, und arbeitete als Gastdozent am Berkeley's Center for Catastrophic Risk Management (Katastrophenrisikomanagement) an der University of California. Wenn überhaupt jemand auf eine Katastrophe vorbereitet war, dann war es Sully.

Und doch wurde er im Moment der Krise wie Williams von Angst gepackt. »Es war das schlimmste Übelkeit erregende Gefühl von Den-Boden-unter-den-Füßen-verlieren, das ich jemals in meinem Leben hatte«, erzählte er der Interviewerin Katie Couric vom CBS-Radiokanal *60 Minutes.* »Meine physiologische Reaktion war außerordentlich stark und ich musste mich zwingen, mich auf mein Notfalltraining zu besinnen und in der Situation Ruhe zu bewahren.«

Er drückte die Flugzeugnase herunter und brachte das Flugzeug so in einen flachen Sinkflug, um keine Geschwindigkeit zu verlieren. Da er keine Zeit für eine detaillierte Analyse hatte, wählte er wie Kleins Feuerwehrführungskräfte aus seinem prozeduralen Gedächtnis sofort eine Strategie: zurück zum Flughafen. Fast genauso schnell wurde ihm jedoch klar, dass das nicht funktionieren konnte. Er hatte zu wenig Höhe und es war zu weit. Es war einfach nicht richtig.

Sekunden später fragte der Mann von der Flugsicherung nach, welche Landebahn Sullenberger in LaGuardia nutzen wollte. »Wir schaffen das nicht«, antwortete dieser. »Wir werden wohl im Hudson landen.«

Bei seinem zweiten Versuch wählte Sullenberger nun den Handlungsweg, der sich später als der beste erweisen sollte. Aber eigentlich war dieser Plan zu extrem, um ihn auch nur zu erwägen: Niemals zuvor hatte ein Großraum-Verkehrsflugzeug ohne Verlust von Menschenleben notwassern können. Sullenberger ging deshalb weitere Möglichkeiten durch. Genau vor ihnen, acht Kilometer vom Hudson entfernt auf der Seite von New Jersey, lag der kleine Teterboro Airport. Er fragte die Flugsicherung nach einer Notlandung dort an.

»Wollen Sie nach Teterboro fliegen?«, fragte der Mann zurück.

»Ja«, sagte Sullenberger.

Der Mann rief den Tower von Teterboro, organisierte rasch die Landungsfreigabe und meldete sich dann wieder im Cockpit: »Rechtskurve auf Kurs 280. Sie können in Teterboro landen.«

Aber in den letzten 22 Sekunden hatte sich die Lage weiter verschlechtert. Teterboro war weit entfernt, und um es bis auf die Landebahn zu schaffen, würde er in einem Winkel anfliegen müssen und dann eine scharfe Kurve fliegen. Sullenbergers Bauchgefühl sagte Nein. »Ich kann nicht«, funkte er. Und dann: »Wir werden den Hudson nehmen.«

Das war sein letzter Funkkontakt auf diesem Flug. Die Flugsicherung bot ihm weitere Möglichkeiten an, aber Sullenberger ignorierte sie. In den letzten Augenblicken vor dem Aufprall hatte er einen kognitiven Tunnel betreten und konzentrierte sich ausschließlich auf das anstehende Problem. »Ich musste mit exakt horizontal stehenden Flügeln aufsetzen«, erklärte er später. »Ich musste mit leicht angehobener Nase aufsetzen. Ich musste in einem Abstiegswinkel landen, der zu überleben war. Und ich musste mit etwas mehr als der minimalen Fluggeschwindigkeit landen, aber nicht mit weniger. Und das alles musste gleichzeitig passieren.«

Eine Minute später landete das Flugzeug bäuchlings im Wasser des Hudson River. Seine Flügel standen exakt horizontal. Die Landung war die erste Notwasserung eines Verkehrsflugzeugs ohne Todesfälle in der Geschichte der Luftfahrt. Als sie auf dem eisigen Fluss zum Stillstand kamen, wandte sich Sullenberger an seinen Copiloten.

»Na ja«, sagte er, »das war gar nicht so schlecht wie ich dachte.«

Im Rückblick auf seine Beinahe-Katastrophe mit der Zlin erklärte Neil Williams seine plötzliche Eingebung, das Flugzeug auf dem Rücken zu fliegen, mit einer gut durchdachten logischen Abfolge, die mit einer halb erinnerten Story über einen bulgarischen Piloten begann und schließlich in die Entscheidung mündete, das Flugzeug umzudrehen und die negativen g-Kräfte zu nutzen. Diese Erklärung ist so unmöglich, wie sie klingt. Nach dem, was wir über den menschlichen Verstand in Gefahrensituationen wissen, kann Williams einen so raffinierten und ausführlichen Denkprozess kaum durchlaufen haben.

Es war anders: Als der Flügelholm an Neil Williams' Maschine brach, fing sein X-System an, alle Informationen über das, was da gerade vor sich ging, zu kombinieren (wie sich die auf das Steuer einwirkenden Kräfte anfühlten, wie das Geräusch des Fahrtwinds klang, dass sein Magen in Richtung Kehle gedrückt wurde) und glich sie mit seiner umfassenden mentalen Bibliothek darüber ab, wie das Flugzeug konstruiert war. Diese Datenbank enthielt auch detaillierte Informationen darüber, wie der Flügel am Rumpf angebracht war, und die Story von dem bulgarischen Piloten war ebenfalls darin enthalten – wenn er sich auch bewusst nur noch dunkel daran erinnerte, war sie doch in sein intuitives Verstehen integriert worden. Während der Flügel nach oben klappte und sein Adrenalin und Cortisol auf Panikwerte anstiegen, landete die Musterabgleichungsmaschinerie in seinem X-System einen Treffer.

Williams musste sich also gar nicht gedanklich zu einer Lösung vorarbeiten. Seinem Gefühl nach kam sie zu ihm, fix und fertig in einem Moment der Genialität, wie bei einem Schachgroßmeister, der ein Schachmatt mit einem Blick erkennt. Erst später, als Williams ausführlich darüber nachdenken konnte, erarbeitete er sich die Logik dessen, was sein X-System ausgeführt hatte. In der Rückschau glaubte er, er habe das Problem durch Reflektieren gelöst, in Wirklichkeit hat er jedoch reflexartig gehandelt.

Glücklicherweise kann jedoch bei Menschen, die außergewöhnlich gut vorbereitet sind, sogar der Reflex etwas Geniales an sich haben.

Ein neues Konzept von Mut

Ohne Angst gäbe es keine Notwendigkeit für Mut. Nur wenn unsere Emotionen uns zu überwältigen drohen, wenn unser Verstand benebelt ist und wir fürchten, gleich die Kontrolle zu verlieren, wird Tapferkeit erforderlich. »Mut ist Angst, die eine Minute länger anhält«, sagt der amerikanische General George Patton.

Ganz einfach ausgedrückt ist die Essenz von Tapferkeit die Fähigkeit, die eigenen Gefühle zu beherrschen, die Kontrolle zu behalten, auch dann, wenn der Schrecken sie uns aus der Hand nehmen und unsere Gedanken und Handlungen selbst kontrollieren will. Um Liebermans Terminologie zu übernehmen: Es geht darum, dass das C-System das X-System an einer kurzen Leine hält.

Nachdem moderne Technologien ein Licht darauf geworfen haben, wie im Gehirn Angst erzeugt und mit ihr umgegangen wird, können wir jetzt verstehen, dass die Ansicht, Mut sei ein Nullsummenspiel zwischen Automatizität und Kontrolle, potenziell gefährlich ist. Wenn das heraufziehende Zeitalter der Neurowissenschaft uns dazu verhelfen würde, vollkommene Herrschaft über unsere Impulse zu erlangen, wenn also das C-System dem X-System überlegen wäre, könnte das sogar sehr schlecht sein. Um zu verstehen, warum das so ist, müssen wir nicht weiter blicken als bis nach Cold Harbor, einem Straßennest im US-Bundesstaat Virginia.

Die Unionsarmee, die in Panik geriet und bei der Ersten Schlacht am Bull Run 1861 die Flucht ergriff, setzte sich aus Grünschnäbeln und Amateuren zusammen, die kaum besser waren als die unerfahrenen Milizionäre, die William Morgan bei der Schlacht von Cowpens einsetzte, oder die »ungeübten und undisziplinierten Truppen«, die Vegetius dazu verdammt sah, »ins Gemetzel geworfen« zu werden. Sie waren weder an das Getöse und Durcheinander von Schlachten gewöhnt, noch hatten sie automatische X-System-Prozesse eingeübt, die im Zustand hoher Erregung bei tödlicher Gefahr für sie hätten arbeiten können. Sie waren einfach nicht gewappnet für extreme Angst.

Im Windschatten des Desasters mussten die Nordstaaten einsehen, dass der Krieg nicht so schnell und leicht zu führen war, wie sie erwartet hatten. Der Süden war ein erbitterter Gegner, der nicht aufgeben würde, ehe er nicht völlig unterworfen war. Die Auseinandersetzung würde lang und schwierig sein und ihr Ausgang war alles andere als gewiss. Deswegen durfte jetzt keiner mehr nur für 90 Tage einrücken, sondern jeder Soldat musste sich »für die Dauer des Krieges« verpflichten. Der einzige Weg für die Soldaten, wieder heimzukommen, bestand darin, bis zum bitteren Ende weiterzukämpfen.

Die Unionsstaaten bauten deshalb ganz methodisch einen riesigen Militärapparat auf. In Massen wurden Soldaten rekrutiert, streng gedrillt und mit der neuesten Militärtechnologie ausgestattet. Die neue Unionsarmee wuchs von 187 000 Soldaten auf mehr als eine Million an. Aber bedeutender als die quantitative Veränderung war die qualitative. Die Soldaten der neuen Armee wurden darauf gedrillt, einem Massaker furchtlos entgegenzuziehen, das in diesem Ausmaß nur durch das neue Industriezeitalter möglich war. Durch das neue Eisenbahnnetz wurden die Truppen schnell herangeschafft, sie schulterten Gewehre aus Massenproduktion und wurden von Schnellladekanonen unterstützt. Produktion, Transport, Verteilung: Die Aufrüstung wurde zu einer gigantischen Maschinerie, aus der ganze Abteilungen kriegsbereiter Männer hervorgingen, die an die Front gekarrt wurden.

Im Jahr 1864 war die Unionsregierung bereit, die volle Wucht dieser Streitmacht auf den Feind loszulassen. Ihr neuer Kommandant, General Ulysses S. Grant, gehörte zu genau der Sorte aggressiver Führer, von denen Präsident Lincoln glaubte, sie könnten die Konföderation endgültig zertrümmern. Im Mai dieses Jahres führte er die Pontomac-Armee während seiner Frühlingsoffensive über den Rapidan River direkt ins Kernland der Konföderation.

Während der nächsten vier Woche manövrierte er seine Männer noch tiefer in das Feindesland und drosch wieder und wieder auf die Armee unter dem Kommando von General Robert E. Lee ein. Mit grimmiger Entschlossenheit schlug er sich im wahrsten Sinne des Wortes bis nach Virginia durch, in einer Reihe von Schlachten, die zwar technische Niederlagen waren, ihn aber nicht brechen konnten. In der Schlacht in der Wilderness verlor er 18 000 Männer gegenüber 8000 Mann Verlusten auf Lees Seite, in der Schlacht von Spotsylvania büßte er weitere 18 000 ein und die Gegenseite 12 000. Aber noch immer rückte er weiter vor.

Anfang Juni hatte Grant seine Armee bis auf 16 Kilometer an Richmond, die Hauptstadt der Konföderierten in Virginia, herangeführt. Bei Cold Harbor, einem Weiler an einer strategisch wichtigen Straßenkreuzung, grub sich Lees Armee ein und wartete auf den Angriff. Am frühen Morgen des 3. Juni 1864 hatten sich die 62 000 Mann von Lee entlang einer 16 Kilometer langen, von Nord nach Süd verlaufenden Zickzacklinie verschanzt. Grants Streitmacht, 108 000 Mann, sah sich einer Linie aus Befestigungsanlagen gegenüber, die so raffiniert und stabil waren, wie das im ganzen Krieg noch nicht der Fall gewesen war, mit mehrfachen Grabenlinien, Festungswällen und verborgenen Schützenstellungen, die mehrere sich kreuzende Schusslinien boten.

Um 4 Uhr 30 morgens blies Grant zum Angriff. Die Unionssoldaten marschierten durch dichten Nebel auf die Linien der Konföderierten zu, kamen auf offenem Gelände bei den

Feldschanzen des Feindes an und wurden sofort vom massiven Feuer des Gegners zerfetzt. Die Infanteristen der Rebellen, so gut verschanzt, dass sie kaum zu sehen waren, entließen einen Bleihagel aus ihren Musketen, während die Artillerie aus allen möglichen Winkeln Kartätschen abfeuerte, die die heranrückenden Soldaten ummähten. Eine Reihe von Soldaten nach der anderen marschierte den feindlichen Waffen entgegen, verwundete Kameraden klammerten sich an ihre Beine und flehten sie an, in Deckung zu gehen. Aber sie marschierten immer weiter und folgten verbissen den Befehlen, obwohl sie genau wussten, was vor ihnen lag. Nach der Schlacht wurde auf dem Leichnam eines Soldaten ein blutbespritztes Tagebuch gefunden, dessen letzter Eintrag lautete: »3. Juni 1864. Cold Harbor. Ich wurde getötet.«

Bei Sonnenaufgang lagen um die 7000 Unionssoldaten tot oder sterbend zwischen den Fronten. Die Divisionskommandeure beschlossen, dass sie nicht länger Soldaten in den Tod schicken konnten. Grant, in sicherer Entfernung zu dem von ihm angeordneten Blutbad, erkannte zu spät, was er da in Bewegung gesetzt hatte. Als er vom Ausgang der Schlacht hörte, war er völlig fassungslos. »Ich habe seither immer bereut«, schrieb er später, »dass der letzte Angriff bei Cold Harbor jemals durchgeführt wurde.«

Ohne das Training, das seine Männer auf den Dienst in einem neuartigen Krieg vorbereitet hatte, wäre das bedauerliche Blutbad nie möglich gewesen. Trotz des unvermeidlichen Gemetzels, das ihnen drohte, marschierten die Unionssoldaten vorwärts und unterdrückten ihr X-System, das sich über Hunderte von Jahrmillionen entwickelt hatte, um genau solche Ergebnisse zu verhindern. Sie hatten gelernt, die Angst zu besiegen. Und deswegen hatten sie die Freiheit erlangt, ihrer eigenen Vernichtung entgegenzumarschieren.

Der menschliche Verstand wurde nicht darauf ausgelegt, durch Willenskraft regiert zu werden. Das C-System entwickelte sich innerhalb eines Gehirns, in dem das X-System bereits fest installiert war. Der präfrontale Cortex gab dem Verhaltensrepertoire der Tiere Nuancenreichtum und Flexibilität, indem es seinen mächtigeren Vorgänger lenkte, beruhigte und manchmal auch ermunterte. Es war nicht dafür gedacht, als allmächtiger Diktator zu herrschen. Wir kämpfen nicht gegen unsere Emotionen, weil die Evolution ineffizient ist oder weil wir von einer verdrießlichen Gottheit geschaffen wurden. Wir kämpfen gegen sie, weil Selbstregulierung *darauf ausgelegt ist*, schwierig zu sein.

Im Laufe der Jahrhunderte haben sich die Menschen sehr bemüht, ihr X-System zu zähmen. Wir wollen unsere Gefühle kontrollieren können und wir bewundern diejenigen, denen das gelingt. Wir preisen Menschen wie Audie Murphy als Helden. Wir betrachten mit Staunen die tragische Standhaftigkeit der 300 Spartaner, die freiwillig in der Schlacht bei den Thermopylen bis zum Tod kämpften. Wir können Tapferkeit sogar bei unseren Feinden bewundern. Der römische Geschichtsschreiber Livius erzählt die Geschichte von Gaius Mucius, einem jungen Römer, der sich in das Lager der etruskischen Armee einschlich, die seine Stadt belagerte. Es gelang ihm jedoch nicht, ihren König Porsenna zu töten. Er wurde gefangengenommen und die sofortige Hinrichtung drohte. Trotzig hielt er eine Hand in das Altarfeuer und zeigte keinen Schmerz. Voller Ehrfurcht ließ Porsenna ihn gehen.

Solche Legenden von Tapferkeit haben jedoch einen düsteren Beigeschmack. Ein Mensch, der seinen Selbsterhaltungstrieb zu gründlich unterdrückt, hat etwas Unheimliches an sich. 1963 ließ sich der Vietnamese Thich Quanh, ein buddhistischer Mönch, mitten auf einer belebten Kreuzung in Saigon ganz ruhig auf seine Knie nieder, übergoss sich mit Benzin, entzündete ein Streichholz und verharrte unverwandt im Lotussitz, während er in den Flammen verbrannte. David Halberstam, der Korrespondent der *New York Times* schrieb, dass er »keinen einzigen Muskel bewegte, keinen einzigen Laut von sich gab, seine Gefasstheit war ein scharfer Kontrast zu den wehklagenden Menschen um ihn.« Selbst wenn wir sein politisches Anliegen unterstützen – er protestierte gegen die schlechte Behandlung der Buddhisten durch das südvietnamesische Regime – und seine außerirdische Gelassenheit uns mit Ehrfurcht ergreift, verspürt man bei seinem Akt der Selbstzerstörung doch einen Schreckensschauder.

Die Geschichte bietet zu viele Lektionen über Leute, die ihrer Furcht völlig Herr wurden und deswegen schrecklich leiden mussten. Vor dem Zweiten Weltkrieg indoktrinierte das japanische Kaiserreich seine Soldaten mit den Idealen des *Bushidō*-Verhaltenskodex, der den gewaltsamen Tod romantisierte und verkündete: »Der Tod ist so leicht wie eine Feder.« Diese Philosophie beschleunigte, dass das Land in einen gigantischen Krieg gegen China, die Vereinigten Staaten und einen guten Teil von Asien schlitterte, und, noch schlimmer, sie verleitete die Japaner zu einer Kampfweise, die zu einem Maximum an Zerstörung und Leid führte. Als die Amerikaner 1944 die Pazifikinsel Saipan angriffen, ließ sich buchstäblich keiner von den 50 000 verteidigenden Soldaten lebend gefangennehmen. Sie zogen es vor, sich selbst in die Luft zu jagen, zu erschießen oder sich den Bauch aufzuschlitzen. Frauen und Kinder sprangen zu Hunderten nacheinander von hohen Klippen in den Tod. Sie alle glaubten, ehrenvoll zu sterben. Das lässt nur den Schluss zu, dass die willentliche Herrschaft über die Furcht tatsächlich eine schreckliche Sache sein kann. Und doch kommen heute noch Japaner nach Saipan, um dort Kränze niederzulegen.

Wir können aber auch irren, wenn wir zu weit in die andere Richtung gehen. Wir können uns weigern, uns überhaupt mit

der Angst zu beschäftigen. Unsere Kultur legt wohl oder übel größten Wert darauf, Risiken zu minimieren. Die moderne Technik erlaubt es uns, die meisten der Gefahren zu vermeiden, die unsere Vorfahren alltäglich in Angst und Schrecken versetzten. Aber vielleicht ist es auch kein Zufall, dass so viele von uns einen Mangel an emotionaler Authentizität und Verbundenheit spüren.

Angst verleiht dem Leben Sinn. Nachdem Johann Otter im Glacier Nationalpark von einem Grizzlybären beinahe zu Tode malträtiert worden wäre, machte er eine lange und schmerzhafte Zeit der Genesung durch, bei der er unter anderem drei Monate lang einen Metallkranz um seinen Kopf tragen musste. Und doch empfindet er seine Erfahrung auf dem Bergpfad als etwas unbeschreiblich Wertvolles. »Nach einem Ereignis wie diesem erkennt man viel besser, welche Dinge im Leben wirklich einen Wert haben«, sagt er. »Dinge, die man nicht kaufen kann. Es sind die Leute rund um einen. Es sind die Leute auf dem Pfad dort, die mich fanden und am Leben hielten, bis ich gerettet werden konnte. Ich hätte ihre Hilfe nicht kaufen können. Es war allein ihr guter Wille. Das ist eine unglaubliche Erkenntnis.«

Ein anderer Nebeneffekt ist laut Otter, dass viele der kleinen Alltagsängste verschwunden sind. Er hasste es, vor anderen Menschen zu sprechen, und wurde jedesmal von Panik ergriffen, wenn er in der Arbeit eine Präsentation durchführen sollte. Heute meint er dagegen: »Wenn ich mich vor eine große Gruppe Menschen stellen muss, denke ich mir einfach: ›Also, was ist schlimmer: dreihundert Menschen gegenüberzustehen oder einem Grizzlybären?‹«

Ich hatte selbst ein ähnliches Erlebnis. Als ich zwölf Jahre alt war, fuhr meine Mutter mich an einem frostig kalten Novembermorgen in die Schule. Sie geriet auf eine Eisplatte und das Auto schlitterte mit etwa 55 Stundenkilometern gegen einen Baum. Wir waren beide nicht angeschnallt. Ich muss bewusstlos gewesen sein, denn ich erinnere mich weder an den Aufprall noch an irgendetwas anderes, bis ein paar Minuten später meine Erinnerung wieder einsetzt. Meine Mutter erzählte mir später, dass ich mit dem Kopf auf dem Armaturenbrett aufschlug, und als ich mich dann zu ihr umdrehte, sei ein Hautlappen von meiner Stirn heruntergeklappt. Als ich zu sprechen anfing, strömte mir auf einmal Blut übers ganze Gesicht. Also muss ich doch bei Bewusstsein gewesen sein. Aber ich kann mich lediglich daran erinnern, dass ich ganz langsam aus einem schrecklichen Traum wieder auftauchte, einem verschwommenen, durcheinanderwirbelnden Meer des Unsinns, unterbrochen von einem tief verstörenden Gefühl, dass irgendetwas Schreckliches passiert war. Mit der Zeit spürte ich einen Schmerz in meinem Kopf und mir wurde kalt. Hektische Stimmen umgaben mich, aber ich konnte nichts sehen. Ich war völlig durcheinander. Ich wusste, dass ich verletzt war. Einen Moment dachte ich, ich säße auf einer Schneewehe und könne nichts sehen.

Ich fühlte mich hilflos und hatte große Angst. Und ich konnte mein Leben mit einer Klarheit vor mir sehen, wie ich sie noch nie erlebt hatte. Es war, als würde sich ein Nebel lichten, in dem ich mein ganzes bisheriges Leben verbracht hatte. Ich sah eine Wahrheit, die mir bis dato entgangen war, nämlich, dass ich alles für selbstverständlich gehalten hatte und dass es jetzt vielleicht für immer verloren war. Ich fühlte unendliches Bedauern. Ich wünschte mir, ich hätte schon vorher mit dem Wissen gelebt, das ich jetzt besaß.

Nach und nach wurde mir klar, dass die Sanitäter mit mir sprachen. Sie sagten mir, dass ich zwar verletzt wäre, dass es aber nicht so schlimm sei. Ein Verband war um meinen Kopf gewickelt, um die Blutung zu stillen; meine Augen waren unversehrt. Meine Mutter hatte Schmerzen, aber nur kleinere Verletzungen. Wir fuhren in einem Krankenwagen in die Klinik, wo die Wunde genäht wurde. Mit der Zeit verheilten die Verletzungen, aber ich war nie mehr derselbe. Dieser Autounfall war das einschneidendste Ereignis, das ich jemals erlebt habe. So verletzt und verängstigt ich damals war, fühlte ich mich doch zum ersten Mal richtig lebendig und konnte die Wahrheit über unsere Existenz so klar wie nie zuvor erkennen.

Katastrophenopfer berichten häufig, dass sie nach dem Ereignis ein erfüllteres Leben führen. Großer Gefahr von Angesicht zu Angesicht zu begegnen und sie zu überwinden kann uns helfen, unsere innere Stärke zu erkennen, und eine neue Dankbarkeit dem Leben gegenüber in uns wecken. Nachdem der Hurrikan Katrina 80 Prozent von New Orleans überflutet und 1500 Menschen das Leben und Hunderttausende ihre Wohnung verloren hatten, führte die Empörung über das Ausmaß dieses Traumas zu einem nationalen Skandal. Doch in der Folge sagten acht von zehn Überlebenden, dass sie jetzt einen tieferen Lebenssinn verspürten als vor dem Sturm.

Angsterfahrung bringt uns auch unseren Freunden, Familien und Partnern näher. In den letzten Jahrzehnten entstanden zahlreiche Forschungsarbeiten rund um ein psychologisches Konzept, das sich »Terror-Management-Theorie« nennt. Es postuliert, dass die Menschen eine Art psychologischen Puffer um sich aufbauen, um mit der ansonsten unerträglichen existenziellen Angst umzugehen, die daher rührt, dass wir um unsere Sterblichkeit wissen. In einer Studie aus dem Jahr 2002 stellten israelische Psychologen fest, dass Menschen, die an ihre Sterblichkeit erinnert werden, die Beziehungen zu ihren Lieben danach mehr wertschätzen. An den Tod erinnert zu werden, so schreiben die Autoren, »erhöhe die Motivation, enge Beziehungen zu formen und aufrechtzuerhalten«. Umgekehrt fanden sie heraus: Enge Beziehungen bilden einen emotionalen Schutzschild gegen den Schrecken des Todes.«

Die wichtige Lektion ist, sich vor der Angst nicht zu fürchten, sondern mit ihr zu arbeiten und sie als Teil des Lebens zu akzeptieren. Wir sollten nicht versuchen, die Angst zu beherrschen, aber auch nicht, sie zu umgehen. Das X-System und das C-System wurden eingerichtet, um als Paar zu funktionieren. Jedes nährt das andere, hält die Balance mit ihm und arbeitet ihm entgegen. Keines der beiden liefert alle Antworten, aber wenn sie zusammenarbeiten, kommen wir einem Verstandesleben nahe, das weder zu draufgängerisch noch zu kontrolliert ist.

Noch eine letzte Bemerkung zu Neil Williams. Nach seiner wundersamen Pilotenheldentat, der Landung der beschädigten Zlin, verlieh ihm Königin Elizabeth II. den Orden »Queen's Commendation for Valuable Service in the Air«. Der Flugzeughersteller stellte ihm eine Ersatzmaschine zur Verfügung, mit der er dann an der Weltmeisterschaft noch im gleichen Jahr teilnahm. Er belegte den fünften Platz. Außerdem nahm er weiterhin an den Britischen Nationalmeisterschaften im Kunstflug statt und gewann sie sechsmal in Folge.

1977 gewann er zum letzten Mal. Im Dezember desselben Jahres reiste er nach Spanien, um eine Heinkel He 111, einen Bomber aus dem Zweiten Weltkrieg, von Madrid zu ihrem neuen Besitzer nach London zu fliegen. Bei einem ähnlichen Auftrag kurz zuvor hatte er eine andere Heinkel für denselben Käufer auf derselben Route nach England geflogen. Der legendäre deutsche Bomber war angeblich schwierig zu fliegen, aber Williams, der zum ersten Mal im Cockpit dieser Maschine saß, fand keinen Anlass zur Sorge: Sie war »weit entfernt davon, *muy peligroso* zu sein«, schrieb er, »sie war leicht zu handhaben und verzieh jeden Fehler«.

In Begleitung seiner Frau Lynn und zwei Ingenieuren startete er am Morgen des 11. Dezember vom Madrider Flughafen Cuatro Vientos Richtung Norden. Der Himmel war teilweise bewölkt, mit einer maximalen Sichtweite von etwa 6,5 Kilometern. Das

Flugzeug hatte keine Radarausrüstung, die das Durchfliegen von Wolken erlaubt hätte, so dass Williams beschloss, in relativ geringer Höhe zu fliegen und einer Route durch das Guadarrama-Gebirge nördlich von Madrid zu folgen. Aber im Gebirge waren die Wetterbedingungen noch schlechter. Fünf Minuten nach dem Start raste die Heinkel in die Flanke eines wolkenverhangenen Berges. Alle an Bord wurden getötet.

Sein ganzes Leben lang war Williams frei von Angst gewesen. Wer kann sagen, wie viel Freude ihm diese Freiheit ermöglicht hat, wie viele Dinge er gesehen und getan hat, die er sonst niemals hätte erleben dürfen? Am Ende jedoch hat er einen hohen Preis für seinen Wagemut bezahlt. Da er so sehr an Gefahr gewöhnt war, kann seine Motivation, sie zu umgehen, nicht besonders groß gewesen sein. Er hinterließ zwei Kinder und ein wahrhaft denkwürdiges Erbe für all jene, die sich fragen, wozu der menschliche Geist fähig ist.

Anmerkungen zu den Quellen

Teile dieses Buches sind in englischer Sprache und in leicht abgewandelter Form in den amerikanischen Zeitschriften *Popular Mechanics*, *Outside's GO* und *Details* erschienen.

Das Geheimnis der Angst

Neil Williams

Die erstaunliche Geschichte von Williams' Bruchlandung stammt zu großen Teilen aus seinen zwei Büchern *Airborne* und *Aerobatics*. Faszinierend ist auch sein Bericht in einem Artikel, den er unter dem Titel »Structural Failure« (deutsch: Materialversagen) für die britische Zeitschrift *FLIGHT International* verfasst hat. Erhellend ist auch der offizielle Unfallbericht, der von der Unfallermittlungsabteilung des Department of Trade und Industry (Ministeriums für Handel und Wirtschaft) im Vereinigten Königreich herausgegeben wurde.

Was die Angst aus uns macht

Fallschirmspringen

Als Testperson in Lilly Mujica-Parodis Studie, die noch andauert, unternahm ich am 13. Oktober 2006 bei Skydive auf Long Island einen Fallschirmsprung. Frau Mujica-Parodis Arbeit ist Teil eines großen Forschungsprojekts, das von mehreren Forschungsabteilungen innerhalb des amerikanischen Verteidigungsministeriums finanziert wird, das großes Interesse daran hat, die Mechanismen der Angstreaktion zu verstehen. Ihr Team hat zum jetzigen Zeitpunkt noch keinen Bericht über das Thema, das ich in diesem Kapitel beschreibe, veröffentlicht, aber andere Veröffentlichungen herausgegeben, in denen dieselben Daten verwendet werden, wie zum Beispiel: »Higher body fat percentage is associated with increased cortisol reactivity and impaired cognitive resilience in response to acute emotional stress«.

Ich habe meine Erfahrung als Testperson in diesem Experiment zuerst in dem Artikel »Taking the Scream Test« beschrieben.

Das Geheimnis der Angst

Das Zitat von Rochefoucauld stammt aus seinen *Maximen*. Die Versuche der Air Force während des Zweiten Weltkriegs, herauszufinden, wer sich im Kampf als tapfer erweisen würde, sind in Roy R. Grinkers Buch *Men under Stress* beschrieben. Rachman beschreibt seine Studie an britischen Bombenentschärfungsspezialisten in seinem exzellenten Buch *Fear and Courage*.

Anatomie der Angstreaktion

Joseph LeDoux' Spekulation über die Entstehung von Phobien findet sich in seinem Buch *The Emotional Brain*, das eine exzellente Quelle zu den generellen Mechanismen des Angstschaltkreises darstellt und ganz besonders zu der Rolle der Amygdala. Andere herrlich lesbare Einführungen zu den neurologischen Aspekten von Gefühlen sind Antonio Damasios *Descartes' Error* und Donald Pfaffs *The Neuroscience of Fair Play*. Für einen Überblick, wie unser Verständnis der Angstreaktion sich historisch entwickelt hat, siehe Stanley Finger: *Origins of Neuroscience*.

Ebenfalls ausgezeichnet, aber etwas akademischer abgefasst ist die Übersicht im ersten Kapitel von Phillip M. McCabe et al., *Stress, Coping, and Cardiovascular Disease*, das den Titel »Stress Response, Coping, and Cardiovascular Neurobiology« trägt. Weitere Erkenntnisse findet man in Deenis Charney, »Psychobiological Mechanisms for Resilience and Vulnerability" und M. Davis und P.J. Whalen, »The Amygdala«.

Darüber hinaus stellt der NASA-Bericht »Stress, Cognition, and Human Performance« von Mark A. Staal eine unschätzbare Quelle zum aktuellen Stand der Forschung dar.

Übermenschlich

Tom Boyle, Jr.

Mit Tom Boyle habe ich am 15. Dezember 2008 ein Telefoninterview geführt.

Andy Bolton hat bei den South East Powerlifting Championships im englischen Eton am 5. April 2009 einen neuen Weltrekord im Kreuzheben aufgestellt. Einen Artikel darüber von Michael Davis Smith kann man unter http: //www.backporch. fanhouse.com/2009/04/07andy-bolton-deadlifts-1-008-pounds/finden.

Yerkes and Dodsons bahnbrechende Publikation von 1908 hieß »The Relation of Strength of Stimulus to the Rapidity of Habit-Formation«.

Geschwindigkeit

Eine unterhaltsame Einführung zum startle reflex (Schreckreflex) findet sich im Artikel »Startle« in der Zeitschrift *New Scientist*.

Für Information darüber, wie lange das Gehirn braucht, um auf einen Stimulus zu reagieren, siehe LeDoux, *The Emotional Brain* (S. 163). Zur Langsamkeit der bewussten Reaktion siehe Daniel Wegner, *The Illusion of Conscious Will* (S. 57).

*Der Soldat, der mir von seinem Erlebnis in Somalia erzählt hat, heißt nicht wirklich »Rob Smithee«. Es ist Politik des U.S. Militärs, dass aktive Mitglieder der Streitkräfte nur unter Pseudonymen in der Presse zitiert werden dürfen. So soll ihre Identität für den Fall, dass sie einmal in Gefangenschaft geraten, geschützt werden.

Konzentration

Das Zitat von Samuel Johnson stammt aus Boswell, *The Life of Samuel Johnson*. Er nahm darin Bezug auf den Fall von Reverend William Dodd, einem populären Prediger, der wegen betrügerischer Fälschung zum Tode verurteilt wurde.

Mit David Eagleman habe ich am 29. Dezember 2008 ein Telefoninterview geführt.

Matthew Lieberman beschreibt die Wirkung des α2-Noradrenalin-Rezeptors auf Seite 306 seines Kapitels in dem Buch *Social Neuroscience*, herausgegeben von Eddie Harmon-Jones et al.

Das Zitat von Dean Potter stammt aus Jere Longmans Artikel in der *New York Times*: »900 Feet Up With Nowhere to Go but Down.«

Das Zitat von Neil Williams stammt aus seinem Buch *Airborne*, S. 173-174.

Gedächtnis

Das Zitat von Christa McIntyre stammt aus einer Pressemitteilung der University of California in Irvine. Ihre Veröffentlichung trägt den Titel »Memory-Influencing Intra-Basolateral Amygdala Drug Infusions Modulate Expression of Arc Protein in the Hippocampus.«

Der Nutzen des »flashbulb memory effect« wird in dem Artikel »The Memory Code« von Joe Z. Tsien im *Scientific American* beschrieben.

Die Theorie, dass unsere Wahrnehmung von Zeit davon abhängt, wie viele Erinnerungen wir haben, wird in Caroline Williams' Artikel »The 25 Hour Day« im *New Scientist* angesprochen.

Eaglemans Forschungen zur verlangsamten Zeitwahrnehmung wurden im Online-Journal *PLoS ONE* unter dem Titel »Does Time Really Slow Down during a Frightening Event?« veröffentlicht, mit Chess Stetson als Hauptautor.

Kraft

Zatsiorskys Theorien über maximale Kraft sind ausgeführt in dem Buch *Science and Practice of Strength Training*, für das er Co-Autor ist.

Für einen interessanten Einblick in stressinduzierte Analgesie siehe den Artikel »Keeping in Check Painful Synapses in Central Amygdala« von Keith Tully et al., der die Rolle von Noradrenalin bei der Veränderung von Schmerz diskutiert. Zur Rolle von Endocannabinoiden siehe D.P. Finn et al., »Evidence for Differential Modulation of Conditioned Aversion and Fear-Conditioned Analgesia by CB1 Receptors«. Zu Opioiden siehe M.S. Fanselow et al., »Role of Mu and Kappa Opioid Receptors in Conditional Fear-Induced Analgesia«. Zu Cannabinoiden und Opioiden siehe R. Butler et al., »Endocannabinoid-Mediated Enhancement of Fear-Conditioned Analgesia in Rats«.

Mit Dave Boon habe ich am 6. August 2007 ein Telefoninterview geführt. Meine Interpretation seiner Geschichte passt mit dem zusammen, was ich auf seiner Website www. daveboon. com gefunden habe.

Zum Berserker werden

Ein äußerst unterhaltsamer Bericht über Berserkertum findet sich in Howard D. Fabings Veröffentlichung »On Going Berserk«, der das Zitat von Peter Andreas Munch enthält. Die Geschichte von den Kaliber .45 Colts stammt aus dem Artikel »The Legend of the Colt Nr. .45 (Kaliber .45) Caliber Semi-Automatic Pistol and Moros« von Robert A. Fulton, den dieser auf seine Website www. morolandhistory. com gestellt hat, zur Ergänzung seines Buches *MOROLAND 1899 – 1906: America's First Attempt to Transform an Islamic Society*.

Kontrollverlust

Task FIGHTER

Sämtliche Informationen hierzu stammen aus der Veröffentlichung des Wissenschaftlers selbst: Mitchell M. Berkun et al., »Experimental Studies of Psychological Stress in Man«.

Dechiffrierung der Kurve

Baddeleys Arbeiten werden in »Stress, Cognition, and Human Performance« von Mark A. Staal auf Seite 64 beschrieben. Bruce K. Siddle liefert eine Einführung zu den praktischen Auswirkungen der Stressreaktion, einschließlich der Verluste der feinmotorischen Fähigkeiten, in seinem Buch *Sharpening the Warrior's Edge*. Siddles lieferte auch den Hintergrund für meine Beschreibung der sogenannten Isosceles-Schießhaltung. Meine Ausführungen über die zwei unterschiedlichen Arten motorischer Kontrolle basieren auf den Arbeiten von Jean-Alban Rathelot und Peter Strick, wie sie in ihrer Veröffentlichung »Subdivisions of Primary Motor Cortex Based on Cortico-Motoneuronal Cells« wiedergegeben werden. Das Duellhandbuch aus dem 19. Jahrhundert, als dessen Autor »A Traveler« (ein Reisender) firmiert, heißt *The Art of Duelling*.

Im Automatikmodus

Die anerkennende Beschreibung der römischen Armee von Flavius Josephus findet sich in Kapitel 5 im III. Buch seines Werkes *Der Jüdische Krieg*. Philip Lieberman und Stephen Kosslyn beschreiben die Neuroanatomie motorischen Lernens auf den Seiten 86 und 87 ihres Buches *Human Language and Our Reptilian Brain*. Matthew Liebermans Kapitel in *Social Neuroscience* diskutiert ebenfalls sehr informativ die Erwerbung motorischer Fähigkeiten. Der Begriff »expertise-induced amnesia« (durch Erfahrung induzierte Amnesie) wurde von Sian L. Beilock von der University of Chicago geprägt, die einen Überblick über dieses Thema in ihrem Kapitel *Sport and Exercise Psychology: An International Perspective* (S. 154–165) bietet.

Auch etwas schlecht zu machen hat Vorteile

Eine lesenswerte Abhandlung über Defäkation unter Stress findet man auf Seite 155 von Neil McNaughtons *Biology and Emotion*. Für klassischere Sichtweisen dazu siehe Victor Davis Hanson, *The Western Way of War* (S. 102). Die Beschreibung von »sickness behavior« (Krankheitsverhalten) basiert auf einem Interview, das ich mit Dr. Wayne Ensign vom U.S. Navy's Space and Naval Systems Warfare Command im Oktober 2006 geführt habe. Easterbrook veröffentlichte seine bahnbrechende Untersuchung »The Effect of Emotion on Cue Utilization and the Organization of Behavior« 1959. Für einen Überblick über den aktuellen Forschungsstand zu diesem Thema siehe E. Chajuts und D. Algoms Veröffentlichung »Selective Attention Improves Under Stress«. Das Flugzeugunglück in der Dominikanischen Republik war Gegenstand der Sicherheitsempfehlung »Safety Recommendation A-96-15 through -20« des National Transportation Safety Boards (NTSB). Matthew Lieberman beschreibt die Wirkung des α1-Noradrenalin-Rezeptors auf Seite 306 seines Kapitels in dem Buch *Social Neuroscience*. Mehr über »brain fuzz« kann man in H.R. Lieberman et al., »The ›Fog of War‹« and LeDoux, *The Emotional Brain*, Seite 285, nachlesen.

Zwölf-Minuten-Flug

Das National Transportation Safety Board veröffentlichte seinen vollständigen Ergebnisbericht über den Flugzeugabsturz unter dem Titel »Aircraft Accident Brief DCA07MA003« am 1. Mai 2007. Dick Rutans Zitat wurde einer Besprechung seines Instruktionsvideos »Attitude Flying« von Alton K. Marsh in der Zeitschrift *AOPA Pilot* entnommen.

Überwältigt

Russ Chastain ist der Moderator des Jagd- und Schießforums auf *About.com,* wo ich seinen Artikel über »buck fever« (Bockfieber) fand. Joanna Bourke beschreibt Methoden, wie man Zivilisten aus ihrem Panikzustand herausreißen kann, auf den Seiten 250 und 251 ihres Buches *Fear.* Über dasselbe Thema schreibt auch Amanda Ripley auf den Seiten 132 und 133 ihres Buches *The Unthinkable.* LeDoux schreibt über Perseveration auf Seite 249 seines Buchs *The Emotional Brain.* Die Geschichte der Musketen von Gettysburg stammt aus Dave Grossman, *On Killing* (S. 21–22).

Schotten dicht

Johann Otters Geschichte begegnete mir zuerst in der *Los Angeles Times,* in Form eines zweiteiligen Artikels von Thomas Curwen. Danach habe ich ihn am Telefon interviewt. Telefoninterviews habe ich auch mit dem Wissenschaftler und Kliniker Charles »Andy« Morgan von der Yale University geführt, einem Spezialisten für post-traumatische Belastungsstörung (PTBS, im Englischen post-traumatic stress disorder (PTSD)), der Untersuchungen darüber durchgeführt hat, wie Elitesoldaten neurobiologisch auf extremen Stress reagieren; Dissoziation ist ein Hauptindiz für spätere PTBS.

Die Struktur im Chaos

Walter Cannons »fight or flight«(Kampf oder Flucht)-Konzept ist in seinem *Bodily Changes in Pain, Hunger, Fear and Rage* aus dem Jahr 1929 niedergelegt. Einen Überblick über den aktuellen Forschungsstand zu diesem Thema gibt H. Stefan Brachas Artikel »Does ›Fight or Flight‹ Need Updating?«. Ich habe mich hauptsächlich auf Isaac Marks hervorragendes Buch *Fears, Phobias, and Rituals* verlassen, wegen seiner verständlichen und amüsanten Erklärung der vier Typen der Angstreaktion im dritten Kapitel »Fear Behaviors: The Four Strategies« (S. 53–82).

Erstarrung

Mit Sue Yellowtail habe ich am 19. März 2007 ein Telefoninterview geführt. Yellowtail ist ihr jetziger Nachname; zur Zeit des Pumaangriffs war sie noch unverheiratet und hieß Groves. Für weitere Informationen zur Rolle des periaquäduktalen Graus beim Erstarrungsverhalten siehe Brandão, M.L., et al, »Different Patterns of Freezing Behavior Organized in the Periaqueductal Gray of Rats: Association with Different Types Of Anxiety«. Eine hilfreiche Auseinandersetzung mit dem Orientierungsreflex fand ich in Euan M. Macphail, *The Neuroscience of Animal Intelligence* (S. 78).
Die Ergebnisse der Untersuchungen zu Greg Keatings Unfall sind in einem Bericht des National Transportation Board (NTSB report NYC06FA205) beschrieben.

Flucht

Die Studie über das Video-Spiel wurde von Dean Mobbs durchgeführt. Joanna Bourke beschreibt die Katastrophe in der U-Bahn-Station Bethnal Green auf Seite 233 ihres Buches *Fear*. Das Vegetiuszitat stammt aus seinem Werk *De Re Militari*. Eine hervorragende Quelle zur Schlacht von Bull Run ist David Detzers *Donnybrook*.

Schreckstarre

David Livingstone erzählt seine beinahe tödliche Begegnung mit einem Löwen in seinem Buch *Missionary Travels and Researches in South Africa*. Marks' Beschreibung der Schreckstarre findet sich auf Seite 215 seines Buches. In einem interessanten Nachtrag zu Cannons Artikel »›Voodoo‹ Death« aus dem Jahr 1942 hat der Soziologe David P. Phillips von der University of California in San Diego 2001 in der Zeitschrift *BMJ* einen Bericht veröffentlicht, der andeutet, dass unverhältnismäßig mehr Menschen an Tagen, die traditionshalber für unheilvoll gehalten werden, an Herzerkrankungen sterben. Für meine Schilderung des Amoklaufs an der Virginia Tech habe ich zahlreiche Quellen benutzt. Zu den ergiebigsten darunter gehörten ein Artikel von Serge F. Kovaleski in der *New York Times* und Clay Violands persönlicher Bericht unter WTOP. com.

Kampf

Das Bibelzitat stammt aus Josua 6,21 in der Übersetzung der Gute-Nachricht-Bibel (GNB). Pattons Zitat stammt aus Joanna Bourkes Buch *An Intimate History of Killing.* Das Zitat von Alexis Artwohl stammt von Seite 36 von Artwohl und Christenson, *Deadly Force Encounters.* Unter den zahlreichen Quellen zur Erschießung von Sean Bell fand ich Michael Wilsons Artikel in der *New York Times* am umfassendsten. Der Bericht der Rand Corporation trägt den Titel *Evaluation of the New York City Police Department Firearm Training and Firearm-Discharge Review Process.* Als Hauptautor zeichnet Bernard D. Rostker dafür verantwortlich.

Das Wesen der Angst

Cindy Jacobs

Mit Cindy Jacobs habe ich am 23. Januar 2009 ein Telefoninterview geführt. Ich fand sie über die Website Panicsurvivor. com, wo ihr Bericht über den Kampf gegen ihre Panikstörung zu finden ist.

Panikstörung

Die Statistik, dass einer von fünf Amerikanern im Laufe seines Lebens von einer Panikstörung befallen wird, stammt von Seite

35 des Buches von Antony und Stein (Hrsg.): *Oxford Handbook of Anxiety and Related Disorders*, das eine außergewöhnlich wertvolle Quelle nicht nur für dieses Kapitel, sondern auch für die Kapitel 6–8 war. Randi McCabe hat darin Kapitel 23, »Psychological Treatment of Panic Disorder at Agoraphobia«, verfasst. Ich führte am 5. February 2009 ein Telefoninterview mit ihr. Joseph LeDoux diskutiert die Wirkungen von Benzodiazepinen auf die Amygdala auf Seite 262 von *The Emotional Brain*. Die Rolle der Hyperventilation bei Panikattacken wird auf den Seiten 36–39 von *Anxiety, Phobias, and Panic* von Reneau Peurifoy diskutiert und auf den Seiten 44-52 des Buches *Panic Disorder* von Richard McNally.

Zur weiten Verbreitung von Panikstörung

Die Statistiken über die weite Verbreitung von Panikstörungen stammen von der Website des National Institute of Mental Health, www.nimh.nih.gov/health/publications/the-numbers-count-mental-disorders-in-america/index.shtml/. Den Bevölkerungsprozentsatz habe ich unter Zuhilfenahme von Daten errechnet, die in der Presseinformation »Census Bureau Estimates Number of Adults, Older People and School-Age Children in States« des United States Census Bureau enthalten sind. Sarah Burgards Bericht nennt sich *Perceived Job Insecurity and Worker Health in the United States.*

In der Liebe und im Krieg

Audie Murphy

Die Hauptquelle für meine Beschreibung von Murphys Kampf bei Holtzwihr war Kapitel 19 seines Buches *To Hell and Back*. Für andere Informationen über sein Leben habe ich das Buch *Audie Murphy: War Hero and Movie Star* der Autoren Alter und Messersmith benutzt und mich auch des umfangreichen

Geschichtenarchivs auf der Website www.audiemurphy.com der Audie Murphy Research Foundation bedient.

Die Gehirne der Säugetiere

John Allman liefert einen äußerst spannenden Bericht über die Evolution des Gehirns von Menschen und Säugetieren in seinem Buch *Evolving Brains*. Jaak Panksepps Buch *Affective Neuroscience* behandelt sehr detailreich die Rolle von Oxytocin bei der sozialen Bindung sowie zahlreiche andere Aspekte der Emotion. Die Auswirkung von Umarmungen auf Oxytocinwerte wurde von Karen Grewen et al. in ihrem Artikel »Effects of Partner Support on Resting Oxytocin, Cortisol, Norepinephrine, and Blood Pressure Before and After Warm Partner Contact« behandelt. Der Gedanke, dass Händeschütteln und andere soziale Rituale unbewusst unseren Status in der sozialen Hierarchie sichern sollen, ist in Marshalls Buch *Social Phobia*, auf Seite 17 ausgeführt. Eisenberger erhellt in ihrem Artikel »Why Rejection Hurts«, dass Ablehnung sowohl physischen als auch emotionalen Schmerz auslösen kann.

Sozialphobie

Jesse Berings Artikel »Brave, Stupid and Curious« bietet einen interessanten Einblick in das Phänomen der »schüchternen Blase« und der dazu vorhandenen Studien. Einen Überblick über die gängigen Erkenntnisse zu Sozialphobie findet man im Artikel »Social Anxiety Disorder« von Stein and Stein. Der Wert von 40 Prozent von Patienten, die nicht auf Behandlung reagieren, stammt aus diesem Artikel. Dass die Ursache von Erektionsstörungen in Sozialstörung zu suchen sind, sowie Masters und Johnsons Begriff des »spectatoring« stammt aus Marshall and Lipsett: *Social Phobia*, Seite 75.

Peter Kirschs Studie über Oxytocin trägt den Titel »Oxytocin Modulates Neural Circuitry for Social Cognition and Fear in

Humans«. Maia Szalavitzs Artikel »›Cuddle chemical‹ Could Treat Mental Illness« im *New Scientist* liefert einen exzellenten Überblick über die Vor- und Nachteile von Oxytocin als Heilmittel gegen Sozialangst. Stuart Brody hat einen Zusatznutzen des Geschlechtsverkehrs mit Penetration in seinem Artikel »Blood Pressure Reactivity to Stress Is Better for People Who Recently Had Penile– Vaginal Intercourse than for People Who Had Other or no Sexual Activity«. Die Aufnahme der Sozialphobie als Diagnose in das Diagnostic and Statistical Manual of Mental Disorders (DSM) wird auf Seite 4 des Buches *Cognitive-behavioral Group Therapy for Social Phobia* von Richard G. Heimberg beschrieben.

»Einer der größten Versager aller Zeiten«

Dan Jansen

Es ist eine ganze Menge Material über Jansen verfügbar, dessen Phänomen damals in den Medien ausführlich besprochen wurde. (Ein Fernsehfilm über sein Leben unter dem Titel *A Brother's Promise* wurde 1996 ausgestrahlt). Besonders nützlich für mich waren Alexander Wolffs Story über Jansen in der Zeitschrift *Sports Illustrated* aus dem Jahr 1994, die Biographie von Jansen auf Seite 3,110 in *Great Athletes*, herausgegeben von Johnson und Jansens Biographie auf ESPN.com von Lisette Hilton.

Choking

John Donovan verfasste für CNN Sports Illustrated einen unterhaltsamen Überblick über »choker« im Laufe der Geschichte unter dem Titel »Ankiel, Knoblauch Struggle to Rediscover their Arms«. Das Zitat von Steve Blass stammt aus dem Artikel »Blass Earns Win over Disease« von Joe Starkey. Das Zitat von Henry Longhurst stammt aus einem exzellenten Artikel von

Geoff Mangum über das Phänomen der »yips«, der sich »The Neurophysiology of Golf Putting« nennt und auf www. puttingzone. com/Dystonia/yipsstudy. html/ zu finden ist.
Die Geschichte von Mackey Sasser stammt von den Seiten 136 und 137 von John R. Marshalls Buch *Social Phobia.* Die Definition von Leistungsangst als »nichtgeneralisierte soziale Angststörung« findet man auf Seite 116 von David H. Barlows *Clinical Handbook of Psychological Disorders*. Für einen Überblick über die Auswirkung von Testosteron auf das Verhalten einschließlich des »Siegereffekts« siehe Panksepp, und zwar vor allem Kapitel 10. John Coates habe ich am 14. November 2008 interviewt. Seine Forschungsergebnisse sind im *PNAS*-Paper »Endogenous Steroids and Financial Risk Taking on a London Trading Floor« veröffentlicht. Macky Sassers Fähigkeit, ohne Publikum normal zu spielen, ist in Richard Demaks Artikel »Mysterious Malady« in *Sports Illustrated* beschrieben.

Das Problem mit dem Denken

Auf Rob Grays Untersuchungen bin ich in Mike Stadlers faszinierendem Buch *The Psychology of Baseball* gestoßen. Gray hat seine Forschungsergebnisse in seinem Paper »Attending to the Execution of a Complex Sensorimotor Skill« veröffentlicht. Gucciardi und Dimmock haben ihre Arbeiten unter dem Titel »Choking Under Pressure in Sensorimotor Skills« veröffentlicht.

Versuchen, weniger zu denken

Wegner stellt das Konzept ironischer Monitoringprozesse auf Seite 141 seines Buches *The Illusion of Conscious Will* vor. Lieberman und Kesslyn beschreiben in *Human Language and Our Reptilian Brain*, wie das Striatum Handlungssequenzen organisiert. Zur Diskussion darüber, wie Bewegungsmuster untereinander um die Ausführung konkurrieren, siehe den Artikel »An Attentional Mechanism for Selecting Appropriate Actions Afforded by Graspable Objects« von Daniel Loach. Für weitere Informationen über den Globus pallidus und die Hemmung von Hemmung siehe das Buch *Tourette Syndrome* von John T. Walkup, insbesondere Seite 93. Wegner diskutiert den »ideomotorischen Effekt« auf den Seiten 121-125 seines Buches *The Illusion of Conscious Will.* Katie Thomas spricht über den »double pull« in ihrem Artikel in der *New York Times.* Der Teil über Tim Woodman basiert auf einem Telefoninterview, das ich am 7. February 2007 mit ihm geführt habe. Für einen Überblick über das Katastrophenmodell des *choking*, siehe Ivan McNallys Artikel in *Athletic Insight.* Für mehr Information über ganzheitliche Begriffe als Gegenmittel gegen *choking*, siehe den oben genannten Artikel von Gucciardi and Dimmock.

Die Augen der anderen

Die Macht des Blicks
Zur Rolle der Amygdala beim Umgang mit den Blicken anderer, siehe den Bericht von Sato et al. in *Neuroimage.* Für die Geschichte von Olivier habe ich mich hauptsächlich auf seine Autobiografie gestützt, sowie auf Terry Colemans Biografie *Olivier.*

Freier Fall
Mit Sidney Fortner habe ich am 4. Februar und mit Chris Wells am 18. Februar 2009 Telefoninterviews geführt. Die Zahl von 24 Prozent stammt aus Martin Fishbeins Artikel in *Medical Problems of Performing Artists.* Sian Beilocks Artikel über die Rolle des Arbeitsgedächtnisses beim *choking* nennt sich »Math Performance in Stressful Situations«.

In bocca al lupo

Mark Leary schreibt auf Seite 75 seines gemeinsam mit seinem Co-Autor Robin Kowalski verfassten Buches *Social Anxiety* über berühmte Künstler, die unter Bühnenangst litten. Die Statistik, dass 30 Prozent der Musiker mit Bühnenangst sich schließlich von der Bühne zurückziehen, stammt von Seite 56 von Linda Hamiltons Buch: *The Person Behind the Mask*.

Anxiolytica

Hanson schreibt über die Rolle des Alkoholkonsums bei der Kriegsführung der Griechen in Kapitel 11 seines Buches *The Western Way of War*. Philip Freeman beschreibt auf Seite 105 des Buches *The Philosopher and the Druids*, dass die Kelten nackt in den Kampf zogen. John Koch untersucht die Bedeutung des Alkohols in der keltischen Kampfkultur auf Seite 616 seines Buches *Celtic Culture,* und schreibt unter anderem: »The chieftain's hospitality and ability to provide his warriors with enough alcohol to keep them pleasantly drunk for a year was seen as a testament to his worthiness as a leader.« (»Die Gastfreundschaft und Fähigkeit eines Stammesfürsten, seine Krieger mit so viel Alkohol zu versorgen, dass sie ein Jahr lang angenehm betrunken waren, wurde als Beweis für seine Eignung zum Führen angesehen.«) Die Information über den Grog in der Royal Navy stammt aus dem Buch *A Mariner's Miscellany* von Peter H. Spectre.

Die Gehirn-Scan-Studie über Alkohol und die Amygdala stammt aus dem Artikel »Why We Like to Drink« von Jodi Gilman et al. Ein Überblick über die Geschichte der Barbiturate und einige ihrer prominentesten Opfer findet sich in dem Buch *Molecules that Changed the World* von K.C. Nicolaou und Tamsyn Montagnon, das ebenso die Geschichte der Betablocker und ihrer Entdeckung behandelt. Zu den Gefahren von Benzodiazepinen siehe Marshall and Lipsett*: Social Phobia*

(Seiten 189–191). Michael Caine hat seine Erfahrung von der Arbeit mit Olivier während seiner Benzodiazepin-Phase in einem Interview geschildert, das auf der Website IndieLondon.com zu finden ist. Der Artikel aus der *New York Times*, den ich erwähne, heißt »Better Playing Through Chemistry« und ist von Blair Tindall; daher stammt auch die Angabe, dass 70 Prozent der Musiker, die Betablocker nehmen, die Empfehlung dazu von Freunden statt vom Arzt bekommen hatten. Matt Scott schrieb die Story über Kim Jong-su für den *Guardian.* Eine alternative Sichtweise zu den Versuchen, den Missbrauch von Betablockern zu unterbinden, siehe Carl Elliotts Artikel im *Atlantic Monthly*. Linda Hamilton habe ich am 26. Februar 2009 interviewt.

Willenskraft

Das Zitat von de Montaigne findet sich auf Seite 365 der Ausgabe seiner Essays von 1908 (hrsg. von George Bell).

Antarktis
Die Informationen über die russischen Antarktisstationen stammen von der Website der Russischen Antarktikexpedition, www. aari. aq/default_en. html. Ich hatte schon vor einigen Jahren Gerüchte über einen sowjetischen Arzt gehört, der bei sich selbst eine Blinddarmoperation durchgeführt hatte, aber erst als der südafrikanische Arzt Ross Hofmeyr, der ebenfalls in der Antarktis stationiert war, nachforschte und seine Ergebnisse ins Internet stellte, erfuhr ich die Geschichte in allen Details.

Das X- und das C- System
Matthew Lieberman habe ich am 12. März 2009 interviewt. Ein großer Teil des Materials hier ist aus seinem Kapitel »The X- and C-systems« im Buch *Social Neuroscience*, (hrsg. von

Eddie Harmon-Jones und Piotr Winkielman). Kevin Ochsner beschreibt sein Experiment über den ventrolateralen präfrontalen Cortex (VLPFC) in seinem Kapitel of »How Thinking Controls Feeling« im selben Buch. Zu weiteren Details zu diesem Thema siehe Jessica Cohen und Matthew Lieberman: »The Common Neural Basis of Exerting Self-Control in Multiple Domains«. Der Artikel von Muraven und Baumeister heißt »Self-Regulation and Depletion of Limited Resources«. Mehr Information darüber, wie das Unbewusste Muster aufspüren kann, ohne dass eine Person sich dessen bewusst ist, findet man im Artikel von Bechara et al. und in Wilson: *Strangers to Ourselves* (S. 62).

Das Versagen der Selbstkontrolle
Amanda Ripley schreibt sehr mitreißend über die Notwendigkeit der mentalen Vorbereitung, ehe die Katastrophe zuschlägt – siehe die Seiten 126 and 177 ihres Buches *The Unthinkable.* Zum Thema der Taucherpanik fand ich, zusätzlich zu den Artikeln, die William Morgan selbst geschrieben hat, Phil Davis' Interview mit ihm unter dem Titel »The Risks of Panic in Scuba Diving« sehr hilfreich.

Panik beim Gerätetauchen
Die Geschichte von Rolf Adams basiert hauptsächlich auf Craig Vetters 1994 im Magazin *Outside* veröffentlichtem Artikel über Bill Stones Sistema-Huautla-Expedition. Ausgezeichnete Überblicke über das Thema der Taucherpanik bieten der Artikel von John Francis im Magazin *Scuba Diving* and der Artikel von David und Lynn Colvard im *Undersea Journal.* Rohrmanns Bericht trägt den Titel »Changing psychobiological stress reactions by manipulating cognitive processes«.

Sich wappnen

USS *Trayer*

Meine Erlebnisse an Bord des Simulators waren das Thema meines Artikels »The Unluckiest Ship in the Navy« in der Zeitschrift *Popular Mechanics.*

Gewöhnung

Joseph LeDoux beschreibt auf Seite 251 seines Buches *The Emotional Brain,* wie Ängste woanders wiedererscheinen können. Das »mental conditioning chamber« wird von Wendy Rejan in ihrem Artikel »Shooting Without Bullets« beschrieben. Das Zitat von Carl von Clausewitz stammt aus Hancock und Szalma: *Performance Under Stress* (S. 273). Von der vergleichsweise starken Sensibilität von Landbewohnern auf die Bombardements während des Luftkriegs über England wird in Rachmans Buch *Fear and Courage* (S. 29) berichtet. Zur Gewöhnung als Mittel zur Bekämpfung von Phobien siehe Sam Lubells Artikel »On the Therapist's Couch, a Jolt of Virtual Reality« in der *New York Times.* Thomas Joiners Hypothese wird in Robert Pools Artikel »Why Do People Die That Way?« im *New Scientist* überprüft.

Training

Die Zitate von Vegetius Renatus stammen aus seinem Werk *De Re Militari.* Zur Diskussion, ob es besser ist, mit oder ohne Stress zu trainieren, siehe Seite 59 von Mark Staals Artikel »Stress, Cognition, and Human Performance«. Das Zitat von dem Fallschirmsprunglehrer stammt aus Laura A. Thompson et al.: »Context-Dependent Memory under Stressful Conditions«. Ich habe Marc Taylor am 31. Januar 2007 interviewt. Beilocks Studie, bei der sie Golfern beibrachte, unter Druck nicht zu versagen, ist in ihrem Artikel »On the Fragility of Skilled Performance: What Governs Choking under Pressure?« aus dem

Jahr 2001 beschrieben. Zur Wichtigkeit von Selbstwirksamkeit beim Reduzieren von Stress siehe Seite 98 des Artikels »Steeling the Mind« von Helmus und Glenn sowie Seite 32 von Jennifer Kavanaghs Artikel »Stress and Performance«.
* Zu Rob Smithee siehe die Anmerkung zu Kapitel zwei, unter »Geschwindigkeit«.

Sich wappnen
Rachman beschreibt seine Studie mit britischen Bombenentschärfungsspezialisten auf den Seiten 302–306 seines Buches *Fear and Courage.* Die Studie von Mujica-Parodi und Taylor wurde unter dem Titel »Higher Body Fat Percentage Is Associated with Increased Cortisol Reactivity and Impaired Cognitive Resilience in Response to Acute Emotional Stress« veröffentlichet. Hauptautor des Berichts über Morgans Taucher-Temperaturstress-Studie war K.F. Koltyn, und der Titel seines Artikels lautet »Influence of Wet Suit Wear on Anxiety Responses to Underwater Exercise«.

Auf den Kontrollverlust gefasst sein
Die anerkannten wissenschaftlichen Koryphäen zum Thema Heuristiken sind der Nobelpreisgewinner Daniel Kahneman und sein Forschungspartner Amos Tversky. Für die Geschichte über Checklisten habe ich mich auf Atul Gawandes 2007 veröffentlichten Artikel im *New Yorker* gestützt. Einen mitreißenden Bericht über die Schlacht von Cowpens findet man in Kapitel 91 von Sydney George Fishers Werk *The Struggle for American Independence*.

Durchhalten

Das Buschfeuer in Victoria

Einen lebendigen Bericht über das Buschfeuer findet man in Richard Spencers Artikel »Australian Bush Fires' Street Of Death« im englischen *Telegraph.* Zum Mechanismus von Waldbränden siehe Domingos Xavier Viegas' Artikel »Anatomy of a Blow-Up«. Ich habe Ian Thomas am 12. März 2009 interviewt.

Die Lage einschätzen

Amanda Ripley diskutiert das Phänomen des »normalcy bias« auf Seite 9 ihres Buches *The Unthinkable.* Der Hauptautor des Berichts über Seymour Epsteins Fallschirmspringer-Studie war Walter Fenz. Zu den angstlösenden Effekten des Vor-Wissens siehe Staals Buch *Stress, Cognition, and Human Performance*, Seite 26, und Seite 20 von Gilberts Werk *Stumbling on Happiness.* Kavanagh behandelt das Thema des »Worst-Case-Szenario«-Denkens auf Seite 33 von *Stress and Performance.*

Handeln

Zur Rolle des ventromedialen präfrontalen Cortex (vmPFC) bei der Bestimmung, ob ein Stressor kontrollierbar ist, siehe J. Amat et al.: »Medial Prefrontal Cortex Determines How Stressor Controllability Affects Behavior and Dorsal Raphe Nucleus«. Zu den angstlösenden Effekten von Kontrolle siehe die Seiten 25–26 von Staals Buch *Stress, Cognition, and Human Performance*«, sowie Seite 253 des Artikels »Self-Regulation and Depletion of Limited Resources: Does Self-Control Resemble a Muscle?« von Muravan und Baumeister. Bourke schreibt über die Bedenken von Militärpsychologen im Ersten Weltkrieg auf Seite 205 ihres Buches *Fear: A Cultural History.* Der Hauptautor des Artikels »Neural Bases of Moderation of Cortisol stress Response by Psychosocial Resources« von Lieberman et al. ist Shelley E. Taylor. Art Davidson erzählt die Geschichte seines Überlebens auf dem Denali in seinem Buch *Minus 148 Degrees*.

Bindung

Als führender Experte in der Katastrophenpsychologie diskutiert Dennis S. Mileti das Phänomen des *milling* in dem Artikel »The Role of Searching in Shaping Reactions to Earthquake Risk Information«. Unter den nützlichen Quellen über das Feuer in Beverly Hills ist ein Extrateil, den der *Cincinnati Enquirer* zum zwanzigsten Jahrestag des Ereignisses unter dem Titel »The Beverly Hills Fire: Tragedy Rooted in Code Violations« herausgab. Shakespeares »Häuflein Brüder« stammt aus *Heinrich V.*, 4. Akt, 3. Szene. Manchester wird auf Seite 26 von Hansons Buch *The Western Way of War* zitiert. Ich habe die E-Book-Ausgabe des Projekts Gutenberg von *Plutarch's Lives,* Band II, einsehbar unter history-world.org/plut2.pdf verwendet. Das Denkmal über den Gräbern der Heiligen Schar von Theben kann auf der Website der Jazzhaven Gallery www.gallery.jazzhaven.com/lion-monument-6365i.htm angesehen werden. Die Erkenntnisse über spanische Bürgerkriegsveteranen stammen aus Rachmans Buch *Fear and Courage*, Seite 56. Hauptautor des Untersuchungsberichts über das Feuer im Nachtklub The Station war W.L. Grosshandler. Sandra Blakeslees Artikel in der *New York Times* bietet eine überzeugende Beschreibung des gegenwärtigen Wissenstands zu Spiegelneuronen. Mujica-Parodis Bericht über ihre Pheromon-Studie heißt »Second-Hand Stress«.

Die Macht der Gefühle nutzen

Ein faszinierender Bericht über den raschen Wandel in Amerikas Einstellung den Japanern gegenüber bietet Naoko Shibusawas Buch *America's Geisha Ally*. Das Zitat von Monique Mitchell Turner stammt aus Dan Jones' und Alison Motluks Artikel

»Eight Ways to Get Exactly What You Want« für den *New Scientist*. Die Geschichte von dem agoraphobischen Patienten, der seine Phobie überwinden konnte, wenn er auf seine Frau wütend war, stammt aus Rachman: *Fear and Courage*, Seite 57. Der Absatz über den »Rebellenschrei« basiert hauptsächlich auf dem Buch von Troiani: *Don Troiani's American Battles*, Seite 218. Die Pranayama-Studie ist aus G.K. Pals Artikel »Breathing Exercises on Autonomic Functions in Normal Human Volunteers«. Sarah Glendinnings Beschreibung ihrer Praxis des »combat breathing« stammt aus ihrem Blog »Behind the Blue Line«.

Perspektivenwechsel
Die Erkenntnis, dass Menschen, die Ereignisse eher als »herausfordernd« denn als »bedrohlich« sehen, besser mit ihren Emotionen zurechtkommen, stammt von Seite 22 aus Mark Staals Buch *Stress, Cognition, and Human Performance*. Zu Ochsners Studie siehe Seite 120 des von ihm verfassten Kapitels 6 in *Social Neuroscience: Toward Understanding the Underpinnings of the Social Mind* (hrsg. von Todorov und Prentice), sowie Seite 17 des Berichts »The Common Neural Basis of Exerting Self-Control in Multiple Domains« von Cohen und Lieberman. Liebermans Folgeuntersuchung ist in »Putting Feelings Into Words: Affective Labeling Disrupts Amygdala Activity in Response to Affective Stimuli« beschrieben. Die Vorteile des Sprechens oder Schreibens über traumatische Erlebnisse findet man in »How Emotion Shapes Behavior« von Baumeister. Mehr Information über die negativen Konsequenzen ewigen Grübelns findet man in dem Artikel von Sonja Lyubomirsky et al. über dieses Thema, sowie in Matthew Liebermans Kapitel »Why Symbolic Processing of Affect Can Disrupt Negative Affect«, in Todorov und Prentice (Hrsg.): *Social Neuroscience*. Zu den Nachteilen der Gefühlsunterdrückung siehe Philippe Goldin et al.: »The

Neural Bases of Emotion Regulation: Reappraisal and Suppression of Negative Emotion«.

Meisterschaft

Nachtrag zu Neil Williams
Die Quellen sind dieselben wie die zur Einleitung. Das Zitat über sein »genaues Detailwissen über die Konstruktion« seines Flugzeugs stammt aus seinem Buch *Aerobatics,* Seite 88.

Stallions 51
Meine Erfahrungen vom Flug mit Lee Lauderbeck habe ich bereits in einem Artikel für die Augustausgabe 2009 von *Popular Mechanics* beschrieben. Ich bin mit Lauderbeck am 13. Oktober 2008 geflogen.

Expertise
De Groot's Schach-»chunking«-Studie stammt aus Eysenck and Keane: *Cognitive Psychology (*S. 452). Die Geschichte über den Studenten, der sich lange Zahlenreihen einprägte, stammt von den Seiten 460 und 461 desselben Buchs. Auf die Studie von Cosimo Urgesi bin ich im Blog »Neurophilosophy« gestoßen, den man hier findet: www.scienceblogs.com/neurophilosophy/2008/08/the_ballers_brain.php. Hauptautor der Studie war S.M. Aglioti, und der Titel des Artikels lautet »Action Anticipation and Motor Resonance in Elite Basketball Players«. Das Material über Giyoo Hatano findet sich auf den Seiten 145 und 146 des Buches *Implicit and Explicit Mental Processes* von Kim Kirsner und Speelman. Die Information über Bill Chase stammt von Eysenck und Keane (S. 452). Die Charness-Studie stammt von Seite 453 desselben Buches. Kleins Blitzschach-Experiment ist auf Seite 164 seines Buches *Sources of Power* beschrieben, die Studie über die Feuerwehr auf Seite 31.

Sullenberger
Die Informationen über die Notwasserung der US-Airways-Maschine stammen aus zahlreichen Zeitungsartikeln. Besonders nützlich waren die FAA-Mitteilungen, die ein komplettes Transkript des Funkverkehrs während des Vorfalls enthalten (verfügbar hier: http://www.faa.gov/data_research/accident_incident/1549/), die Associated Press Timeline und der Artikel für die CBS News, der Katie Courics Interview mit Sullenberger wiedergibt.

Ein neues Konzept von Mut

Cold Harbor, Virginia
Mein Bericht stützt sich hauptsächlich auf Ernest Furgursons packendes Buch *Not War But Murder*.

Das überdominante C-System
Livius' Geschichte stammt aus seiner *Geschichte von Rom*, Band 1. Halberstams Bericht über Thich Quanhs Selbstverbrennung stammt aus seinem Buch *The Making of a Quagmire*. Zu dem Massenselbstmord auf Saipan siehe Kapitel 14, »Suicide Cliff and Banzai Cliff« in *D-Day in the Pacific* von Harold J. Goldberg.

Angst verleiht dem Leben Sinn
Der israelische Forschungsbericht, auf den ich mich beziehe, ist »The Existential Function of Close Relationships: Introducing Death Into the Science of Love« von Mikulincer et al.

Nachtrag zu Neil Williams, Teil 2
Williams' Beschreibung der Heinkel als »leicht handzuhaben« stammt von Seite 154 seines Buches *Airborne*. Das letzte Kapitel von Williams' Leben wurde in einem Artikel vom 24. Juni 1978 in der Zeitschrift *FLIGHT International* beschrieben.

Bibliographie

A Traveler: *The Art of Dueling*. Joseph Thomas, 1836. London.

Accidents Investigation Branch: *Moravan Zlin Z526A G-AWAR Report on the accident at Hullavigton, Wiltshire am 3. Juni 1970*. Civil Accident Report No. EW/C348/01. London: Her Majesty's Stationery Office, 1971.

Aglioti, S.M., Cesari P., Romani, M. and Urgesi, C: »Action Anticipation and Motor Resonance in Elite Basketball Players.« *Nature Neuroscience* 11 (2008): 1109–1116.

Allman, John. *Evolving Brains*. New York: Scientific American Library, 1999.

Alter, Judy and Messersmith, Patrick: *Audie Murphy: War Hero and Movie Star*. State House Press, Abilene TX 2007.

Amat, J., Baratta M.V., Paul E., Bland S.T., Watkins L.R. and Maier S.F.: »Medial Prefrontal Cortex Determines How Stressor Controllability Affects Behavior and Dorsal Raphe Nucleus.« *Nature Neuroscience* 8, no. 3 (März 2005): 365–371.

Antony, Martin M., and Murray B. Stein, eds.: *Oxford Handbook of Anxiety and Related Disorders*. Oxford University Press, New York 2009.

Artwohl, Alexis and Loren W. Christenson: *Deadly Force Encounters*. Paladin Press, Boulder, CO 1997.

Associated Press: »Timeline Released of US Airways Flight 1549.« NJ. com, 17. Januar 2009.

http://www.nj.com/hudson/index.ssf/2009/01/timeline_released_of_us_airway.html/.

The Audie Murphy Research Foundation: »Audie L. Murphy Memorial Web Site.« *audiemurphy.com.* http://www.audiemurphy.com/.

Barlow, David H.: *Clinical Handbook of Psychological Disorders*. Guilford Press, New York 2001.

Baumeister, Roy F., Vohs, K.D., DeWall, N., Zhang L.: »How Emotion Shapes Behavior.« *Personality and Social Psychology Review* 11, no. 2 (2007): 167–203.

Bechara, Antoine, Damasio, H., Tranel, D. and Damasio, A.R.: »Deciding Advantageously Before Knowing the Advantageous Strategy.« *Science* 275 (28. Februar 1997): 1293–1295.

Beilock, S.L.: »Math Performance in Stressful Situations.« *Current Directions in Psychological Science* 17, no. 5 (2008): 339–343.

Beilock, S.L. and Carr, T.H.: »On the Fragility of Skilled Performance: What Governs Choking under Pressure?« *Journal of Experimental Psychology: General*139, no. 4 (2001): 701–725.

Bering, Jesse, »Brave, Stupid and Curious: Dangerous Psychology Experiments from the Past.« ScientificAmerican. com, 13. Januar 2009. http://www.scientificamerican.com/article.cfm?id=brave-stupid-and-curious/.

Berkun, Mitchell M., Bialek, H.M., Kern, R.P. and Yagi, K.: »Experimental Studies of Psychological Stress in Man.« *Psychological Monographs: General and Applied* 76, no. 15 (1962): 1–39.

Blakeslee, Sandra: »Cells That Read Minds.« *New York Times*, 10. Januar 2006.

Boon, David: Telefoninterview mit dem Autor, 6. August 2007.

Boon, David: »Swept Away in an Avalanche!« Daveboon.com. http://www.daveboon.com/newsletters/Dave_Boon-Swept_Away.pdf.

Bourke, Joanna: *Fear: A Cultural History*. Emeryville, CA: Shoemaker & Hoard, 2006.

—. *An Intimate History of Killing: Face-To-Face Killing in Twentieth-Century*
—. *Warfare*. Basic Books, New York 2000.
Boyle, Tom: Telefoninterview mit dem Autor, 15. Dezember 2008.
Bracha, H.S., Ralston, T.C., Matsukawa, J.M., Williams, A.E. and Bracha, A.S.: »Does ›Fight or Flight‹ Need Updating?« *Psychosomatics* 45 (Oktober 2004): 448–449.
Brandão, M.L., Zanoveli J.M., Ruiz-Martinez R.C., Oliveira L.C. and Landeira Fernandez J.: »Different Patterns of Freezing Behavior Organized in the Periaqueductal Gray of Rats: Association with Different Types Of Anxiety.« *Behavioral Brain Research* 188 (17. März 2008): 1–13.
Brody, Stuart: »Blood Pressure Reactivity to Stress Is Better for People Who Recently Had Penile – Vaginal Intercourse than for People Who Had Other or no Sexual Activity.« *Biological Psychology* 71, no. 2 (Februar 2006): 214–222
Burgard, Sarah, Jennie Brand and James S. House: *Perceived Job Insecurity and Worker Health in the United States.* Professional Standards Commission Research Report, no. 08–650 (Juli 2008).
Butler, R. et al.: »Endocannabinoid-Mediated Enhancement of Fear-Conditioned Analgesia in Rats: Opioid Receptor Dependency and Molecular Correlates.« *Pain* 140, no. 3: 491–500.
Cannon, Walter B.: *Bodily Changes in Pain, Hunger, Fear and Rage: An Account of Recent Research into the Function of Emotional Excitement*, 2nd ed. Appleton-Century-Crofts, New York, 1929. (auf Deutsch*: Wut, Hunger, Angst und Schmerz. Eine Physiologie der Emotionen*, Urban & Fischer, München 1984.)
—. »›Voodoo‹ Death.« *American Anthropologist* 44, no. 2 (1942).

Carter, Sue C.: »Neuroendocrine Perspectives on Social Attachment and Love.« *Psychoneuroendocrinology* 23, no. 8 (November 1998): 779–818.

CBS News: »Flight 1549: A Routine Takeoff Turns Ugly.« *CBSNews. com*, 8. Februar 2009. http://www.cbsnews.com/stories/2009/02/08/60minutes/main4783580.shtml.

Chajut, E. and Algom, D.: »Selective Attention Improves Under Stress: Implications for Theories of Social Cognition.« *Journal of Personality and Social Psychology* 85, no. 2 (2003): 231–248.

Chastain, Russ: »The Hunter's Autopilot: When our Subconscious Saves Us from Ourselves.« *About. com.* http://hunting.about.com/od/deerbiggame/a/autopilot.htm/

Charney, Dennis S.: »Psychobiological Mechanisms of Resilience and Vulnerability: Implications for Successful Adaptation to Extreme Stress.« *American Journal of Psychiatry* 161, no. 2 (Februar 2004): 195–216.

Cincinnati Enquirer. 1997. »The Beverly Hills Fire: Tragedy Rooted in Code Violations.« 28. Mai. Available at http://www.enquirer.com/beverlyhills/index2.html.

Coates, John: Telefoninterview mit dem Autor, 14. November 2008.

Coates, J.M. and Herbert J.: »Endogenous Steroids and Financial Risk Taking on a London Trading Floor.« *Proceedings of the National Academy of Science* (PNAS) 104, no. 16 (22. April 2008): 6167–6172.

Cohen, Jessica R. and Lieberman, Matthew D.: »The Common Neural Basis of Exerting Self-Control in Multiple Domains.« Forthcoming in Y. Trope, R. Hassin, & K.N. Ochsner (eds.) Self-*control.*

Coleman, Terry. *Olivier*. Macmillan, New York 2006.
Colvard, David F. and Colvard, Lynn Y.: »A Study of Panic in Recreational Scuba Divers.« *Undersea Journal,* First Quarter 2003. Available at http://www.divepsych.com/UJ1Q03p040_044_qxd.pdf.
Curwen, Thomas: »Attacked by a Grizzly.« *Los Angeles Times,* 29. April 2007.
Damasio, Antonio: *Descartes' Error*. Penguin Books, London, 1994. (auf Deutsch: *Descartes' Irrtum. Fühlen, Denken und das menschliche Gehirn,* Marion v. Schröder Verlag, Berlin 2004.)
Davidson, Art: *Minus 148 Degrees.* Mountaineers Books, Seattle WA, 1999.
Davis, M. and Whalen, P.J. »The Amygdala: Vigilance and Emotion.« *Molecular Psychiatry* 6 (2001): 13–24.
Davis, Phil: »The Risks of Panic in Scuba Diving.« *seagrant.wisc.edu*, 23. Oktober 2002. http://www.seagrant.wisc.edu/Communications/diving/panicq&a.htm.
Demak, Richard: »Mysterious Malady.« *Sports Illustrated,* 8. April 1991.
de Montaigne, Michel, ed. by W. Carew Hazlitt: »The Essays of Michel de Montaigne.« George Bell, London 1908. (auf Deutsch: Essays, Anaconda, Köln 2005)
Detzer, David: *Donnybrook: The Battle of Bull Run, 1861.* Houghton Mifflin Harcourt, New York 2004.
Donovan, John: »Ankiel, Knoblauch Struggle to Rediscover their Arms.« *CNNSI. com,* 23. März 2001._ http://sportsillustrated.cnn.com/baseball/mlb/2001/spring_training/news/2001/03/23/ankiel_knob/.
Eagleman, David: Telefoninterview mit dem Autor, 29. Dezember 2008.

Easterbrook, J.A.: »The Effect of Emotion on Cue Utilization and the Organization of Behavior.« *Psychological Review* 66 (1959): 183–201.

Eisenberger, Naomi I., and Lieberman, Matthew D.: »Why Rejection Hurts: A Common Neural Alarm System for Physical and Social Pain.« *Trends in Cognitive Sciences* 8 no. 7 (Juli 2004): 294–300.

Elliot, Carl: »In Defense of the Beta Blocker.« *Atlantic Monthly,* 20. August 2008.

Ensign, Wayne: Telefoninterview mit dem Autor. 24. Oktober 2006.

Eysenck, Michael W. and Keane, Mark T.: *Cognitive Psychology*. Taylor & Francis, London 2005.

Fabing, Howard D.: »On Going Berserk: A Neurochemical Inquiry.« *Scientific Monthly* 83, no. 5 (November 1956): 232–237.

Fanselow, M.S., Calcagnetti. D.J. and Helmstetter, F.J.: »Role of Mu and Kappa Opioid Receptors in Conditional Fear-Induced Analgesia: The Antagonistic Actions of Nor-binaltorphimine and the Cyclic Somatostatin Octapeptide, Cys2Tyr3Orn5Pen7-amide.« *Journal of Pharmacology and Experimental Therapeutics* 250, no. 3 (1. September 1989): 825–830.

Federal Aviation Administration. *Memorandum Date: 2. Februar 2009 To: Aircraft Accident File N90-TRACON-0122. From: New York Terminal Radar Approach Control Facility. Subject: INFORMATION: Full Transcript Aircraft Accident, AWE1549.* New York New York, 15. Januar 2009.

—. »USAirways 1549 (AWE1549), 15. Januar 2009.« *FAA.gov*, 2. März 2009. http://www.faa.gov/data_research/accident_incident/1549/.

Fenz, Walter D., and Epstein, Seymour: »Gradients of Physiological Arousal in Parachutists as a Function of an Approaching Jump.« *Psychosomatic Medicine* 29 (1967): 33–51.

Finger, Stanley: *Origins of Neuroscience*. Oxford University Press, New York, 1994.

Finn, D.P., Beckett, S.R., Richardson, D., Kendall, D.A., Marsden, C.A. and Chapman, V.: »Evidence for Differential Modulation of Conditioned Aversion and Fear-Conditioned Analgesia by CB1 Receptors.« *European Journal of Neuroscience* 20, no. 3 (August 2004): 848–852.

Fishbein, Martin, Middlestadt, S.E., Ottati, V., Straus, S. and Ellis, A.: »Medical

problems among ICSOM Musicians: Overview of a National Survey.« *Medical Problems of Performing Artists* 3, no. 1 (März 1988): 1.

Fisher, Sydney George: *The Struggle for American Independence*. J.B. Lippincott, Philadelphia, 1908.

FLIGHT International. 1978. »AIB Reports the Neil Williams Accident.« 24. Juni.

Fortner, Sidney: Telefoninterview mit dem Autor, 4. Februar 2009.

Francis, John: »Never Panic Again.« *Scuba Diving*, August 2005.

Freeman, Phili: *The Philosopher and the Druids*. Simon and Schuster, New York 2006.

Fulton, Robert A. *MOROLAND 1899–1906: America's First Attempt to Transform an Islamic Society*. Tumalo Creek Press, 2007.

—. »The Legend of the Colt .45 Caliber Semi-Automatic Pistol and Moros.« *Morolandhistory. com.* http://www.morolandhistory.com/.

Furgurson, Ernest B.: *Not War But Murder: Cold Harbor 1864*. Alfred A. Knopf, New York, 2000.

Gawande, Atul: »The Checklist.« *New Yorker,* 10. Dezember 2007.

Gilbert, Daniel: *Stumbling on Happiness*. Random House, New York, 2007. (auf Deutsch: *Ins Glück stolpern*, Goldmann Verlag, München 2008.)

Gilman, Jodi M. et al.: »Why We Like to Drink: A Functional Magnetic Resonance Imaging Study of the Rewarding and Anxiolytic Effects of Alcohol.« *Journal of Neuroscience* 28 (30. April 2008): 4583–4591.

Glendinning, Sarah: »Combat Breathing.« *Behindtheblueline.ca*, 21. Januar 2009. http://www.behindtheblueline.ca/blog/blueline/tag/tactical-arousalcontrol-techniques/.

Goldberg, Harold J.: *D-Day in the Pacific: The Battle of Saipan*. Indiana University Press, Bloomington 2007.

Goldin, P.R., McRae, K., Ramel, W. and Gross, J.J.: »The Neural Bases of Emotion Regulation: Reappraisal and Suppression of Negative Emotion.« *Biological Psychiatry* 63, no. 6 (15. März 2008).

Gray, Rob: »Attending to the Execution of a Complex Sensorimotor Skill: Expertise Differences, Choking, and Slumps.« *Journal of Experimental Psychology Applied* 10, no. 1 (März 2004): 42–54.

Grewen, K., Girdler, S.S., Amico, J. and Light, K.C.: »Effects of Partner Support on Resting Oxytocin, Cortisol, Norepinephrine, and Blood Pressure Before and After Warm Partner Contact.« *Psychosomatic Medicine* 67 (2005): 531–538.

Grinker, Roy R., and Spiegel, John P.: *Men Under Stress.* Blakiston, Philadelphia, 1945.

Grosshandler, W.L., Bryner, N., Madrzykowski, D.and Kuntz, K.: *Draft Report of the Technical Investigation of the Station Nightclub Fire*. National Institute of Standards and Technology, März 2005. Available at http://www.nist.gov/public_affairs/ncst/Front_matter_draft.pdf.

Grossman, Dave: *On Killing*.: Back Bay Books, New York 1995.

Gucciardi, D.F. and Dimmock, J.A.: »Choking Under Pressure in Sensorimotor Skills: Conscious Processing or Depleted Attentional Resources?« *Psychology of Sport and Exercise* 9 (2008): 45–59.

Halberstam, David: *The Making of a Quagmire*. Random House, New York 1965.

Hamilton, Linda: Telefoninterview mit dem Autor. 26. Februar 2009.

—. *The Person Behind the Mask*. Abbex Publishing, Greenwich CT 1997.

Hancock, Peter A., and Szalma, James L.: *Performance Under Stress*. Ashgate Publishing, Aldershot UK 2008.

Hanson, Victor Davis: *The Western Way of War*. University of California Press, Berkeley 1989.

Harmon-Jones, Winkielman, Eddie and Piotr, eds.: *Social Neuroscience: Integrating Biological and Psychological Explanations of Social Behavior*. Guilford Press, New York 2007.

Heimberg, Richard G.: *Cognitive-behavioral Group Therapy for Social Phobia: Basic Mechanisms and Clinical Strategies*. Guilford Press, New York 2002.

Helmus, Todd C., and Glenn, Russell W.: *Steeling the Mind: Combat Stress Reactions and Their Implications for Urban Warfare*. Rand Corporation, Santa Monica, CA 2005.

Hilton, Lisette: »Jansen Persevered Despite Olympic Disappointments.« *ESPN. com*.espn.go.com/classic/biography/s/Jansen_Dan.html/.

Hofmeyr, Ross: »Self-operation: Tracking down a goods

tory.« *doctorross. co. za*, 22. April 2008. http://www.doctorross.co.za/antarctica/self-operationtracking-down-a-good-story.

IndieLondon: »Sleuth – Sir Michael Caine interview.« *indielondon. co. uk*. http://www.indielondon.co.uk/Film-Review/sleuth-sir-michael-caine-interview/.

Jacobs, Cindy: Telefoninterview mit dem Autor, 23. Januar 2009.

—. »Ceejays Survivor Story.« *panicsurvivor.com*, Monday, 28. Juli 2008. http://www.panicsurvivor.com/index.php/20080728661/Survivor-Stories/Ceejays-Survivor-Story.html.

Jazzhaven Gallery: »Lion Monument.« *jazzhaven. com.* http://www.gallery.jazzhaven.com/lion-monument-6365i.htm.

Johnson, Rafer, ed.: *Great Athletes*. Salem Press, Pasadena, CA, 2001.

Jones, Dan, and Alison Motluk: »Eight Ways To Get Exactly What You Want.« *New Scientist*, 7. Mai 2008.

Josephus, Flavius, trans. by William Whiston: *The Wars of the Jews*. Milner and Sowerby, Halifax, UK 1864.

Kahneman, Daniel, Paul Slovic and Amos Tversky, eds.: *Judgement under Uncertainty: Heuristics and Biases.* Cambridge University Press, Cambridge, UK 1982.

Kavanagh, Jennifer: *Stress and Performance: A Review of the Literature and Its Applicability to the Military.* Rand Corporation, Santa Monica, CA 2005.

Kirsch, P., et al. ; »Oxytocin Modulates Neural Circuitry for Social Cognitionand Fear in Humans.« *Journal of Neuroscience* 25 (2005): 11489–11493.

Kirsner, Kim and Speelman, Craig: *Implicit and Explicit Mental Processes*. Lawrence Erlbaum Associates, Mahwah, NJ, 1998.

Klein, Gary: *Sources of Power: How People Make Decisions.* Massachusetts Institute of Technology Press, Cambridge, Mai 1998.

Koch, John T.: *Celtic Culture.* ABC-CLIO, Santa Barbara, CA 2006.

Koltyn K.F. and Morgan, W.P.: »Influence of Wet Suit Wear on Anxiety Responses to Underwater Exercise.« *Undersea Hyperbaric Medicine* 24, no. 1 (1997): 23–28.

Kovaleski, Serge F. and Zezima, Katie: »Students Recount Desperate Minutes Inside Norris Hall.« *New York Times,* 22. April 2007.

La Rochefoucauld, Francois: *Maxims.* Penguin Classics, New York, 1982. (auf Deutsch: *Maximen und Reflexionen*, Reclam Verlag, Ditzingen 1986.)

Leary, Mark R. and Kowalski, Robin M.: *Social Anxiety.* Guilford Press, New York 1997.

LeDoux, Joseph: *The Emotional Brain: The Mysterious Underpinnings of Emotional Life.* Simon & Schuster, New York 1996.

Lieberman, H.R., Bathalon, G.P., Falco, C.M., Georgelis, J.H., Morgan, C.A., Niro, P. and Tharion, W.J.: »The ›Fog of War‹: Documenting Cognitive Decrements Associated with the Stress of Combat.« *Proceedings of the 23rd Army Science Conference,* Dezember 2002.

Lieberman, Matthew: Telefoninterview mit dem Autor, 12. März 2009.

Lieberman, M.D., Eisenberger, E.I., Crockett, M.J., Tom, S.M., Pfeifer, J.H. and Way, B.M.: »Putting Feelings Into Words: Affect Labeling Disrupts Amygdala Activity in Response to Affective Stimuli.« *Psychological Science* 18, no. 5 (2007): 421–428.

Lieberman, Philip and Kesslyn, Stephen M.: *Human Language and Our Reptilian Brain.*

Harvard University Press, Cambridge, MA 2002.
Livingstone, David: *Missionary Travels and Researches in South Africa*. J. Murray, London, 1899.
Livy (Titus Livius), ed. by Ernest Rhys, trans. by Rev. Canon Roberts: *The History of Rome, Vol. I. Sections 2. 12–13*. London: J.M. Dent, 1912.
Loach, D., Frischen, A., Bruce, N. and Tsotsos, J.K.: »An Attentional Mechanism for Selecting Appropriate Actions Afforded by Graspable Objects.« *Psychological Science* 19 no. 12 (2008): 1253–1257.
Longman, Jere: »900 Feet Up With Nowhere to Go but Down.« *New York Times,* 14. März 2008.
Lubell, Sam: »On the Therapist's Couch, a Jolt of Virtual Reality.« *New York Times,* 19. Februar 2004.
Lyubomirsky, Sonja, Lorie Sousa and Dickerhof, Rene: » The Costs and Benefits of Writing, Talking, and Thinking about Life's Triumphs and Defeats.« *Journal of Personality and Social Psychology* 90, no. 4 (2006): 692–708.
Mangum, Geoff: »The Neurophysiology of Golf Putting.« *Puttingzone.com.* http://www.puttingzone.com/Dystonia/yipsstudy.html/.
Marks, Isaac Meyer: *Fears, Phobias, and Rituals*. Oxford University Press, New York, 1987.
Marsh, Alton K.: »›Attitude Flying‹ with Dick Rutan.« *AOPA Pilot (*Oktober 2008): 128–129.
Marshall, John R. and Lipsett, Suzanne: *Social Phobia: From Shyness to Stage Fright*. Basic Books, New York 1995.
McCabe, P.M., Schneiderman, N., Field, T.M. and Wellens, A.R., eds.: *Stress, Coping, and Cardiovascular Disease*. Lawrence Erlbaum, Mahwah, NJ, 2000.
McCabe, Randi: Telefoninterview mit dem Autor. 5. Februar, 2009.
McIntyre C.K., Miyashita, T., Setlow, B., Marjon, K.D.,

Steward, O., Guzowski, J.F. and McGaugh, J.L.: »Memory-Inf luencing Intra-Basolateral Amygdala Drug Infusions Modulate Expression of Arc Protein in the Hippocampus.« *Proceedings of the National Academy of Sciences* 102, no. 30 (2005): 10718–10723.

McNally, Ivan: »Contrasting Concepts of Competitive State-Anxiety in Sport: Multidimensional Anxiety and Catastrophe Theories.« *Athletic Insight* 4, no. 2 (August, 2002): 10–22.

McNally, Richard J.: *Panic Disorder: A Critical Analysis.* Guilford Press, New York 1994.

McNaughton, Neil: *Biology and Emotion.* Cambridge University Press, Cambridge, UK 1989.

Macphail, Euan M.: *The Neuroscience of Animal Intelligence: From the Seahare to the Seahorse.* Columbia University Press, New York 1993.

Mikulincer M., Florian, V. and Hirschberger, G.: »The Existential Function of Close Relationships: Introducing Death Into the Science of Love.« *Personality and Social Psychology Review* 7, no. 1 (2003): 20–40.

Mileti, D.S. and Darlington, J.D.: »The Role of Searching in Shaping Reactions to Earthquake Risk Information.« *Social Problems* 44 (1997): 89 – 102.

Mobbs, D., Petrovic, P., Marchant, J.L., Hassabis, D., Weiskopf, N., Seymour, B., Dolan, R.J. and Frith, C.D.: »When Fear Is Near: Threat Imminence Elicits Prefrontal-Periaqueductal Gray Shifts in Humans.« *Science* 317 (24. August 2007): 1079–1083.

Morgan, C.A.: Telefoninterview mit dem Autor. 18. April 2006 und 1. Februar 2007.

Morgan, C.A., Krystal, J.H. and Southwick:, S.M. »Toward Early Pharmacological Posttraumatic Stress Intervention.« *Biological Psychiatry* 53, no. 9 (2003): 834–843.

Morgan, W. P: »Anxiety and Panic in Recreational Scuba Divers.« *International Journal of Sports Medicine* 20, no. 6 (Dezember 1995): 398–421.

Morgan, W.P., Raglin, J.S. and O'Connor, P.J.: »Trait Anxiety Predicts Panic Behavior In Beginning Scuba Students.« *International Journal of Sports Medicine* 25, no. 4 (Mai 2004): 314–322.

Morris, Tony, Peter Terry, Sandy and Gordon,: *Sport and Exercise Psychology: An International Perspective*. Morgantown, WV: Fitness Information Technology, 2007.

Mujica-Parodi, L.R., Strey, H.H., Frederick, B., Savoy, R., Cox, D., Botanov, Y., Tolkunov, D., Rubin, D. and Weber, J.: »Chemosensory Cues to Conspecific Emotional Stress Activate Amygdala in Humans.« PLoS (in press).

Mujica-Parodi, L.R., Renelique, R. and Taylor, M.K.: »Higher Body Fat Percentage Is Associated with Increased Cortisol Reactivity and Impaired Cognitive Resilience in Response to Acute Emotional S tress.« *International Journal of Obesity* 33 (2009): 157–165.

Muraven, Mark and Baumeister, Roy F. »Self-Regulation and Depletion of Limited Resources: Does Self-Control Resemble a Muscle?« *Psychological Bulletin* 126, no. 2 (2000): 247–259.

Murphy, Audie: *To Hell and Back*. Henry Holt, New York 1949.

National Institute of Mental Health: »The Numbers Count: Mental Disorders in America.« *nimh.nih.gov,* 4. Februar 2009. http://www.nimh.nih.gov/health/publications/the-numbers-count-mental-disorders-in-america/index.shtml.

National Transportation Safety Board: »Safety Recommendation A-96 – 15 through -20.« Washington, D.C., 31. Mai 1996. *www.ntsb.gov/recs/letters/1996/a96_15_30.pdf.*

—. »Aircraft Accident Brief DCA07MA003.« Washington, D.C., 1. Mai 2007.
—. »Aircraft Accident Brief NYC06FA205.« Washington, D.C., 27. September 27,2007.
Neurophilosophy. »The baller's brain (and his pinky).« *scienceblxfogs.com/neurophilosophy/*, 12. August 2008. http://www.scienceblogs.com/neurophilosophy/2008/08/the_ballers_brain.php. New Scientist. »Startle.« *Newscientist. com,* 2. September 2006. *www.newscientist.com/article/mg19125672.300-the-word-startle.html/.*
Nicolaou, K.C., and Montagnon, Tamsyn: *Molecules that Changed the World*. Weinheim, Germany: Wiley-VCH 2008.
Olivier, Laurence: *Confessions of an Actor.* Simon & Schuster, New York 1982. (auf Deutsch: *Bekenntnisse eines Schauspielers*, Henschel Verlag, Berlin 1988.)
Osgood, Charles Grosvenor, ed.: *Boswell's Life of Johnson*. Charles Scribner's Sons, New York 1917.
Otter, Johann: Telefoninterview mit dem Autor, 1. Juni 2007.
Pal, G.K., S. Velkumary and Madanmohan: »Effect of Short-Term Practice of Breathing Exercises on Autonomic Functions in Normal Human Volunteers.« *Indian Journal of Medical Research* 120 (August 2004): 115–121.
Panksepp, Jaak: *Affective Neuroscience*. Oxford University Press, New York 1998.
Peurifoy, Reneau Z.: *Anxiety, Phobias, and Panic: A Step-by-Step Program for Regaining Control of Your Life*. Warner Books, New York 2005. (auf Deutsch: *Angst, Panik und Phobien. Ein Selbsthilfeprogramm*, Huber Verlag, Bern 2006.)
Pfaff, Donald W.: *The Neuroscience of Fair Play*. Dana Press, New York 2007.

Phillips, D.P., Liu, G.C., Kwok, K., Jarvinen, J.R., Zhang, W. and Abramson, I.S.: »The Hound of the Baskervilles Effect: Natural Experiment on the Inf luence of Psychological Stress on Timing of Death.« *BMJ* 323 (22.–29. Dezember 2001): 1443–1446.

Plutarch, trans. by Aubrey Stewart and George Long: *Plutarch's Lives*. George Bell and Sons, London, 1900. Available at http://history-world.org/plut2.pdf.

Pool, Robert: »Why Do People Die That Way?« *New Scientist*, 28. Februar 2009.

Rachman, S.J.: *Fear and Courage*, 2d ed. Freeman, W.H., New York 1990.

Rathelot, Jean-Alban and Strick, Peter L.: »Subdivisions of Primary Motor Cortex Based on Cortico-Motoneuronal Cells.« *Proceedings of the National Academy of Sciences* 106, no. 3 (2009): 918–23.

Rejan, Wendy: »Shooting Without Bullets.« *Monmouth Message*, 8. August 2008.

Ripley, Amanda: *The Unthinkable: Who Survives When Disaster Strikes – and Why*.

Crown Publishers, New York 2008. (auf Deutsch: Survive: Katastrophen – Wer sie überlebt und warum, Scherz Verlag, Frankfurt/M. 2009.)

Rogozov, L.I.: »Self Operation.« *Soviet Antarctic Expedition Information Bulletin* 4 (1964): 223–224.

Rohrmann, Sonja: »Changing Psychobiological Stress reactions by Manipulating Cognitive Processes.« *International Journal of Psychophysiology* 33, no. 2 (1. August 1999): 149–161.

Rostker, B.D., Hanser, L.M., Hix, W.M., Jensen, C., Morral, A.R., Ridgeway, G. and Schell, T.L.: *Evaluation of the New York City Police Department Firearm Training and irearm-Discharge Review Process*. Rand Corporation, Santa Monica, CA 2008.

Russian Antarctic Expedition: »Russian Antarctic Stations – overview.« *aari.aq*. http://www.aari.aq/default_en.html.

Sato, W., Yoshikawa, S., Kochiyama, T. and Matsumura, M.: »The Amygdala Processes the Emotional Significance of Facial Expressions: An fMRI Investigation Using the Interaction between Expression and Face Direction.« *Neuroimage* 22, no. 2 (Juni 2004): 1006–1013.

Scott, Matt: »Olympics: Korean Double Medallist Expelled for Drug Use.« *Guardian (*UK), 15. August 2008.

Shakespeare, William: *Henry V*. Available at http://www.william-shakespeare.info/shakespeare-play-king-henry-vhtm. (auf Deutsch: King Henry V/ König Heinrich V, Reclam Verlag, Ditzingen 1996)

Shibusawa, Naoko: *America's Geisha Ally: Reimagining the Japanese Enemy*. Harvard University Press, Cambridge, MA 2006.

Siddle, Bruce K.: *Sharpening the Warrior's Edge.* Belleville: PPCT Research Publications, 2003.

Smith, Michael David: »Andy Bolton Deadlifts 1,008 Pounds.« *Backporch.fanhouse.com,* 7. April 2009. http://www.backporch.fanhouse.com/2009/04/07/andy-bolton-deadlifts-1-008-pounds/.

Spectre, Peter H.: *A Mariner's Miscellany.* Seafarer Books, London 2005.

Spencer, Richard: »Australian Bush Fires' Street Of Death: How Fire Consumed Pine Ridge Road, Kinglake.« *Telegraph (*UK), 14. Februar 2009.

Staal, Mark A.: *Stress, Cognition, and Human Performance: A Literature Review and Conceptual Framework.* Moffett Field, CA: National Aeronautics and Space Administration Ames Research Center, 2004.

Stadtler, Mike: *The Psychology of Baseball: Inside the Mental*

Game of the Major League Player. Gotham Books, New York 2007.

Starkey, Joe: »Blass Earns Win over ›Disease.‹« *Pittsburgh Tribune-Review,* 6. Juli 2008.

Stein, Murray B. and Stein, Dan J.: »Social Anxiety Disorder.« *Lancet* 371, no. 9618 (29. März 2008): 1115–1125.

Stetson C., Fiesta, M.P. and Eagleman, D.M.: »Does Time Really Slow Down during a Frightening Event?« *PLoS ONE* 2, no. 12 (2007). http://www.plosone.org/article/info:doi/10. 1371/journal.pone.0001295/.

Szalavitz, Maia: »›Cuddle chemical‹ Could Treat Mental Illness.« *New Scientist,* 14. Mai 2008.

Taylor, Marc: Telefoninterview mit dem Autor, 31. Januar 2007.

Taylor, S.E., Burklund, L.J., Eisenberger, N.I., Lehman, B.J., Hilmert, C.J. and Lieberman, M.D.: »Neural Bases of Moderation of Cortisol Stress Responses by Psychosocial Resources.« *Journal of Personality and Social Psychology* 95, no. 1 (2008): 197–211.

Thomas, Ian: Telefoninterview mit dem Autor, 12. März 2009.

Thomas, Katie: »The Secret Curse of Expert Archers.« *New York Times,* 1. August 2008.

Thompson, L.A., Williams, K.L. and L'Esperance, P.R.: »Context-Dependent Memory under Stressful Conditions: The Case of Skydiving.« *Human Factors,* 22. Dezember 2001.

Tindall, Blair: »Better Playing Through Chemistry.« *New York Times,* 17. Oktober 2004.

Troiani, D., Krick, R.K., Knoke, K. and White, L.: *Don Troiani's American Battles: The Art of the Nation at War, 1754–1865*. Stackpole Books, Mechanicsburg PA 2006.

Tsien, Joe Z.: »The Memory Code.« *Scientific American,* Juli 2007,52–59.

Tully, Keith, Yan Li and Bolshakov, Vadim Y.: »Keeping in Check Painful Synapses in Central Amygdala.« *Neuron* 56, no. 5 (2007): 757–759.

United States Census Bureau: »Census Bureau Estimates Number of Adults, Older People and School-Age Children in States.« *census. gov*, 10. März 2004. http://www.census.gov/Press-Release/www/releases/archives/population/001703.html.

University of California: »Neuroscientists identify how trauma triggers long-lasting memories.« *universityofcalifornia. edu*, 26. Juli 2005. http://www.universityofcalifornia.edu/news/article/7355.

Vetter, Craig: »Bill Stone in the Abyss.« *Outside*, November 1994.

Vegetius Renatus, Flavius, trans. by John Clarke: *The Military Institutions of the Romans* [*De Re Militari*]. The Military Service Publishing Company, 1944. Available at http://www.sacred-archery.com/De_Re_Militari.pdf/.

Viegas, Domingos Xavier: »Anatomy of a Blow-Up.« Wildfire, September-Oktober 2006.

Violand, Clay: »Virginia Tech Shootings: A Survivor's Account.« *WTOP. com*, 18. April 2007. http://www.wtop.com/?sid=1118941&nid=25/.

Walkup, J.T., Mink, J.W. and Hollenbeck, P.J., eds.: *Tourette Syndrome*. Lippincott Williams & Wilkins, Philadelphia, 2006.

Wegner, Daniel: *The Illusion of Conscious Will.* Massachusetts Institute of Technology Press, Cambridge, MA, 2002.

Wells, Chris: Telefoninterview mit dem Autor, 18. Februar 2009.

Williams, Caroline: »The 25 Hour Day.« *New Scientist*, 4. Februar 2006,34–37.

Williams, Neil: *Aerobatics*. Airlife Publishing, Shrewsbury, England, 1975.

—. *Airborne*. Airlife Publishing, Shrewsbury, England, 1977.

—. »Structural failure.« *FLIGHT International* (19. Juni 1970): 993–994.

Wilson, Michael: »50 Shots Fired, and the Experts Offer a Theory.« *New York Times,* 27. November 2006.

Wilson, Timothy D.: *Strangers to Ourselves: Discovering the Adaptive Unconscious*. Belknap Press, Cambridge, MA 2002.

Wise, Jeff: »Taking the Scream Test.« *Popular Mechanics,* August 2008, 52–54.

—. »I'll Try Anything.« *Popular* Mechanics, August 2009, 44–46.

—. »The Unluckiest Ship in the Navy.« *Popular Mechanics,* November 2008, 90–93.

Wolff, Alexander. »Whooosh!« *Sports Illustrated,* 28. Februar 1994, 18–23.

Woodman, Tim: Telefoninterview mit dem Autor. 7. Februar 2007.

Woodman, T. and Hardy, L.: »Dynamic Systems, Catastrophe Models, and Performance.« *Science et Motricite,* no. 60 (2007): 63–68.

Yellowtail, Susan: Telefoninterview mit dem Autor. 19. März 2007.

Yerkes, Robert M. and Dodson, John D.: »The Relation of Strength of Stimulus to the Rapidity of Habit-Formation.« *Journal of Comparative Neurology and Psychology* 18 (1908): 459–482.

Zatsiorsky, Vladimir M. and Kraemer, William J.: *Science and Practice of Strength Training,* 2d ed. Human Kinetics, Champaign, IL 2006.

Register